Lost At School

Why Our Kids With Behavioral Challenges Are Falling Through
The Cracks And How We Can Help Them

迷失在学校

用积极合作式问题解决法改善学生行为

[美] 罗斯·W. 格林 Ross W. Greene 著

中国青年出版社

图书在版编目（CIP）数据

迷失在学校：用积极合作式问题解决法改善学生行为/（美）罗斯·W. 格林（Ross W. Greene）；王晔译.
—北京：中国青年出版社，2023.7
书名原文：Lost At School: Why Our Kids With Behavioral Challenges Are Falling Through The Cracks And How We Can Help Them
ISBN 978-7-5153-6957-0

Ⅰ.①迷… Ⅱ.①罗…②王… Ⅲ.①学生–行为–研究 Ⅳ.①G455

中国国家版本馆CIP数据核字（2023）第083212号

Simplified Chinese Translation copyright © 2023 By China Youth Book, Inc.(an imprint of China Youth Press)
LOST AT SCHOOL: Why Our Kids with Behavioral Challenges are Falling Through the Cracks and How We Can Help Them(Revised and Updated)
Original English Language edition Copyright © 2014 by Ross W. Greene
All Rights Reserved.
Published by arrangement with the original publisher, Scribner, a Division of Simon & Schuster, Inc.

迷失在学校
用积极合作式问题解决法改善学生行为

作　　者：[美]罗斯·W.格林（Ross W. Greene）
译　　者：王　晔
责任编辑：肖妧嫔
文字编辑：黄　婧
美术编辑：佟雪莹
出　　版：中国青年出版社
发　　行：北京中青文文化传媒有限公司
电　　话：010-65511272 / 65516873
公司网址：www.cyb.com.cn
购书网址：zqwts.tmall.com
印　　刷：大厂回族自治县益利印刷有限公司
版　　次：2023年7月第1版
印　　次：2023年7月第1次印刷
开　　本：787mm×1092mm　　1/16
字　　数：182千字
印　　张：23
京权图字：01-2022-3366
书　　号：ISBN 978-7-5153-6957-0
定　　价：59.90元

版权声明

未经出版人事先书面许可，对本出版物的任何部分不得以任何方式或途径复制或传播，包括但不限于复印、录制、录音，或通过任何数据库、在线信息、数字化产品或可检索的系统。

中青版图书，版权所有，盗版必究

目录

Contents

赞誉之辞 　　　　　　　　　　　　　　　　　　　　　004
新版序言 　　　　　　　　　　　　　　　　　　　　　006
前　言 　　　　　　　　　　　　　　　　　　　　　　008

第 1 章　为什么学生会迷失在学校 　　　　　　　　　　015
第 2 章　如果有能力，学生会做得很好 　　　　　　　　027
第 3 章　应对学生挑战行为的 3 种方法 　　　　　　　　077
第 4 章　积极合作式问题解决法：改善学生行为的关键 　107
第 5 章　如何克服过程中的阻碍 　　　　　　　　　　　157
第 6 章　如何教会学生必要的思维技能 　　　　　　　　199
第 7 章　集体的力量：应对学生行为问题的班级解决方案 237
第 8 章　与父母一起合作，更好地改善孩子行为 　　　　293
第 9 章　改变，从现在开始 　　　　　　　　　　　　　351

附录 1：技能缺陷和未解决问题评估 　　　　　　　　　 360
附录 2：问题解决方案 　　　　　　　　　　　　　　　 361
附录 3：深挖信息速查表 　　　　　　　　　　　　　　 362
译后记 　　　　　　　　　　　　　　　　　　　　　　365

赞誉之辞

"在美国,除了罗斯·W. 格林,没人能对学校的那些捣乱分子的挑战行为思考得更深入。在这部出色的新作中,他走进了孩子们和学校教职工的思想世界,阐释了旧式学校纪律规范和零容忍政策失败的原因。随后在与问题行为严重的孩子的合作方面,他提供了经过检验的全新原创策略。凡是感到传统纪律规范不再起作用的教师和管理者都应该读读这本书。"

——迈克尔·汤普森博士

《该隐的封印》(*Raising Cain*)合著者
《最好的朋友,最坏的敌人》(*Best Friends, Worst Enemies*)作者

"它为那些关心有问题行为的孩子的父母和教师提供了实用的建议。"

——《书单》

许多人都遇到过给他们留下美好回忆的老师，

这些老师信任他们并帮助他们发掘自身的最大潜力。

我将本书献给

1968年北迈阿密小学我的6年级教师马歇尔·斯特恩。

新版序言

欢迎阅读《迷失在学校》的修订和更新版本。自英文首版发行以来，我收到了无数父母和教育工作者的来信，他们都提到了这本书是如何帮助他们用更具同情心、更准确、更富有成效的视角来看待有行为问题的孩子面临的困难。知道这么多的孩子现在得益于这种非敌对的、非惩罚性的、前瞻性的、协作性的且有利于关系改善的指导和关爱，令我非常欣慰。

本书描述的这种模式，我们现在将其称为积极合作式问题解决方案（Collaborative & Proactive Solutions, CPS），它仍在不断发展。这次的新版本是对自2009年出现的CPS模式的修订和提升。本书有几大亮点：对CPS的关键评估手段——技能缺陷和未解决问题评估（Assessment of Lagging Skills and unsolved Problems, ALSUP）进行了修订，书中会补充更多的内容来帮助你使用这一手段，并更清晰地表述了"未解决问题"的措辞在决定学生是否能够参与到问题解决过程中起到了关键作用。如果"未解决问题"提到了学生的问题行为，包含成人对于学生问题行为起因的理论，太过宽泛或模糊，那么学生参与问题解决的可能性会降低。所以，你在本书中会看到叙述"未解决问题"的全新指南。如果按照指南来做，你会极大地提高学生参与问题解决的可能性。

本书还更加清晰地表明了教师在协作解决问题的过程中需要

额外指导。当涉及从学生那里收集有关他们对"未解决问题"的担忧的信息时,许多教师都会遇到困难。所以,在新版中,你会了解到更多的策略,它会在信息收集过程中为你提供指导,并帮助你更好地表达成人的担忧,让你知道如何与孩子协作完成头脑风暴、选择实际且令双方都满意的解决方案。

上述内容都是具体的实施细节,它们非常重要,但是宏观的情况更加重要。令人遗憾的是,在我们所生活的这个时代,许多教师都感到自己像是准备迎接测试的机器,我们因高利害测验而疲惫不堪,因而会觉得解决棘手问题并与学生建立帮助关系太浪费时间。然而不抱有希望的、被剥夺权利的、处在危险状态的学生数量持续升高,这一切都告诉我们出了大问题……留堂、停学、开除、在校园增加警力等做法治标不治本。现在正是与孩子们建立积极关系,确保沟通渠道畅通,解决导致问题行为的问题的关键时刻。是的,学校课程非常重要,但最重要的是我们需要找到教育工作者在孩子生活中扮演的关键角色:帮手和问题解决者。我希望本书能够作为路线图,指引大家向着正确的方向前进。借用著名先知的一句话:此时不做,更待何时?

——罗斯·W. 格林

写于缅因州波特兰市

前　言

对人潜能的浪费无疑是一种悲剧。在很多学校，有社交、情感、行为问题的孩子常常被误解，而对于这类孩子的处理方式又与我们现在已知的问题根源背道而驰。因此，教师和父母所感受的挫败和绝望是显而易见的。许多教师持续感受到的巨大压力同时来自学生课堂行为问题和与父母沟通问题这两个方面，但他们却没有获得所需的支持，以帮助这些问题学生。半数教师会在入职4年内选择离职，而有行为问题的学生和他们的父母是这些教师提及的主要离职原因之一。父母知道孩子在学校遇到了困难，清楚他们受到了批评，感到孩子受了委屈，甚至遭到了不公正的待遇，但是父母无力扭转这一切，同时又因与学校教师交流不畅，感到沮丧无助，无法及时帮助自己的孩子。

学校纪律规范被打破了。不出所料，一味加大控制力度并不奏效。来自美国心理协会的一个工作组很久之前就曾得出结论称，原本以减少校园暴力现象和行为问题为目的的零容忍政策，实施起来却适得其反。同时，我们对过去十年的相关研究回顾后发现，这类政策不仅不能保障校园安全、有效解决学生行为问题，反而促使行为问题增多、辍学率上升。但是，美国公立中小学每年却继续下发多达23万把戒尺，开除11万名学生，勒令300万名学生停学，更无须说每年数以百万次，数也数不清的留堂惩罚了。

要帮助他们，就需要进行巨大的变革。根据我的经验，这些变革并非许多人所想的那么痛苦、艰难。所以，我们不能再这样下去了，因为太多的孩子在传统教育模式中被放弃了，而这本书讲的就是处理这类问题的不同方法。

我每年都会与几百个有行为问题的孩子进行沟通。这些孩子十分渴望能够达到他人在学校和在生活中对他们提出的社交、情绪和行为要求，但是他们似乎无法成功。许多孩子甚至因为陷在困境中太久了，从而不再相信有人知道如何帮助他们。

我每年也和上百位教师一同工作。他们中的大多数人也都深深地关心孩子，把大量的时间和精力都投入到了他们的学生身上。但是，多数教师也都认为了解和帮助问题学生并不是教学的主要部分，并且承认他们会采取一些严厉的措施，帮助他们应对部分问题学生及其父母。同时，多数教师也表示日常教学和强加在他们身上的新任务已经让他们疲于应付，因而他们根本无暇反思如何更好地帮助班级里的问题学生。

15年前，我写过一本书，书名叫作《暴脾气小孩》，这本书是写给父母的。自那时起，我在这本书中叙述的模式，现称作积极合作式问题解决方案（CPS），不仅应用于上千个家庭，还广泛应用于数十个精神病科住院部、儿童福利机构、少管所，以及普通和专门的教育机构。显而易见，这本书所描绘的CPS模式应用于学校的方法，正是大家所迫切需求的。

现在你知道了我写这本书的原因，和这本书的目标读者。那么，接下来我要谈一谈我是如何构思本书的。

帮助有社交、情绪和行为问题的孩子并不是一场简单的机械演练。孩子不是机器，当然成人也不是机器，所以促使他们在一起合作的过程绝不是死板机械的。这项工作并不简单，可能会让人感到混乱、不适。它需要团队合作，特别是在这项工作要求我们质疑经典和传统做法时，更需要我们有足够的耐心、韧劲。这本书包含大量的材料和案例，通过这些内容，你可以更好地了解有行为问题的孩子，明白如何应用CPS模式，清楚如何协同工作，才能更有效地帮助这些孩子。

这本书还包括一些连载故事，这些故事当中的老师、父母和校领导为了让事情变好，会采取一些让人混乱、不适的尝试。我写这类故事主要是为了以下几点：第一，它能让内容从想法迅速过渡到实践；第二，它能让事件中每个角色体会的挑战、压力、压力来源、疑问、困难、焦虑更加鲜活生动；第三，它为读者提供了在不同条件下可以使用的具体词汇。经常有人说："我明白

CPS模式，但我需要知道在实际应用中，CPS是如何实施的。"也有人说："我需要体会一下CPS模式下的用词。"他们还会问："让整个学校都这么做，真的现实吗？"为此，这类故事中必须要含有丰富的真实案例和对话内容。

书中所有人物都基于我了解且合作过的教育工作者、父母和孩子。书中的内容也都来源于他们努力克服的挑战以及他们采取的方法。书中有些人物是现实生活中多个人物的结合，他们的名字和具体信息都会被隐去。我会尽可能以最佳角度来展现这些人物，但这也就意味着他们并不是百分百真实的。所以，故事中的校长并不能代表现实生活中的每位校长，她就只是故事中的校长。故事中的孩子、父母、教师和其他人物同样如此。他们并非我的刻板印象，他们也并没有代表性，他们只是我选择的角色，用来帮助我展示改变课堂和学校纪律文化时会遇到的固有困难和复杂情况。

同样，书中的学校种类也没有针对性。很明显，这是一所公立学校，多数情况发生在6年级。但我对年级特征及其学生的民族和社会经济地位都特意做了模糊处理。虽然这些特征有时会起到一定作用，但在人们使用CPS模式时它们通常不会对后果产生较大影响。现实中，在学校里许多女学生也会有问题行为，但为了方便表述，本书中的问题学生多是男生。虽然本书写的是有社交、情绪和行为问题的孩子，但我在书里用的是"有行为问题的孩子"，来指代有以上三方面问题的孩子。

本书并非学术著作。教育领域中有许多倡议是为了确保孩子能够获得学业上的教育而提出的，而这本书则是为了那些被这些倡议莫名其妙丢下的孩子而写的。

我写这本书，并不是要批评或责怪教育工作者们。当然，也不是为了批评或责怪那些有行为问题的孩子或他们的父母。我想要改变这个不能为教师、父母或有行为问题的孩子提供帮助的美国教育体制。为了探究如何实现这些改变，为了实现这一目标，我们需要实现三大转变：(1)在了解导致孩子问题行为的因素方面实现巨大转变；(2)建立机制，变被动帮助为主动帮助；(3)制定程序，帮助人们协作解决问题。

通过阅读本书，不同的人会有不同的收获。有的人可能会觉得问题行为可以回溯到认知技能的落后这一观点很新颖；有的人可能觉得限制后果措施的使用令人大开眼界；有的人可能觉得CPS模式的具体构成要素，以及这些要素区别于（且通常优于）其他有行为问题的孩子交流和关心的方式，令人颇受启发。而有的人（可能是那些愤世嫉俗的人）则会觉得本书提供了一个全新的视角，带来了新的希望。

　　然而，有一件事从未改变，那就是，想从你要阅读的内容中收获更多，你需要先保证有一颗开放的心和一个有想象力的大脑。

第1章

为什么学生会迷失在学校

Chapter 1　School of Hard Knocks

故事发生在10月初。罗丽·伍兹老师正带领6年级学生完成社会研究作业。但是有一位学生与众不同,他叫乔伊。这时,伍兹老师与乔伊的沟通已经出现问题了,特别是在乔伊拒绝完成课堂作业之后。乔伊不完成他的社会研究作业,本身就已经让老师不快了。而他又开始扰乱另外两个孩子,这让伍兹老师不得不采取行动。

"乔伊,有什么问题吗?"伍兹老师小声说,"不可以打扰周围的同学哦。"

乔伊抬头看了看老师:"我不知道做什么。"

"乔伊,作业写在黑板上。你怎么会不知道做什么呢?"

坐在乔伊旁边的两个孩子开始窃笑。

"我就是不知道!"

现在大部分孩子都朝这边看了过来。

"大家继续做作业。"伍兹老师说。她再次转向乔伊:"乔伊,咱们去我的办公桌聊聊作业的事,不要打扰别的同学。"老师开始走向教室前方,但是乔伊没动。伍兹老师转过头来。

"乔伊,请到办公桌这里来。"

"我不。"乔伊小声说,但音量足以再次引起其他同学的注意。

"你说什么?"

乔伊的脸变得红红的:"我不去讲台。"

全班同学的注意力都被吸引了过来,大家都在等待老师的反应。

"乔伊,如果你现在不到讲台上来,我就要让你去办公室了。"

"我也不去办公室。"

"乔伊,快点!"

"就不。"

伍兹老师走到坐在教室前门的一名同学那里:"泰勒,请去办公室告诉韦斯特布鲁克老师我们的课堂出了些问题,我们需要米德尔顿老师快点过来。"伍兹老师希望副校长的到来能够震慑住乔伊,让他改变主意。

泰勒听话地离开座位,跑去了办公室。伍兹老师走到教室门口,转身对全班同学说:"这句话我不想再说一遍,继续学习。"

"出什么事了?"米德尔顿老师一到就气喘吁吁地问。米德尔顿老师已经做了12年副校长(在这之前做了16年科学老师),在教师当中是出了名的性格和顺,但却被错误安排做了这个学校主管纪律的副校长。

"乔伊扰乱课堂,所以我让他到办公桌这里来,他不听。我让他去办公室,他还不听,他还在那坐着呢。"伍兹老师向乔伊的方向指了指。

米德尔顿老师抬眼看了看课堂:"我看看怎么处理。"

米德尔顿老师走向乔伊,弯下腰,温柔地说:"乔伊,我知道现在咱们遇到了问题,咱们去我的办公室聊一聊好不好?"

乔伊突然爆发。他从座位上跳了起来,脑袋重重地撞到了米德尔顿老师的下巴:"我不去什么破办公室!"他大喊着跑向了门口。其他孩子都被吓到了。米德尔顿老师下巴上挨了一下,差点被撞晕,他想抓住乔伊,却抓了个空。乔伊推了伍兹老师一把,大叫:"我恨死你们了!"经过泰勒的课桌时,他脱口而出:"我要杀了你!"泰勒吓得往后缩了缩,而乔伊则跑出了教室。他沿着走廊跑出了教学楼,而米德尔顿老师随后追了出去。米德尔顿老师经过大办公室时,向秘书韦斯特布鲁克老师大喊:"快找加尔文校长!"韦斯特布鲁克老师立马跑到校长办公室告诉加尔文校长。乔伊刚跑出教学楼,米德尔顿老师就已经追出去了。加尔文校长得到消息后立刻冲出办公室,也追了出去。体育老师塞兹莫尔在复印室听到了骚动,也冲出去追乔伊了。

米德尔顿老师和塞兹莫尔老师发现乔伊藏到了学校停车场上的一辆车后面,强行把他带回了学校,并按到加尔文校长办公室的椅子上。"给他妈妈打电话。"加尔文校长对刚进入办公室的韦斯特布鲁克老师气喘吁吁地说。

塞兹莫尔老师和米德尔顿老师仍旧按着乔伊的胳膊,加尔文校长严肃地看着他说:"他们要是不再按着你,你会不会坐在椅子上?"

乔伊一边奋力挣扎一边说:"让这些讨厌鬼放开我。"

"你冷静下来,他们就会放开你。向我保证在你妈妈来之前,你都会坐在椅子上。"

乔伊想努力挣脱出这两个人的钳制,他面色通红,眼泪顺着脸颊流了下来,央求道:"让他们放开我!"

加尔文校长仍有点气喘,"你冷静下来,他们就会放开你。我们不会允许在我们的校园中出现你这种行为。"

乔伊还是没有停止挣扎。"乔伊,冷静。"米德尔顿老师忍着下巴的疼痛,尝试安抚他。

"去你的。"乔伊说,但挣扎得没有那么用力了。

"乔伊,我们在学校不能说这种话。"加尔文校长说。

"去你的。"乔伊边说边瞪着校长,挣扎的力气又小了些。

"来,乔伊,放松。"米德尔顿老师说,"我也不想这样抓着你。"

"那就放开啊!"乔伊强压怒火,"你弄疼我胳膊了。"

"我们不想伤害你,"米德尔顿老师说,"但是我们也不能让你再跑出学校,那很危险。冷静下来,这样我们才能放开你。"

乔伊的妈妈洛威尔女士十分钟后来了。"发生了什么事?"她急切地问道。

"他们伤害了我。"乔伊瞪着加尔文校长。

洛威尔女士看了看乔伊的胳膊,而后又看向加尔文校长,等待她的解释。加尔文校长是一位直言不讳的管理者,她以管理严格、确保学校学生获得良好教育为傲。

"他威胁到了一位同学的生命,"校长说,"这是不能容忍的。之后他又跑出学校,需要我们强制把他带回来,所以他的胳膊有些红。"

洛威尔女士努力压低自己的声音:"乔伊,你威胁其他孩子了?"

"我不是那个意思。"

"你为什么跑出学校?"洛威尔女士问。

"我不知道怎么完成社会研究作业。"乔伊小声嘟囔。

洛威尔女士疑惑地问道:"你不知道什么?"

"显然是他拒绝做作业。"米德尔顿老师说,"伍兹老师让他到办公桌那儿去,他也拒绝了。之后伍兹老师让他去办公室,他依然不听。然后我努力跟他沟通,他就跑出教室了。"

"我不知道做什么!"乔伊坚持说。

"还有,他伤到了米德尔顿老师的下巴,还在逃跑的过程中推了伍兹老师。"加尔文校长说,"这叫袭击,这在我们学校是不能容忍的。"

乔伊跌坐回椅子,小声嘟囔:"那是个意外。"

"乔伊,我不敢相信你做了这些。"他妈妈说。乔伊的眼睛噙满了

Chapter 1　School of Hard Knocks

泪水。

"不管是不是故意的,乔伊你之后五天都要待在家里。"加尔文校长说。

洛威尔女士睁大了眼睛看着校长:"这是什么意思?"

"我是说他要停学五天。我们不能容忍这种事情发生在我们学校。乔伊的同学有权获得一个安全的学习环境,但是这个权利今天受到了侵犯。我还要和领导谈谈,看看是否还要采取其他措施。"

"其他措施?比如?"

"如果学生打了老师,还威胁要杀人,根据本校纪律规范,我们需要通知警方。米德尔顿老师和伍兹老师还要决定是否需要赔偿。"

"通知警方?"乔伊妈妈大喊,"就因为一个意外?"

"基于我听到的情况,我不认为这是个意外。"加尔文校长说,"现在,你要带乔伊回家。我们了解其他情况后,会再讨论其他措施。乔伊需要知道这种行为是不可接受的。"

"他已经知道了。"洛威尔女士说。

没人说话。

洛威尔女士听够了。"我们走,乔伊。"她看向米德尔顿老师,"我很抱歉害你受伤了。"乔伊跟着妈妈走出了办公室,他的手深深地插在裤兜里,低下了头。

两位校长透过窗户,看着乔伊和他妈妈上车,离开了。

我们要怎么处理乔伊这件事呢?

与以往任何时候相比,这都是个大问题,因为确实有很多像乔伊一样的学生存在。不能在课堂上正常表现的孩子,通常都很难与其他孩子相处，不会尊重师长，也不会遵守学校的纪律。孩子的问题不会逐渐消失。我们会在报纸和电视上看到有关他们的新闻，有时是他们重伤了别人，有时是他们戴着手铐被带出学校，所以他们误入歧途的可能性很大。如果我们不去帮助他们，就会失去他们。

我们怎样帮助伍兹老师呢？我们还要考虑另一个大问题，伍兹老师班上的孩子们有学习、行为、情绪和社交等各种各样的问题。她最想做的就是给予他们所需要的帮助。多年来，她将大量时间和精力都投入到帮助她的问题学生上来，但却收效甚微。至少，她需要某种方法以确保这些孩子不会扰乱其他孩子的学习。除此之外，她还要烦心高利害测验①，要备课，要参加无数的会议，要消化和贯彻最新的学校系统议案，所以她的时间太紧迫了。如果我们不帮助伍兹老师，我们同样会失去她。

母亲洛威尔女士呢？对于那些有行为问题的孩子的父母而言，外部的世界太过恐怖、无情，太令人心灰意冷了，特别是当孩子在学校惹麻烦时，这种感受尤其明显。洛威尔女士逐渐习惯了因为她儿子的问题而受到责备，习惯了那些称她为"那孩子的母亲"的人投来的目光。她也熟悉了各种用于对待有行为问题的孩子的药物，习惯了各类书籍及电视节目将她归为不主动积极关爱教育，一味纵容自己孩子的父母。生活中有上百万个像洛威尔女士一样的母亲，她们都希望有更好的、真正起作用的办法。

如果我们要帮助乔伊、伍兹老师和洛威尔女士，我们需要首先关注

---

① 高利害测验是指可以对测试所涉及的受测者或项目、单位造成直接的和重要的后果的测验。它与低利害测验相对。——译者注

Chapter 1　School of Hard Knocks

孩子们的问题根源。然后我们需要考虑一些重要问题，比如，我们在学校管教孩子的方式是否解决了造成孩子社交、情绪和行为困扰的实际问题？如果没有，那么我们应该做出什么改变呢？

我们在谈到有行为问题的孩子时，常会说他们有控制欲，想要引人注意，喜欢强迫别人，缺乏学习动力，没有界限。而这些行为特点则是由被动、纵容、前后行为矛盾、不能依据情况随时调整自己的育儿方式导致的。但多数情况下，这种说法都是不靠谱的。因此，源于以上这种想法的干预措施自然也是不靠谱的。你想，如果你认为被动、纵容、前后行为矛盾、不能依据情况随时调整自己的育儿方式会导致一个孩子行为乖戾，那么你就会努力变得严格、严厉、行为一致、会依据情况随时调整自己，而这通常都需要成人采用让孩子承担"后果"这一方法。在我们所处的文化背景中，许多成人只会想到一个词，采用一种干预措施来对付这些没有达到成人期待的孩子：后果。"后果"表现为针对某些行为的奖励（在学校里，奖励包括一些特权或贴纸、笑脸和可以用于换取奖品的兑换券或积分）或针对某些不良行为的惩罚（比如失去特权、被罚写作业、罚站、留堂、停学、开除）。这种方式如果起效，自然是很好的。但当它失效时，就不是什么良策了。而通常，这类措施对于经常作为其实施对象的孩子来说是不起什么作用的。

这是因为人们让孩子承担后果，其实只有两个目的：（1）让孩子们明白行为的对错；（2）激励孩子们选择正确的行为。但是，重要的是，绝大多数有行为问题的孩子早已知道我们想让他们采取何种行为。他们知道应该像我们说的那样去做，他们也知道他们不应该打扰同学学习，不能在生气或丢脸时逃学。当然，他们也明白不应该打人、骂人或在上课时大喊大叫。他们不需要我们花精力教他们我们希望他们如何表现，虽然这一点让人很难相信，但多数有行为问题的孩子早就想好好表现。他们不需要我们奖励他们贴纸，剥夺他们的休息时间或让他们停学，他们需要我们做些别的。

本书创作的前提是有行为问题的孩子缺乏重要的思维技能。一项神经科学研究佐证了这一点。这项研究跨越30年，以行为有攻击性、不能与他人良好相处的孩子，和被诊断患有ADHD（注意缺陷与多动障碍）、情绪障碍与焦虑症、对立违抗性障碍、行为障碍、自闭症谱系障碍和语言处理障碍的人员为研究对象。研究所说的思维技能并非属于传统学习领域（如读、写、算术），而是属于情绪管理范畴。比如在行事之前，考虑行为的后果，了解自己的行为会给他人带来的影响，通过交流让别人明白事情原委，并且能够灵活应对计划的变动。换言之，这类孩子有发展迟缓的问题，他们缺乏某种学习能力。阅读迟缓的孩子很难掌握流畅阅读所需的技能。同样的，有行为问题的孩子也难以掌握处理生活中社交、情绪和行为问题所需的技能。

那么，我们怎么才能帮助有传统的发展迟缓问题的孩子呢？首先，我们要评估阻碍技能习得的要素，而后再提出针对性指令，教他们逐渐习得他们能够掌握的技能。如果你能像对待发展迟缓的孩子一样对待有行为问题的孩子，并能像对待有其他学习能力问题的学生一样，用同样的热情和态度对待他们，那么他们就会做得更好。继续把这些有行为问题的孩子当作缺乏学习动力、有控制欲、想要引起注意、没有界限……继续依赖于"后果"这一方式来解决他们的问题，孩子们通常做不好。这是因为"后果"并不能教孩子学会他们缺乏的思维技能，也不能解决造成他们问题行为的根源。为什么我们总是如此狂热地将"后果"这一方法过度应用在孩子身上呢？因为我们没有意识到他们有发展迟缓的问题。

如果学校传统的纪律规范对有社交、情绪和行为问题的孩子不能起效，那么我们没有停止这类纪律规范的唯一原因就是它对没有这类问题的孩子起作用了。事实上，行为良好的学生不是因为学校的纪律规范才表现好的。他们表现好是因为他们拥有恰当的方式和技能来应对生活中的挑战。因此，我们可以重新思考如何才能满足这些有行为问题的孩子的需求，而不必惊惶不安：学校纪律规范对表现不好的孩子是无效的，而对表现好的孩子是没有必要的。

现在回到最初的问题：我们应该如何处理乔伊这件事呢？我们要如何帮助伍兹老师和洛威尔女士呢？

正如我们处理其他发展迟缓问题的方法一样，我们要帮助伍兹老师和洛威尔女士更好地了解乔伊的困难（换言之，就是帮助他们认识到乔伊缺乏的技能），确定他最可能遇到这类困难（这类困难叫作未解决问题）的条件。然后，我们再帮助他们学习如何与乔伊合作，这样才可以解决问题。教乔伊学会技能，他自然也就不再是有行为问题的孩子了。

当然，这一过程并不简单，它需要花费一定时间。帮助有行为问题的孩子从来都不容易，而且总是很耗费时间。但是与有效的干预措施相比，无效的干预措施往往更困难，更浪费时间。当然，这一过程的成功实施很大程度上依赖于你对"合作"的定义。很多时候，"合作"仅仅指成功地最小化有行为问题的孩子对其他同学的影响。虽然目标很高尚，但它的达成常以牺牲有行为问题的孩子为代价。要是我们可以帮助这类孩子解决造成问题行为的根源，同时教会他缺乏的技能，最小化他对同学的负面影响，还能阻止他最终被孤立，这样多好啊！

我们用错误的眼光看待有行为问题的孩子，用不能解决实际困难的方式来对待他们。为此，我们已经失去了很多孩子和老师。对于牵涉其中的每个人而言，这种模式无疑令人挫败，是时候停止这种做无用功的行为了。

第2章

如果有能力，
学生会做得很好

Chapter 2　Kids Do Well if They Can

有社交、情绪和行为问题的孩子缺乏重要的思维技能。现在我要提出的理念需要花费一些精力才能适应，我们先从你对孩子的理念谈起：孩子们会想些什么，他们为什么要做这些事情，他们想要做什么（如果他们真的要做什么的话）。

许多成年人从没认真思考过他们对孩子的理念。但是如果你想要帮助有行为问题的孩子，你需要认真思考一下。因为你对孩子的理念会指导你在与他们互动时秉持的观点和采取的行动，特别是在面临严峻的事态时。而本书基于的理念就是本章的题目：如果有能力，孩子们会做得很好。

这一理念可能听起来并不惊天动地，但是，当我们思考另一个非常流行的理念（"如果愿意，孩子们会做得很好"）时，其意义就变得十分清楚了。这两种截然不同的理念会产生完全不同的影响，它们会影响我们对孩子的假设，会在孩子不能满足我们的期待时，影响我们处理问题的方式。

当"如果愿意，孩子们会做得很好"这一理念用于表现不好的孩子身上时，我们会认为他表现不好的原因是他不愿意。这一假设通常是错误的，会让成人认为他们在有行为问题的孩子的生活中扮演的主要角色（以及干预措施的目的）应该是让孩子愿意表现好。要想完成这一目标，我们一般会在他表现好时奖励他，表现不好时惩罚他，从而激励、鼓励孩子表现好。

相比之下，"如果有能力，孩子们会做得很好"这一理念假设如果孩子能做好，他就会做好。做得好当然优于做得不好，但是孩子首先要有能力做好。如果孩子做得不好，他一定是缺乏了某些技能。成人在这类孩子的生活中扮演的最重要的角色是什么呢？首先，假设孩子已经有了动力，能够辨别是非，并且已经受到了足够的惩戒。然后，找到他所缺乏的技能，这样你才能清楚地了解是什么阻碍了孩子的进步与成长。了解孩子有行为问题的原因是帮助他的第一步，也是最重要的一步。

对于许多人来说，这是根本的理念改变。我知道这很难，但先别着急放弃。不仅对于有行为问题的孩子，对于同学、教师和父母同样关系重大。本章旨在让读者熟悉有行为问题的孩子缺乏的技能，并了解如何确定想要帮助的孩子所缺乏的技能。

缺乏的技能

如果你确定了孩子缺乏的技能，那么你就会明白他有问题行为的原因。你也会知道孩子需要学习的技能，并能够很好地预测问题行为最可能发生的条件。如果你不知道孩子缺乏的技能是什么，你就不能真正了解他的问题，也很难预测他表现最差的时候。这样一来，你不知道应该教他什么技能，他的问题仍然存在，他还会变得愈加消沉、绝望、孤僻。就像我们如果遇到他人无法理解的问题，并且遭到让事情变得更坏的对待时，所表现的一样。

问题行为最有可能发生在什么时候？当施加在孩子身上的要求超出他应对问题的能力的时候。当然，这也是我们所有人表现不好的时候。但是有行为问题的孩子通常比其他人应对得更差，而且常常如此。你想，当生活中的需求超出应对能力时，孩子们可能会做出很多事情。有的哭，有的生气，有的噘嘴，有的抱怨，还有的逃避——这些都是比较温和的反应。还有些是比较激烈的反应，比如哭喊、咒骂、吐口水、打人、踢人、损毁物品、躺倒在地、逃学。而更加极端的反应还有自残或伤害他人，自己导致的呕吐、割伤、饮用过量药物、捅刺和枪击事件。但是以上这些行为都发生在同一情况下：施加在孩子身上的要求超出他应对问题的能力。那么，为什么有的孩子反应温和，而有的孩子反应却如此极端呢？那是因为在遇到超出他们能力范围的情况时，有些孩子有能力保持冷静，而有些孩子则不行。

有了这个新观点，我们之前的大部分说法都不再有意义了，比如：

- "他就是想要关注。"我们都想要关注，所以这一解释对于帮助我们理解孩子的行为问题没有帮助，而且如果孩子用一种不好的方法寻求关注，是否也意味着他缺乏用好办法寻求关注的技能呢？

- "他就想用自己的方式。"我们都想用自己的方式，所以这一解释也不能帮助我们了解孩子的行为问题。而使用自己的方式正确解决问题恰恰需要运用他们所缺乏的技能。

- "他在控制我们。"这是对有行为问题的孩子的一种普遍的、具有误导性的特征描述。控制他人需要多种技能的运用——先见、计划、冲动控制和组织等，而这些技能往往都是有行为问题的孩子所缺乏的。换言之，最常被描述为有控制欲的孩子才是最缺乏这种能力的人。

- "他没有动力。"这是另一种普遍的特征描述。这种说法也可以追溯到"如果愿意，孩子们会做得很好"这一思维模式上，因而会导致大家直接采取激励措施，促使孩子做好。但是为什么会有孩子不愿意做好呢？如果他有能力做好，为什么会选择不做好呢？

- "他正在做错误的选择。"你能确定他有能力一直做正确的选择吗?
- "他的父母无法管束他。"我的经验是表现好的孩子的父母会因为孩子行为良好这一事实获得过多表扬,而有行为问题的孩子的父母则会因为孩子表现不好而遭到过多批评。责备父母并不能帮助学校的教职工一天6小时,一周5天,一年9个月都能有效处理孩子们的问题。
- "他态度不好。"他很可能刚开始不这样。"态度不好"通常是被成人误解和过度惩罚的副产品,成年人并没意识到孩子缺乏关键的思维技能。但是孩子们却有很强的适应能力,如果我们开始做正确的事情,他们会变好的。
- "他有精神疾病。"虽然他可能符合精神疾病的诊断标准,并确实因为服用精神类药物有所好转,但我们也不能采用这种说法。50年前,一位名叫托马斯·萨斯的精神病医生就明白了"精神疾病"只是用来描述有社交、情绪和行为问题的人员的一种有局限性(可能不准确、可笑)的说法。他建议将这些问题重新定义为"生活难题",他认为这是看待问题更恰当、更有效的方式。
- "他兄弟就这样。"啊,所以这是基因导致的!那么,我们就什么都做不了了,可能他的兄弟也缺乏某些重要的思维技能。

虽然上述说法非常流行,但多数都只是老生常谈,会使教育孩子的人走进死胡同。一旦你熟悉了有行为问题的孩子缺乏重要的思维技能这一理念,那么上面这些说法都不再有任何意义。实际上,上述说法通常会导致成人把有行为问题的孩子看成"敌人",并把他们推开。

以下内容非常实用，它列出了有行为问题的孩子通常缺乏的技能：

- 难于处理过渡期，难于从一种思维模式或任务过渡到另外一种；
- 难于按逻辑顺序或规定秩序做事；
- 难于坚持完成有挑战性或单调乏味的任务；
- 时间观念差；
- 难于集中注意力；
- 难于思考（任性）行动可能的后果；
- 难于思考某一问题的一系列解决方案；
- 难于用语言表达担忧、需求或想法；
- 难于明白他人正在表达的内容；
- 难于管理面对挫折的情绪反应，不能理性思考；
- 长期易怒和/或焦虑严重阻碍了解决问题的能力，或强化了挫折感；
- 难于看到"灰色地带"或固化的、无法理解言外之意的、非黑即白的思维方式；
- 难于违背规定、惯例；
- 难于处理不可预测、模棱两可、不确定、新奇的事务；
- 难于脱离原有的理念、计划或解决方案；
- 难于考虑可能需要调整行动计划的环境因素；
- 不灵活、不准确的解读/认知扭曲或偏见（比如，"外面的每个人都要抓我""没人喜欢我""你们总是责备我""这不公平""我很笨"）；
- 难于注意到并/或准确解读社交信号/很难理解社交中的细微差异；
- 很难开始对话、加入群体、与他人交往/缺乏其他基本社交技能；

- 难于用恰当的方式寻求关注；
- 难于理解某人的行为如何影响其他人；
- 难于与他人共情，难于理解他人的视角或观点；
- 难于了解某人是如何被他人了解或看待的；
- 感官运动困难。

你可能已经意识到以上清单并没有包括任何诊断后果，这是因为多数诊断后果并不能告诉我们孩子可能缺乏的认知技能。换言之，"双相障碍"不能告诉我们孩子缺乏哪些具体的技能。自然，"胎儿酒精综合征""铅中毒""大脑受损""ADHD""违抗性障碍""反社会"或"反社会人格"也不能。太多时候，成人们不断地追寻正确的诊断后果，认为这一诊断后果会帮助他们知道下一步做什么。事实上，诊断后果对于了解有行为问题的孩子，或对于帮助成人了解下一步做什么没有什么用。此外，孩子并非在真空里展示他的问题行为。一个巴掌拍不响：缺乏技能的孩子是事情的一方面，需要这些技能的环境（教师、父母、同龄人）则是另一方面。长期、有效的干预措施必须既针对孩子（有学习和解决问题的技能），又针对孩子环境中的人（需要了解孩子问题的本质，并提供解决问题、学习和实践技能的机会）。如果诊断后果不能反映这一现实，它们只能让孩子变得病态。

虽然诊断后果确实让成人更重视孩子的困难，但孩子不需要诊断后果，或一个专门的教育名词来证明他们有问题。他们需要我们找出那个导致他出现问题的根源。当然，如果学校需要孩子有诊断后果才能提供某些服务，那么多数精神健康专家都很乐意帮忙，只是我们不应该认为诊断后果可以提供很多有用信息。孩子不应需要诊断后果才能获得帮助。

我们先看看清单上所列的技能，弄清楚这些技能缺陷之间的联系，以及它们是如何导致问题行为的产生。

> **技能缺陷1**
> 难于处理过渡期，难于从一种思维模式或任务过渡到另外一种。

这一技能缺陷通常叫做认知转移组合技能，这一技能需要某人在任何时候能够从一项任务转移到另外一项（例如，从拿取储物柜里的物品和书籍，过渡到去课堂学习），或从一种环境过渡到另外一种（从课间休息环境过渡到安静的环境）。每种任务或环境都涉及不同的准则和要求，因而也需要不同的思维模式。例如，在课间休息时间，可以跑来跑去，大喊大叫，也可以和他人社交，而在课上安静时间，我们要坐在课桌前，安静地读书，不能与别的孩子说话。如果孩子难于掌握这一技能，那么他很有可能在安静时间开始后很久，还在像休息时那样思考和行动。

当你告诉孩子做什么时，他的认知组合技能也需要转变，特别是在你告诉他做的事情并不是他一开始做的事情的情况下（一般情况下，这正是孩子们被告知要做什么的时候）。矛盾的是，正是有认知转移困难的孩子最常被这样告知要做什么。

认知转移困难会导致孩子的许多不良行为。缺乏这一技能的孩子什么时候最可能有不良行为呢？当环境需要孩子转变认知组合技能的时候。它与其他任何学习能力缺陷一样，阅读困难的孩子更可能在阅读的时候感到吃力，认知转移困难的孩子更可能在需要他们转变认知组合技能的时候感到吃力。因此，重要的任务之一就是学习在环境需要他们这样做的时候，有效地完成转变。这一技能是许多有行为问题的孩子都不具备的。

这并不是说成人们不能告诉孩子做什么，或要彻底消除对认知转移组合技能的需求。它意味着如果我们想要帮助由认知转移困难导致问题行为的孩子，那么第一步就是要认识到他缺乏这项技能，而后我们才能确定这项技能缺陷引发最大问题的具体情况（未解决问题），然后我们再开始解决这些问题。怎么做呢？第4章和第5章将会详细讲解这些内容。目前，最重要的是要明白孩子不是在试探底线，没有控制欲，也不想控制别人，他只是缺乏一种重要技能。

> **技能缺陷2**
> 难于思考某一问题的一系列解决方案；
> 难于思考（任性）行动可能的后果。

当你遇到问题或挫折时，你的主要任务是找到问题的原因并解决这个问题。

让我们深入思考一下。为了解决问题，你必须首先明确你想要解决的问题。然后你需要思考解决问题的方法，你需要预想上述解决方案可能造成的后果，从而选择出最佳方案。这是人们做决定的整个过程，解决问题需要条理清晰、规划清楚的思维方式。

而许多孩子的思路可没这么有条理（他们很难理清自己的思路），他们找不到是什么阻碍了他们，什么情况会阻挡问题解决的进程。问题得不到解决，挫败感增强（常会导致上文提及的负面行为）。不少孩子思路不清晰，这使他们即使能够找到问题是什么，也无法想到一种以上的解决办法。即使他们能够想到不少解决方法，他们也都会因为太过冲动而按照脑子里冒出的第一个念头做出反应。更糟糕的是，我们头脑里冒出的第一个办法经常（不是总是，而是经常）是最糟糕的。在我们抑制住不那么靠谱的原始冲动，而后再有条理地思考更优方案后，通常我们才可以想出好办法。许多孩子（常常是那些思维没条理、易冲动的孩子）常因"行差踏错"而声名狼藉。换言之，许多孩子错误地应对生活中的问题，是因为他们不擅长理清自己的思路，想不到可替代的解决方案，也预测不出可能的后果。

用有条理、有计划的方式看待问题，考虑多种解决方案，并反思可能的后果，是重要的发展技能。多数两岁儿童还没有掌握这些技能，许多有行为问题的孩子，即便随着年龄增大，也依旧没有掌握这些技能。

显然，这些孩子需要我们的帮助！但是，如果学校的纪律规范仍然强调后果，那么这些纪律规范仍旧给不了他们需要的帮助。后果只会再次提醒孩子们我们不愿意让他们做什么，并激励他们做更好的事情。孩子们需要我们做的并不是这些。

我还要补充的是，许多思维没有条理、易冲动的孩子常被诊断患有ADHD，但是孩子是否符合ADHD的诊断标准并不是最重要的。重要的是，知道他解决问题常常没条理、易冲动，可以帮助我们更清楚地了解他的困难，并提供更实用的信息，让我们更准确地提供他所需的帮助。

> **技能缺陷3**
> 难于用语言表达担忧、需求或想法。

我们的日常生活很大程度上会涉及语言处理和沟通技巧，所以缺乏这些技能的孩子很难处理对他们提出的社交、情绪和行为需求。例如，许多孩子无法用语言告诉别人出了什么事，或他们需要什么。如果你没有能力让别人知道你"不想说话""需要想一想""不知道做什么""需要休息一下""不喜欢这样"，那么你可能会用不那么理想的方式来表达上述内容。如果孩子不会说，用"自己说出来"这种话术不会有丝毫的作用。有的孩子哭喊或者退缩，是因为他们没有有效沟通的技能，而有的孩子则用"去你的""我恨你""闭嘴"等脏话（对了，没礼貌通常意味着孩子缺乏重要的技能……如果孩子能用更礼貌的方式表达自己的话，他会的），还有的孩子则会通过身体语言进行表达（推搡、击打、扔东西、损毁物品、逃课）。

令人遗憾的是，语言处理和沟通技能的问题通常被忽视。当成人想要弄清楚孩子们的问题时，他们通常不会想到要评估孩子们的这些技能。有时用于评估上述技能的测试工具通常不会只针对某种细微的技能缺陷。在这种情况下，这类测试后果不仅不能确定孩子的问题，还会错误地认定孩子根本没有语言处理或沟通问题。

我们能教孩子更有效地表达他们的问题、需求和想法吗？绝对可以。但是我们应该首先认识到正是这些技能的缺乏导致了问题行为的产生。

> **技能缺陷4**
>
> 难于管理面对挫折的情绪反应，不能理性思考（情绪分离）；长期易怒和/或焦虑严重阻碍了解决问题的能力。

情绪分离指将你对困难或挫折的情绪反应与你解决问题的思维分离开。虽然情绪对动员或激励人们解决问题很有帮助，但思维才是使问题得以解决的方式。善于分离情绪的孩子通常用思维，而非情绪来应对问题或挫折，这很好。但是缺乏这一技能的孩子通常用情绪，而较少（或根本不）用思维来应对问题或挫折，这就有问题了。学习如何暂时搁置你的情绪，能够理性思考是重要的发展技能，也是许多有行为问题的孩子没有的技能。

在上文提及的较为和缓的负面情绪中，难于将思考与情绪分开的孩子可能为即将到来的考试、新的社交环境、不理解作业，或在同学面前出丑而焦虑，或者因为成绩不好、没有入选某个团队，或在社交上感到被孤立时而哭泣。在极端的负面情绪中，他们的情绪可能以一种有力的方式爆发出来，他们会大叫、骂人、扔东西、打人或者做出其他更糟糕的行为。这些孩子在那些时刻可能真的感到"燥热"，但他们通常不能抑制住情绪，直到平静下来，理智才会回归。当然，如果成人或同学的反应更加暴躁，他们的反应还会更加激烈。

虽然情绪分离指的是在情绪管理方面的短暂困难，但是孩子也可能有管理情绪的长期问题。所有孩子都会有伤心、生气、激动、暴躁、任性、不开心、疲惫的时候，也有焦虑、担忧、害怕和紧张的时候。没有人在生气或焦虑的时候还可以很好地应对问题或挫折，但是有的孩子却更频繁地体会到上述更激烈的情绪。经常生气或焦虑的孩子常常不能处理好问题和挫折。因为他们不具备管理自己情绪以及解决问题的技能，所以他们处理问题和挫折的方式更像我们从年龄较小的孩子身上看到的。就管理情绪和解决问题而言，这些孩子的处事方式更像是处在更年轻的发展阶段。

近些年，我们见证了一个令人忧心的趋势：人们会自然而然使用药物治疗有情绪管理困难的孩子。虽然药物有一定效果，甚至是必要的，但在有些情况下，对有行为问题的孩子用药太过草率。药物不能教授孩子们技能，况且还有很多导致孩子易怒或焦虑的因素是药物不能解决的。有的孩子易怒或焦虑，是因为一些还未得到解决的长期问题，比如学业荒废、与同龄人无法相处、遭受霸凌或有未识别出的学习能力缺陷，而药物并不能解决这些问题。

同样令人忧心的趋势还有那些有情绪管理问题的孩子最近被诊断为患有双相情感障碍。就我的经验而言，多数被诊断为患有此病的孩子是被错误评估和错误诊断的。这些孩子当然不会符合成人双相情感障碍的标准，而儿童双相情感障碍则至今没有公认的统一标准。不幸的是，最近这一诊断（和新创的破坏性情绪失调障碍）的流行导致了非典型抗精神病药物使用量的相应增加，这一点令人十分担心。过度给孩子们开精神病药物的原因之一是了解会导致社交、情绪和行为问题的认知因素的人太少，而且有时候给孩子们开药可比找到阻碍孩子们成长的真正原因要简单多了。

我们能够帮助易怒或焦虑的孩子更好地管理他们的情绪，以应对生活中的挫折和焦虑吗？当然可以。但是请不要把精力放在提出新的、有创意的惩罚措施上。

> **技能缺陷5**
>
> 难于看到"灰色地带"/固化的、无法理解言外之意的、非黑即白的思维方式；
>
> 难于违背规定、惯例；
>
> 难于处理不可预测、模棱两可、不确定、新奇的事务；
>
> 难于脱离原有的理念、计划或解决方案/难于适应计划的改变；
>
> 不灵活、不准确的解读/认知扭曲或偏见。

小孩子一般是非常固执、非黑即白、不能理解言外之意而又比较死板的思考者。他们正在了解这个世界，如果他们不担心规则的例外情况或看待事物的其他方式，那么根据事实直接推断会比较容易。随着孩子的成长，他们认识到实际上生活中的很多事情都是"灰色的"，规则也有许多例外情况，看待事情也有许多不同的方式。有时，同一节课可能遇上代课老师，野外旅行也会因为天气而改期，有人会坐到你在食堂常坐的位置上，课间休息也可以在室内而非户外。

不幸的是，对于一些孩子来说，"灰色地带"的思维方式还没发展完备。虽然这类孩子中的一部分被诊断患有自闭症谱系障碍或非语言学习障碍，但是把他们视作在灰色世界生活的非黑即白的思考者显然更有用。当世界需要这些孩子运用"灰色地带"的思维方式时，他们很有可能会表现出问题行为。

这样的孩子更易于接受事实性信息，因为这类信息是非黑即白的。但是当他们需要在生活中解决问题时，他们常会感到不适，因为这些问题是灰色的。

教　师：同学们，北美洲最高的山峰是哪座啊？安德鲁同学来回答一下？

安德鲁（非黑即白的思考者）：麦金利山！

教　师：太棒了，安德鲁同学。现在，我邀请你和苏西一起为全班同学做一个关于麦金利山的展示。你俩可以采取任何你们喜欢的方式，但是你俩得商量出一个方案来。好不好？

安德鲁：好。

（2分钟之后）

安德鲁：哈金斯老师，苏西肯定做不好！

教　师：怎么了，安德鲁？

安德鲁：你要是想介绍山峰，首先你得向大家展示这座山峰的图片。苏西却说什么时候展示图片并不重要。她说得不对。

听起来安德鲁对于如何介绍麦金利山有了非常清晰的想法，但是他在实施这一初始想法的过程中遇到了困难。他是被宠坏了吗？不。他是控制欲强吗？这不是最恰当的描述方式。非黑即白的思考者住在灰色世界里？这是个经典案例。

这类孩子喜爱处理（非黑即白的）细节内容，但不擅长处理模棱两可（灰色地带）的内容，而且经常忽视（灰色地带的）"大局"。他们喜

Chapter 2　Kids Do Well if They Can

爱可预测的（非黑即白的）内容，但当事情不可预测（处于灰色地带）时，他们就处理不好了。他们喜爱明确的（非黑即白的）内容和（非黑即白的）管理，但处理不好不确定的（灰色地带的）内容，或计划的改变。

教　师： 同学们，因为我们要开会，所以10:15我们就不休息了。
安德鲁： 您说我们10:15不休息了是什么意思？我们一直都在10:15休息的！我要在10:15休息！

　　这样生活是很困难的，没人会选择这种方式。
　　这些具有非黑即白思维的孩子常用死板的方式解读这个世界。这类孩子一般爱说这种非黑即白的话，比如"我真蠢""你总是责备我""没人喜欢我""你真卑鄙""这不公平""我什么事都做不成"，或"人们都要抓我"。这种僵化的思维方式（有时被称为认知偏见或认知扭曲）可能导致这些孩子甚至用激烈（和有问题的）方式来应对最好的情况。你能想象他们会把常见的社交刺激信号（朋友自鸣得意的笑、同龄人的悄悄话、背后一拍）都看作是人们要来抓他的证据吗？这些信号都会导致某些不良的反应。
　　世界上，像安德鲁一样的孩子在努力将固化的规则和解读应用于这个上述规则几乎都不适用的世界时，常常会向他们的老师和同学展现出严重的问题行为。有的人会在事件不符合他的原始设想，或当他们用扭曲的方式解读某件事时，变得不高兴或焦虑。有的人会大喊大叫，有的人会咒骂，有的人会扔东西，这就是他们的反应。这些行为会告诉我们他们的问题行为处在什么级别。现在你知道他们在什么时候，以及为什么会有这些行为了吧。这就是我们采取措施的着眼点。

我们能帮助这些非黑即白的思考者采用更加灵活的思维方式吗？让他们逐渐远离旧有的思维方式，开始适应他们之前可能没有考虑到的情况或视角？答案是非常肯定的……但成人要认识到如果自己本身就很死板，是很难教孩子学会灵活处理事情的。

> **技能缺陷6**
> 难于理解某人的行为如何影响其他人；
> 难于与他人共情，难于理解他人的视角或观点。

许多有行为问题的孩子难于理解他人的视角，不懂他们的行为会如何影响其他人。这些是非常关键的技能，因为它们能帮助我们衡量是否已经给他人造成了痛苦，或者带来了欢乐；他人是否能够接受我们的行为；笑话是否好笑；拍在后背上的一掌是轻还是重；评价是否令人窘迫、丢脸或受伤。这一信息可以帮助我们决定是继续这样做，还是改变方式。

缺乏这类技能的孩子容易忽视他人的需求，重复引起他人情绪或身体不适的行为。这些并不是什么令人喜欢的特点，缺乏这类技能的孩子经常会受到这样或那样的惩罚。这就是问题的症结：惩罚不是教孩子从他人视角看事情，或理解自己的行为如何影响他人的有效方式。许多成人都特别注意要让孩子为自己的不良行为立即承担后果。但是，相比之下，帮助孩子理解他们的行为如何影响他人，是更为可靠的机制，它能确保孩子在没有成人协助的情况下，仍能选择做正确的事情。

了解我们的行为如何影响他人，考虑他人的需求和担忧，并随我们收到的反馈修正自己的行为，是许多有行为问题的孩子还未掌握的重要发展技能。我们能教会他们这些技能吗？通常情况下，可以的。当然，这样要花费一些时间，而且我们还需要一些新方法。

所以，现在你知道了，社交、情绪和行为方面的适应机能并不是所有孩子天生具备的。我们成人通常认为所有孩子都天生拥有这些能力，但这是错误的。你也明白了问题行为出现在生活需要孩子们运用他们所缺乏的技能时，而在这种情况下，可能会出现一系列问题行为（有的相对温和，而有的则较为激烈）。

此外，将上文所述的技能缺陷解读为"借口"或"理由"是有很大区别的。当我们说技能缺陷是借口时，我们就等于关上了思考如何帮助孩子的机会之门。相反地，当我们说技能缺陷是孩子行为的理由时，帮助孩子的机会之门则会敞开，这正如你将要看到的一样。

未解决问题

我已经叙述了会导致问题行为的部分技能缺陷，但是我还有一条重要的信息没说。这类技能缺陷在某些特殊条件下，会造成更多问题。我们需要找到问题行为发生的特殊条件或情况（有时称为触发因素或前因）。我更愿意将这类情况称为未解决问题。我们如何知道这些问题是未解决的？因为它们仍能导致问题行为的发生。如果你不能确定导致孩子问题行为的原因，你就很难知道你要做什么事情。问题仍没有解决，孩子的问题行为也依旧存在。但是如果你找到了孩子还未解决的问题，你就可以同孩子一起解决这些问题，他的问题行为也自然会消失。

例如，如果孩子在圆圈时间①时，极其不愿意坐在他的同学阿米莉亚旁边，那么这一点就是未解决问题；如果孩子在课间休息时很难与罗比和汉克就盒球游戏的规则达成一致，那么这一点就是未解决问题；如果孩子很难和她的同学夏洛特完成科学作业，那么这一点就是未解决问题。许多成人把"不"认定为未解决问题，但这不够准确。成人把他们说"不"的情况（例如，"不行，数学课时间到了，自由选择时间已经结束了，不要再玩了"），当作孩子需要解决的具体问题（难于结束自由选择时间里玩的游戏，不能继续上数学课），因为这样他们就不用总说"不"了。

难于和校车上的（某些）孩子相处，难于坐在食堂里，难于从一门课（例如社会研究）转到另一门课（例如数学），难于开始并完成某项数学作业（例如两位数除法的练习题），难于完成某项家庭作业（例如欧洲国家地图这一地理作业），难于进入学校……这些都是导致问题行为的问题。那么下一个目标是什么？与孩子协作，解决这些问题，将这些问题从"未解决"的类别转移到"已解决"的类别。

---

① "圆圈时间"(circle time)也被称为"小组时间"，指在特定时间里，一群人坐在一起，从事有目的并且涉及在场每个人的一种活动。"圆圈时间"为学生提供了许多聆听的机会，可以有效发展他们的注意力，促进口头交流，同时让学生在"圆圈时间"内学习新的概念和技能。——译者注

新视角和新工具

观察孩子问题行为的视角有很多种。有的人通过诊断后果看待问题行为,现在你知道这种角度并不能产生什么效果,也提供不了什么信息。有的人则会在观察孩子的问题行为时,看到被动、纵容、行为前后矛盾、不能依据情况随时调整自己的育儿方式,现在你应该清楚了为什么这一角度也不是我们的重点。以防你没有看到本章前面的内容,我用一句话概括一下本书的观点:

问题行为发生在孩子承受的需求和期待超出他具备的应对技能的范围时。

不管孩子是生气、噘嘴、抱怨、逃避、拒绝说话、哭喊、吐口水、大叫、咒骂、逃学、踢人、打人、损毁物品,还是有其他更恶劣的行为,你都必须先了解为什么会发生这些问题行为(技能缺陷),并明确行为发生的具体情况(未解决问题),然后才能明白如何应对问题行为。技能缺陷是问题行为的原因,未解决问题则告诉我们何时会发生问题行为。

当然,你需要一个机制来评估并记录导致某一孩子问题行为的技能缺陷,所以借此机会,现在我要向你介绍本书提及的技能缺陷和未解决问题评估机制(ALSUP)。但需要提醒的是:ALSUP并不是行为对照清单或评定量表,它只是一份讨论指南。这份指南可以帮助成人关注学生的技能缺陷和未解决问题,而非关注这些问题导致的行为。ALSUP不能帮助成人得出一个百分位分数,从而确定孩子是否需要帮助(这一结论依据的假设是这个孩子明显需要帮助,或成人不会聚在一起讨论他的问题）。不过，ALSUP可以帮助成人就学生的技能缺陷和未解决问题达成共识，这是帮助成人通过同一视角看待学生的困难，确定他们可以帮助学生解决具体问题的一种非常有效的方式。因此，在会面时，每个参与者都应该收到一份还未填写的ALSUP复印件（已经填写的版本无益于讨论的进行）。

为什么花费时间就技能缺陷和未解决问题达成共识这么重要呢？因为如果照顾孩子的人对于阻碍孩子的问题有不同认识，并且他们的不同意见还没得到解决，那么他们就很难形成一致的应对方案，也很难取得任何进展。所有成人都会采取不同的措施、不同的做事方法。因此，时间花费在长期讨论，而后就孩子的技能缺陷和未解决问题达成共识上，是非常值得的（如果孩子仍有问题行为，那么肯定是因为大家还没有找到上述问题的答案）。

使用ALSUP

在ALSUP中，技能缺陷列在页面的左半边，右半边则是用来写未解决问题的。我们最好从开头的第一项技能缺陷开始。我们应询问会面的参与者这一技能缺陷（"难于处理过渡期，难于从一种思维模式或任务过渡到另外一种"）是否适用于所讨论的学生。如果不适用，再继续讨论下一项技能缺陷。但是，如果技能缺陷适用，则将其标注出来……但是先不要转到下一项技能缺陷，而是要继续讨论与该项技能缺陷相关的未解决问题。确定未解决问题的过程包括询问参与者是否能够想到一些例子，表明这一技能缺陷导致学生无法满足具体要求的时间或情况

（例如，"你能想到什么时候里德难于完成过渡吗？"或者"你能想到里德难于完成的过渡是什么吗？"）。对于ALSUP上列出的每项技能缺陷，你都要遵循上述步骤。对于每项已标注的技能缺陷，应该列出多少未解决问题呢？团队成员能够找到的所有问题。

虽然这听起来很直接，但成人确实会用没有成效的方式使用ALSUP。比如，我反对从头到尾过完整个技能缺陷清单，然后再确定未解决问题。我还反对挑选技能缺陷（即参与者浏览技能缺陷清单，然后再挑出看起来正确的几项技能），你必须充分考虑每一项技能缺陷。我还反对先考虑未解决问题，再回来考虑哪项技能缺陷能解释这些问题。当按照上文描述的步骤准确使用ALSUP时，确定未解决问题的过程会更有效率（而且，技能缺陷和未解决问题之间的联系会更加清楚）。

此外，我们还有写未解决问题的部分指导方针。这些指导方针会使写未解决问题的过程更加困难，但却增加了合作解决问题时学生参与讨论的可能性。这是因为ALSUP上未解决问题的措辞可以直接转化为开始协作解决问题时你向学生介绍未解决问题的方式。

- **指导方针1：未解决问题应摆脱问题行为的叙述。**

许多人认为学生的问题行为（打人、喊叫、逃跑、咒骂、咬人、吐口水）是未解决问题。现在你知道了行为只是当未解决问题出现时，学生做的事情而已。所以，如果特蕾莎在数学课上由于不会使用电脑上的软件而生气地跑出了教室，那么未解决问题就是在数学课上不会使用电脑上的软件，而不是生气地跑出了教室。如果欧文在课间休息玩篮球时，因不能就规则与他人达成共识而打了科林，那么在课间休息时难于就篮球规则达成共识就是未解决问题，而非打了科林。

鉴于这种情况，多数未解决问题的叙述应以"难"字开头。为什么要把问题行为与未解决问题分离开呢？因为如果你在与孩子们对话时总是强调他们的问题行为，他们会十分戒备，不会再参与问题解决的过程。因此，我们无须在未解决问题中谈及问题行为。"难"这个字更加中立，也足以涵盖上述行为。你不要再和孩子讨论他的行为，你要跟他讨论（并共同解决）导致上述行为的问题。

● 指导方针2：未解决问题应摆脱成人有关未解决问题起因的理论。

成人通常有许多关于学生问题的理论和假设，而这些理论通常又主导着讨论，而糟糕的是成人的理论常常是错误的。所以你不能写"难于在数学课上使用电脑软件，是因为她来自一个糟糕的家庭环境"，你要摆脱这类理论。你的首要原则是：在你把"因为"写进未解决问题的那一刻，就停笔吧。"因为"之后的所有内容都是你的理论。而且，既然ALSUP上未解决问题的用词可以直接转化为向学生介绍问题的用词，那么将理论插入讨论内容会使学生难于关注真正的未解决问题（并很难向你提供相关信息同时还会不必要地激怒他）。

● 指导方针3：确保未解决问题是"分散"叙述，而非"集中"叙述。

以下是集中叙述未解决问题的例子：难于写作。这样措辞有什么问题呢？如果学生难于完成多种写作任务，把这些写作任务集中在一起叙述会让学生更难针对性地提供任何一项写作任务的难点。例如，如果学生难于完成作家工作坊课程的作业，很难写出数学课上文字问题的答案，并且很难写出英语词汇的定义，那么，以上情况即使都与写作相关，也应被列为3个独立的未解决问题。我们不应该假定这个学生的未解决问题的根源都是相同的。

"分散"叙述会增加未解决问题的清单吗？会的。但是我们必须要诚实：未解决问题的清单很可能非常长。不过幸好你现在已经认识到了这些未解决问题，并详细了解了它们的细节，那么现在你和你的学生可以开始一起解决问题了。

- **指导方针4：未解决问题的叙述应尽可能详细。**

有两个策略可以帮助我们确保未解决问题的叙述尽可能详尽：(1)叙述应包括"未解决问题是和谁在一起时发生的，是关于什么的，是在哪里发生的和/或何时发生的"等内容；(2)考虑学生真正难于满足的要求是什么。以下是未解决问题的叙述不够具体的例子：难于控制冲动。现在，我们用上述策略重新叙述一下这一问题：在社会科学课的讨论环节，很难举手（学生难于达到的要求，很可能是由于冲动。这就是问题发生的地点和时间）。还有另外一个例子：他常常生气。这的确是一个问题行为，但是它不够具体。我们用我们的策略再尝试一次：当从课间休息回到课堂学习时（这是地点和时间），难于安静地排队（这是要求）。现在你可能会想，难道举手和安静地排队不是行为吗？是的，这些行为是你的要求。你需要从未解决问题中去除的是学生在难于满足上述要求时，表现出来的问题行为（打人、喊叫、骂人等）。

新的时机

一旦你清楚地了解到孩子的技能缺陷和未解决问题，你就已经向正确的方向迈出了重要一步，因为孩子的问题事件现在是很容易预测的。如果你是一位教师，有25位同学在你班上，那么这的确是个好消息。当然，如果你是一位想要确保孩子在学校表现越来越好的父母，这也是好消息。你看，如果主动采取行动的话，解决问题的过程就变得简单起来了。如果你是一位教师，你不用等到孩子扰乱课堂再试图解决导致混乱的问题。你可以提前采取措施，因为问题和扰乱课堂的行为都是可以预测的。如果你是父母（我们得承认，孩子扰乱课堂时我们并不在场），你可以配合孩子的老师，同样在解决问题和教授技能方面发挥作用。许多成人很难相信孩子的问题行为是可以预测的，反而认为上述行为的出现不可预测、出人意料。但是在你知道孩子欠缺的技能和他的未解决问题后，你就明白了事实并非如此。

多数有行为问题的孩子有不少技能缺陷和未解决问题，这可能让人感觉压力很大。但是你不能同时解决所有问题，所以千万不要尝试这样做，最好先优先解决2—3个未解决问题。你们合作解决了这些问题和其他问题，同时孩子学会了许多技能。

此外，另外一个工具（称为问题解决方案）更便于我们列出目前学生需要优先解决的问题，并记录问题解决的过程。在问题解决方案实施过程中，一名成人被指定为针对学生问题的主要责任人。

实例展示

下面我将为大家展示几个孩子的实例，让我们一起思考一下他们的技能缺陷和导致其问题行为的未解决问题，这样可能更有助于大家的理解。

问题解决方案
（B方案流程图）

孩子姓名：_____　　日期：_____

未解决问题 1	未解决问题 2	未解决问题 3
B方案负责人	B方案负责人	B方案负责人
已确定孩子的担忧（共情环节） 日期	已确定孩子的担忧（共情环节） 日期	已确定孩子的担忧（共情环节） 日期
已确定成人的担忧（问题确定环节） 日期	已确定成人的担忧（问题确定环节） 日期	已确定成人的担忧（问题确定环节） 日期
约定解决方案（邀请环节） 日期	约定解决方案（邀请环节） 日期	约定解决方案（邀请环节） 日期
问题是否得到解决？ 是　　日期 否　　日期	问题是否得到解决？ 是　　日期 否　　日期	问题是否得到解决？ 是　　日期 否　　日期

科迪

科迪6岁，是一名1年级学生，他最令人担忧的问题是对同学的身体攻击。他的老师观察到科迪常会在以下情况发生时，殴打其他同学：当与其他同学有不同意见时，当他感到被丢下时，或当他感觉其他同学在嘲笑他时。当科迪打人时，他会被剥夺休息时间，或参与某项活动的权利。这类惩罚手段会导致他喊叫、大哭和威胁他人，因此他常被请到校长办公室。他的老师曾尝试与科迪就打人的事进行交流，但是这类谈话收效甚微。"他不说话。"科迪的老师说，"当我试图和他交流时，他要不就否认出现了问题，要不就耸耸肩，甚至直接走开。"后来，老师意识到科迪会在某些情况下崩溃大哭，而不是像之前那样殴打他人，但是打人仍然是一个大问题。对于老师而言，她亟待解决的问题是"当科迪拒绝谈打人这个问题时，我如何与他交流？"，以及"我怎么做才能保证其他孩子的安全？"。

科迪学习中等，没有明显的学习能力缺陷。他对于星座和爬行动物的了解给人留下了深刻印象。社交方面，他非常友好，很有吸引力，但是其他孩子们因为害怕被打，都不敢接近他。

为了更好地了解科迪打人的原因，他的老师完成了ALSUP，标注了许多内容。她确定了诸多技能缺陷，具体包括：

- 难于思考某一问题的一系列解决方案；
- 难于管理对于挫折的情绪反应，不能理性思考（情绪分离）；
- 难于脱离原有的理念或解决方案，并适应新规则或计划的更改。

科迪的老师还找到了常会导致打人的几个未解决问题：

- 难于和尼克就课间休息时玩什么达成一致；
- 难于在课间休息时参与到踢球游戏中去；
- 难于在自由选择时间找到玩伴。

凯尔文

凯尔文10岁，是一名4年级学生。他曾因为"不成熟"和学习问题，在1年级时留级。在第2次读1年级时，他的认知测试显示其语言技能低于平均水平，非语言技能远低于平均水平，处理速度远低于平均水平。最近的一项测试仍显示凯尔文在所有学习技能方面，仍远低于所在年级的平均水平。

由于凯尔文的学习和行为问题，他在过去的3年里，一直都在一个独立的特殊教室里。这里有1位教师、1位助教和其他6名同学。这一特殊教室采取分数和级别系统，通过这一系统，每位学生会因为符合行为要求（比如持续完成任务、完成作业和使用恰当语言）而获得特权，还会因为没有达到要求而失去特权。凯尔文仍然很难保持高水平，丢分或降级常常会导致严重的行为问题，包括喊叫、骂人和损毁物品。有时，人们需要对他进行身体上的束缚。除此之外，凯尔文的心情通常还不错。

凯尔文的老师说凯尔文的大多数问题都发生在他们试图帮助他完成困难的学习任务时（"他不让我们帮助他。"他的老师说），和从一项活动过渡到另一项任务时。"他想继续当前的活动。"她说，"如果他在自由选择时间与一位同学玩桌游，那么他就想让这个游戏永远继续下去。但我们不能让他整天都玩这个游戏啊。"

凯尔文还难于处理不确定、模棱两可的事情。例如，如果他问："我们今天在自由选择时间可以玩UNO①吗？"他的老师回答说："我们今天可能会玩这个。"而"可能"这个词会让他失望，他会要求得到一个更确定的答案。"过一会儿"和"我们马上就要结束这个游戏了"等表达也会让他难于理解。

凯尔文的老师们都很担心他会喊叫、骂人、损毁物品、难于结束一项活动并开始下一项活动、难于持续完成任务以及难于使用恰当的语言。为了更好地了解他的困难，并以具体技能和未解决问题为目标而采取干预措施，老师们完成了ALSUP。他们认为ALSUP是一个非常实用的讨论工具，因为这一工具可以帮助他们脱离对凯尔文问题行为动机的解释，并找到了以下几项技能缺陷：

- 难于处理过渡期，难于从一种思维模式或任务过渡到另外一种（认知转移组合技能）；
- 难于思考（任性）行动可能的后果；
- 难于处理不可预测、模棱两可、不确定、新奇的事务；
- 难于看到"灰色地带"/固化的、无法理解言外之意的、非黑即白的思维方式。

他们还明确了与上述技能缺陷相关的未解决问题，具体包括：

- 难于在课间休息结束后回到教室；
- 难于排队吃午饭；
- 难于解答数学练习题中的应用题；

---

① UNO 是一种起源于欧洲并流行于全世界的牌类游戏。——译者注

- 难于回答科学课实验室报告中的问题；
- 难于应对计划外的消防演练。

▌艾琳娜

艾琳娜13岁，是一名7年级学生。她在几乎所有学习科目中，都远低于年级平均水平。她几乎不能完成作业，她的行为却是老师们最担心的。艾琳娜需要被提醒很多次，才会开始做作业。而且在得到几次提醒后，她会用挑衅性的语言回答，例如"闭嘴""这太蠢了"和"我讨厌这个作业……为什么我要做这个作业？"。当她与她特别不喜欢的同学搭档时，她会拒绝完成任何任务。如果她不明白作业，她不会寻求帮助，也不会尝试完成作业。一个月里，艾琳娜会有好几次上课时趴在课桌上睡觉。她已经因为拒绝取下iPod耳机和逃课被罚多次留堂。

她的老师对于她在学校里的诸多问题有了各种假设。"她的行为是为了获得她在家里难以得到的关注。"她的一位老师说。另一位老师则没有这么确定："我觉得她这么做是为了推开我们，因为她很确定我们会很排斥她。"值得注意的是，艾琳娜的一些老师从没看到过她挑衅的一面。"我觉得她还挺好的。"一位老师说，"你不会跟她出现什么冲突。"然而另一位老师则坚定认为艾琳娜的学习问题是她的行为问题的根源："如果我们正好发现了她学习上的问题（如果她允许的话），那么所有与她可怜的自尊心相关的事情都会被强化。"艾琳娜的一些老师对帮助她这件事并没有什么信心。一位老师说："我曾想跟她聊聊她的问题，以及她该如何做才能改变现状。但是你发现你把所有的时间都用来帮她，她第二天却没有丝毫改变。我已经开始觉得她没救了。"

与艾琳娜学习相关的4位老师一同探讨了她现有的问题，并完成了ALSUP以更好地了解会导致她问题行为的因素。他们找到了他们感觉起作用的多个技能缺陷：
- 难于违背规定、惯例；
- 难于脱离原有的理念、计划或解决方案；
- 难于思考（任性）行动可能的后果；
- 难于理解某人的行为如何影响其他人。

他们确定了以下需要优先应对的未解决问题：
- 难于处理在英语课上与她不喜欢的人搭档；
- 难于写出英语词汇的定义；
- 难于开始并完成数学练习题；
- 难于阅读科学课上布置的材料。

■ 罗德尼

当描述罗德尼，一位16岁的10年级学生时，他的老师首先提到的就是他的魅力和人气。尽管他有时注意力不集中，但他还是一名很有能力的学生。然后他们才提到他的问题。罗德尼对于有的老师是有敌意的、不尊重的，特别是当老师们限制他使用不敬的语言时。罗德尼辩解说这种话在他的朋友和家人之间很常见，因而在学校就会"不小心"说这种话。但是，他的老师却觉得他从同学的反应中获得了某种满足感。他多年来因为使用不敬语言而受到的多次留堂惩罚，和偶尔的停学惩罚都没有起到任何作用。

他的老师们还觉得，当罗德尼意识到同学或老师的弱点或软肋时，他就会"痛下杀手"。罗德尼总会用老师听不到的音量，对他的一位同学说肯定会激怒她的话，让她爆发。一位老师提到了罗德尼在科学课上不停地用语言折磨一位害羞、腼腆的孩子，迫使这个孩子为了逃避罗德尼而转班。

罗德尼的老师说和他谈这些问题就是徒劳。他的一位老师这样说："他不会谈这些事的，他总会转变话题。如果你逼他谈某些事情，他会起身离开。"

当罗德尼的老师完成ALSUP后，他们标记了以下技能缺陷：

- 难于用语言表达担忧、需求或想法；
- 难于与他人共情，难于理解他人的视角或观点；
- 难于集中注意力。

对于未解决问题，请注意他们并没有把不敬的语言列为未解决问题，而是把他使用不敬语言的具体情况列为未解决问题。还要注意的是，第二个未解决问题的描述有些模糊，但确实是他们所能做到的最好程度。他们认为要首先处理的未解决问题是：

- 难于修改数学小测中的错误；
- 难于和善地对待卡洛斯；
- 难于与安德鲁共同完成社会研究课上的民主话题作业。

没有逻辑的后果

在继续之后的内容之前，我们来仔细考虑一下普通的学校纪律规范常常没有什么效果的原因。孩子们知道我们想要他们如何表现，因为我们告诉了他们（的确，近些年有一些流行的教育倡议都非常重视提出要求）。对于有行为问题的孩子而言，并不是他们不知道我们想要他们如何表现，而是他们缺乏执行我们要求的技能。下次当你马上就要对孩子说"我跟你说过多少遍了……？"这句话时，请一定控制住你自己。相反，你要找到阻碍他达到你要求的技能缺陷，并明确他难于达到的具体要求（即未解决问题）。

但是现实更为残酷。的确，孩子首先承受了强有力的、有说服力的、难于逃脱的自然后果：被训斥、批评、厌烦、孤立，而正是这些后果导致了他们的问题行为。自然后果对于减少部分孩子的问题行为是有效的，但是根据我的经验，对本书所写的孩子是无效的。那是因为自然后果并不能解决问题，也不能教这些孩子们弥补导致他们问题行为的技能缺陷。

所以，问题行为还会继续存在，甚至变得更加严重。相应地，成人会附加更多后果。这些附加上的后果是成人强加的，"符合逻辑的"、"非自然的"或"人为的"。它们包括针对不良行为的惩罚措施（例如课间休息时不允许出去、计时隔离、留堂、停学和戒尺惩罚）和针对良好行为的奖励措施（例如特权）。我要给将这种后果称为"有逻辑的"人提个醒：如果孩子对自然后果没有回应，那么成人只是强加一些后果根本没有任何逻辑！因为人为强加的后果不能解决问题，也不能教这些孩

Chapter 2 Kids Do Well if They Can

子们弥补导致他们问题行为的技能缺陷。

显然，这些孩子需要我们做的不是这些。他们需要我们真正了解导致问题行为的技能缺陷，需要我们真正明白这些行为会出现在哪些具体情况，需要我们能够找到技能缺陷和未解决问题，并了解如何（协作）解决这些问题。这样一来，成人可以制定持久的解决方案，教会孩子技能，并大幅度降低问题行为发生的可能性。

然而，还有一种争论非常普遍，那就是：到底是孩子不能做好还是不愿做好？如果他不能做好，那么技能缺陷就是合理的解释。如果他不愿做好（"他在做错误的选择"），那么错误的动机看起来就更能解释这种行为。为什么动机类策略在学校仍旧这么受欢迎？因为"不愿"仍旧是对学生问题行为最常见的解释。但是当教职员工开始定期使用ALSUP时，他们发现他们认为没有动力的孩子实际上缺乏许多技能。换言之，当成人转变了他们对问题行为的理解时，事情终于开始向正确的方向发展了。

本章涵盖的内容较多，为了帮助大家理解，我总结了以下要点：
- 将问题行为视为技能缺陷的后果（如果有能力，孩子们会做得很好），而非错误动机的后果（如果愿意，孩子们会做得很好）。这一点会对成人与有问题行为的孩子交流，正确帮助他们产生重大影响。
- 一系列技能缺陷会导致问题行为。
- 问题行为常出现在可预测的情况中，我们称之为未解决问题。
- 成人易于自动给问题行为施加后果。无论后果是自然的还是人为施加的，它们都不能教孩子学会他们欠缺的技能，也不会帮孩子解决问题。
- 帮助有行为问题的孩子的第一步就是找到他欠缺的技能和导致他出现问题行为的情况，而要完成这一点，则需要与孩子相关的成人使用ALSUP，并达成共识。

问答环节

问题1：

如果认知技能缺陷和未解决问题导致了孩子的社交、情绪和行为问题，那么学校日常使用的，以更好了解问题行为的功能性行为评估（FBA）的发展前景是什么呢？

答：

对于不熟悉的人，FBA（有时称为功能性分析）是用于确定孩子问题行为功能（原因、目的、目标）的程序。虽然FBA在学校应用普遍，但通过功能性分析收集的信息和得出的推论会因评估人员的观点、培训和经验的不同而产生很大区别。

但是指导多数FBA的关键假设是孩子之所以采取不良行为，是因为这种行为可以让他"得到"想要的东西（例如，关注、同龄人的支持），或让他"逃避"或"避免"不想要的东西（比如，困难的任务）。因此，认为问题行为在某种程度上对孩子"有益处"这一观点，导致许多成人得出这种行为是有目的的结论（我们可将其称为意向性归因偏差）。这一常见结论可能导致一些误导性说法，诸如"这肯定有利于他，否则他不会这么做",同时还总会导致成人采取一些旨在惩罚孩子问题行为的介入措施,因为这样一来这类行为就不再有利了,而且奖励良好的替代行为也可以鼓励他们采取更有利的行为。这是多数学校纪律规范的基础。

但是,"功能"的定义只是反映了功能性评估的第一步。还有必不可少的第二步(更深层次的分析),而令人遗憾的是,这一点常常被忽略。那就是:哪个技能缺陷帮助我们了解孩子为什么要用不良行为得到、逃避、避免事情?第二步要从几个非常重要的问题开始:如果孩子有能力用好的方式得到、逃避、避免事情,那么他为什么要选择不良行为呢?难道他用不良行为得到、逃避、避免事情这一事实不能说明他没有这方面的技能吗?以上这些问题就源于CPS模式的核心理念(如果有能力,孩子会做得很好),和认为做得好优于做得不好的观点(但是孩子要首先有能力做得好)。问题行为的关键功能是告诉成人,孩子没有应对某些情况下某些要求的技能。这一定义促使了旨在解决导致问题行为的问题,和教孩子学会其所欠缺技能的介入措施的形成。

所以,回到最初的问题:FBA的发展前景是什么呢?我想不到一个制止他们使用FBA的理由。但是如果你想要FBA帮助你达到问题行为的核心,那么你应该关注第二步,技能缺陷和未解决问题,而非第一步。此外,你无须完成整个FBA就能完成ALSUP,并能同时就孩子的技能缺陷和未解决问题达成共识。

问题2:

我还是有点不理解你所说的"未解决问题"。你能再解释一下吗?

答：

"未解决问题"一词指学生难于达到的某一具体要求；对孩子的要求超出其应对能力的某一具体情况；问题行为发生的某一具体情况。我使用的"未解决问题""触发因素""情况""前因""条件"这几个词是可以互换的，它们指的都是同一件事。但是，我还是最喜欢"未解决问题"，因为它直接地告诉我们有一个问题是孩子很难独立解决的。如果他能够更恰当地应对上述问题，他会这么做的。

问题3：

哪项研究支持了问题行为是发展迟缓的一种形式这一观点？

答：

该项研究的大部分内容无论好坏（绝大多数是坏的），都与具体诊断后果相关，但是技能缺陷和问题行为之间的关系却十分明确。例如，ADHD和执行技能缺陷的联系（例如难于完成认知组合技能转移，难于按逻辑顺序完成事情，没有时间观念，难于集中注意力，难于控制自己的冲动）已得到确认。同样得到确认的是有ADHD的孩子也有很高风险会被诊断患有其他疾病（和有更严重的问题行为），例如对立违抗性障碍（ODD：突然发脾气、和成人吵架和与他人对抗）和行为障碍（CD：霸凌、威胁他人、恐吓他人、打人、身体攻击、偷窃、毁坏物品、撒谎、旷课）。

还有一些有说服力的数据证实了有以下病症的孩子患有ODD和CD的比例较高：情绪障碍（即欠缺管理自己情绪的能力，包括管理自己对挫折的情绪反应以进行理性思考的能力，也就是我们之前说过的情绪分离）、社交能力缺陷（包括准确解读社交信号、用恰当的方式寻求关注、理解人的行为如何影响他人、共情和理解他人）。这一研究文献揭示了语言处理迟缓（包括考虑某一问题的一系列解决方案的能力；用语言表达担忧、需求或想法的能力；理解别人所说的话的能力）的孩子患有ODD和CD的风险性也很高。越来越多的有说服力的文献证实严重的问题行为都伴有孤独症谱系障碍和非语言学习障碍（以及上述障碍的典型特征——非黑即白的、固化的、无法理解言外之意的思维）。

在过去的四五十年，我们了解了许多有行为问题的孩子的信息。我们现在知道了有行为问题的孩子为何会这样做。现在是时候把我们学到的知识应用到行动上了。

问题4：

你提到孩子的问题行为不会在他清醒时的每时每刻都出现。有的孩子只在家里，而不是学校，表现出问题行为，有的孩子刚好相反，还有的孩子在家和学校都有问题行为。如果孩子确实有技能缺陷，那么为什么问题行为只出现在一个地点呢？难道在家和在学校的行为差别不能证明他是自己选择在某个地方这样表现，而在另一个地方那样表现吗？这难道不能说明当孩子愿意时，他才会做得很好吗？

答：

的确，这证明了问题行为是出现在某些特定场景下的。这些场景需要的技能是孩子不具备的，或在这些场景下，他不断地遇到他不能解决的问题。

特别是当孩子在家里比在学校的问题行为更多时，人们更常把这种差别归因为父母的育儿问题。现在你知道不是这样了，学校环境相较家庭，更容易降低某些孩子问题行为发生的可能性。与家庭环境相比，学校环境通常结构更清晰，更具可预测性，这可以减少某些（但绝不会是全部）有行为问题的孩子问题行为发生的可能性。有助于减少在学校发生问题行为的良药常常在孩子回到家之前就逐渐失效了。而且有的孩子还会在上学时伪装自己，一到家就脱下这层伪装（有的人将其称为代偿失调）。当然，我们大部分人都是在外比在家表现得更好！

如果情况完全相反（如果孩子的问题在学校比在家更严重），人们还是会指责父母（"父母在家就放纵他，难怪他不跟他父母胡闹"）。但更合理和更有效的解释是学校对孩子提出了要求（要求集中注意力学习，自行开始、组织并坚持完成任务，并与他人交往），而在家里这些要求则没有这么迫切。成人最好不要再互相指责了，请赶紧确定孩子的技能缺陷和未解决问题吧。

故事继续

乔伊和他的母亲在回家的路上都不说话，乔伊在后座盯着窗外看，母亲洛威尔则感到孤独、沮丧、茫然。乔伊尝试打破沉默："对不起。"

他的母亲努力压抑着自己，不去大喊大叫："乔伊，别跟我说话。我现在什么也不想听。"

大喊大叫有什么用呢？她这么想。这么多年来，她没少训乔伊，也没少惩罚他，但是那些问题依旧存在。

在学校，所有人都表现得好像乔伊的问题是她的错，这让她很生气。况且在管教乔伊上，他们也并不比她做得好。实际上，他们做得更差。他们只是在觉得受不了的时候，希望她把孩子接走。

Chapter 2　Kids Do Well if They Can

一刹那，她想要给她前夫，乔伊的父亲打电话。这个男人把养育乔伊的责任全都丢给了她。但实际上，父亲的缺席虽然很气人，但情况确实比他在时要好。在如何管教乔伊上，他们从来没有达成过共识。但如果能有人来帮帮她，的确是件好事。

乔伊的母亲在脑子里列出了这些年来曾为她与乔伊提供过心理服务的心理医生，一共7个人。他们告诉她要做到前后一致，要制定更严厉的限制规定，要施加更多的后果，要让孩子为自己的行为负责。医生开的药并没有改善情况，反而让情况恶化了。最终，乔伊拒绝再去接受心理治疗和吃药，他的母亲也没有看到继续治疗下去的必要。这样看来，目前也不需要给这几位医生打电话了。

终于，他们到家了。他们一进家，乔伊和母亲洛威尔就各回各屋。她坐在床上，放声大哭。

乔伊听到母亲在哭。他悄悄地走到母亲的房门口，敲了敲门。她赶紧擦干眼泪，打开了门。

"妈妈，我不是故意伤害米德尔顿老师的。"

"妈妈知道。"

"我很抱歉我又搞砸了所有事。"

"妈妈也很抱歉。"

"我不知道该做什么。"

"妈妈也不知道。"

"我很抱歉害你哭了。"

"妈妈会没事的。"

"可能我应该跟爸爸一起生活。"

"为什么？你觉得你爸爸会有什么好主意阻止你在学校爆发？"

"我不知道。"

"你有什么好主意，可以防止你自己在学校爆发吗？"

"没有。"

"嗯，乔伊，妈妈也没有什么好主意。所以就这样吧。没人知道该做什么。小朋友，你难倒了我们所有人。"

乔伊再也没说什么。他关上门，回到自己的房间，把头埋在了枕头里。

快放学时，伍兹老师闷闷不乐地坐在办公桌前。她尝试批阅了几份作业，又尝试看了看督学的备忘，但还是觉得心烦，是因为乔伊。

她工作这几年，还是见过一些有行为问题的孩子的。但她还是不敢相信几个小时前，事态会在她的课堂上恶化得如此之快。她回想起去年教乔伊的老师们是这么说的："乔伊就像有双重人格一样。这一秒他还在专注于自己的事，下一秒他就爆发了，而且常常并没有什么实际原因。我觉得他还在因为他父母的离婚而难过。我听说他妈妈的脾气也不好！"

她想，我今天一定是看到了他的邪恶人格。她叹了口气，感觉心里又有了一个结。这五六年她有过多少次这种经历了呢？

她教研组的同事，弗兰科老师（因管理严格、性格强硬而出名）探头进来问："你还好吧？"

"我真的不知道。"

弗兰科老师走进来，说："你看起来不太好，发生什么了？"

"你说哪一部分？爆发？对泰勒说他要杀了她？还是米德尔顿老师

Chapter 2 Kids Do Well if They Can

下巴被弄伤了？"

弗兰科老师同情地咧了咧嘴。

伍兹老师拿起了桌上督学的备忘。"你看这个了吗？我们就是这样，一方面要努力生存，一方面还要应付这些需要我们关注的孩子。总是提醒我们，这个学年之前要让每个孩子都达到相同的标准。我们就像在教一群机器人，而我们是个魔术师。"

"你这一天太糟糕了，"弗兰科说，"但是你还是要看到事情好的一面。"

"什么是好的一面？"

"今天是周五。接下来的5天，乔伊都不会出现在你的课堂上了。"

伍兹老师的丈夫总是能看出来她在学校过得好不好。通常，当他下班回到家时，伍兹老师应该边听古典音乐边看学生的作业。要是过得不好，房间就会没有任何声音。现在他发现伍兹老师在后院给刚熬过第一场霜冻期的植物浇水。

"看起来这些花完了。"他说。

"为什么这么说？"她厉声说。

"霜冻把它们都冻死了吧。"他说。

伍兹老师感到她的双眼刺痛："它们会活过来的。"

"在学校过得不好？"

"可以这么说。"

"想聊聊吗？"

"我想再给这些快死的花浇浇水。"

"今晚我做饭吧？"

"那可太好了。"

伍兹夫妇养育了一对儿女。他们都是表现良好的优秀学生,现在已经上大学了。他的妻子在工作上越来越不快乐,越来越沮丧。这与他认为的现在应该是他们过的"非常轻松的几年"这一点格格不入。做饭时,他提醒自己不要再给妻子有关如何管理课堂的任何建议。伍兹老师在向他解释她不能像他经营五金店那样管理课堂时,总会变得不耐烦。

伍兹老师从后院进来了:"是我在发疯,还是我刚才花了20分钟在给已经死了的花浇水?"

"你肯定是疯了。今天学校发生什么事了?"

"我的课堂发生了极其糟糕的事情。我的一个学生崩溃了,米德尔顿老师下巴挨了一下,另一个学生受到了威胁,崩溃的那个学生跑出了学校,被停课5天……"

"天啊,"伍兹先生说,"米德尔顿的下巴挨了一下?这孩子为什么崩溃?"

"因为他没在做作业,我让他到我办公桌那儿去。"

"米德尔顿还好吧?"

"不知道。放学后我没见到他。"

伍兹先生眯了一下眼睛,看向他的妻子:"你还好吧?"

"我下巴倒是还好,但是这整件事太让人心烦了。"

"这孩子崩溃是因为你让他去办公桌那里?他怎么了?"

"我不知道啊。我是说……这大概是最让人烦心的了。我不知道他怎么了。我无法相信我的课堂竟然出了这种事情。"

"所以这孩子得到了应有的惩罚。"伍兹先生说,"我猜他应该明白了不可以在加尔文的学校发疯。"

"加尔文要让这孩子在返校后,到她的班里上课。"

"也许(伍兹先生可以感觉他自己滑向提建议的危险'深渊'),你是时候开始想想……"

"这就是我不愿意告诉你我班上发生什么事的原因!如果你又要开始你那个五金店演讲,我就要走了!"

伍兹先生赶紧挽回:"好好,不讲了。但是我不想看到你这么沮丧。这不值得。"

"值得!我喜欢教书!"伍兹老师说,"我之前一直喜欢教书,我不是那种逃避问题的人。"

"这就是你刚才在外面浇那些死花的原因。"

"非常古怪是吧!"

"看,这就是我想要说的。你总是告诉我学生怎么越来越难管了,还总说你不想逃避问题,你想帮助他们。可能努力帮助他们就像浇那些死花吧,可能根本就没有办法帮助他们。"

伍兹老师想了想。"我不这么认为。"她轻轻地说。

"我知道的就是如果我们的孩子那样做的话……"

"加勒特和丽莎很好管的。"伍兹老师说,"我们班也有很好管的孩子,我并不为他们发愁。我发愁的是那些难管的孩子,我不知道应该怎么管教他们!"

"我不知道对你说什么。"伍兹先生说,把注意力转回到做饭上,"如果你决心要帮这些孩子,我觉得你得想点别的办法。"

周二,乔伊的母亲上班时接到了一个电话。

"你好,是特纳女士吗?"一个陌生的声音传来。

"不是。"她不耐烦地回答。

"那特纳女士在吗?"

"这里没有特纳女士。"她言语无礼,带着一丝满足感。

她听到电话对面的人在翻动纸张的声音。"哎呀,那抱歉了。我看到特纳是你的夫姓……"

"他不是我丈夫了。"她回答简洁,感到电话那头的人有点糊涂,"您是哪位?"

"哦,好的……不好意思了,那现在应该称呼您洛威尔女士,对吧?"

"是的。我能为您做些什么?"

"我叫卡尔·布里奇曼,我是乔伊学校新来的心理医生。您现在方便吗?"

"哦,太好了,"乔伊的母亲想,"又来一个心理医生。"她努力压抑住心里对心理医生这一职业深植的挫败感。"不方便。"她撒谎。

"抱歉把您搞糊涂了。我对学校制度还不熟悉,我今早才收到乔伊的文件。我了解到上周乔伊在学校出了点问题。"

"可以这么说吧。"

"我想知道那天课堂上发生了什么。"布里奇曼医生说。

"我也想知道。"乔伊的母亲说。

"听起来这事对于您来说很艰难,但我觉得您和乔伊跟我见一面比较好。这样,您知道的,我就可以更好地了解情况了。"

"布里奇曼先生……是这么称呼您吧?"乔伊的母亲问。

Chapter 2　Kids Do Well if They Can

"嗯，您可以叫我布里奇曼医生。但是随便怎么称呼都可以的。"

"布里奇曼医生，"乔伊的母亲说，"如果您能搞明白我儿子到底怎么了，那么您就是第一个完成壮举的人。"

"嗯……这么看来，已经有人尝试过了。"

"您是第8个。"

"听起来乔伊已经痛苦了一段时间了。"

"我想您刚说过您现在手头有他的文件。"

"嗯，但我必须承认我还没仔细看。"布里奇曼医生说，"听起来还没人能搞清楚乔伊的问题，那我也不大确定文件里的信息是不是有用了。"

乔伊的母亲发现自己逐渐对这位心理医生卸下防备了。"乔伊很小的时候就挺难相处的，上学之后情况就变得更严重了。现在情况还是这样，没有改观。而且，跟您说实话（她感觉自己开始变得情绪化了），我真的不知道该怎么办。"

"您看，我不能向您许诺什么。"布里奇曼医生说，"我知道与校方打交道有多困难，尤其是您还有一个有行为问题的孩子。但我可以向您保证我会倾听您的话，努力搞清楚乔伊的问题，并尽我所能让情况改善。但是如果您和乔伊不见我，我什么都做不了。"

"我还能失去什么呢？"洛威尔女士想。"乔伊不会跟您说话的。"她说。

"我觉得这样我就找不到他的问题了，"布里奇曼医生说，"但是也许您可以跟我聊聊。"

"您不用为此担心了。"

当几天后洛威尔女士敲响布里奇曼医生的办公室的门时,她已经十分焦虑了,而乔伊则不情愿地站在一边。她的焦虑在门打开时升到了顶点。布里奇曼医生是一个高高大大的男人,他的衣服可能不大合身,衬衣边有一部分露在外面,领带松垮地挂在脖子上,厚框眼镜滑到他的鼻尖。他的办公室异乎寻常地凌乱。

"您好,我是卡尔·布里奇曼。"他边说边握了握洛威尔女士的手。然后他把注意力转到了乔伊身上。"你叫乔伊,对吗?"

乔伊点点头。

"进来吧,我们聊聊。"布里奇曼医生领乔伊和他的母亲进来,从两把椅子上移开两沓文件,让他们坐下。"我来这儿才一个月,就把办公室弄得乱糟糟了。"这话不是特意说给任何人的。

"您从哪里来的呢?"洛威尔女士边问,边环顾办公室。

"这几年,我在好几个州都工作过。"布里奇曼医生回答,"但是无论我在哪个州工作,我的办公室总是这么一团糟。"

乔伊轻笑了起来。

"您说您是个心理医生?"洛威尔女士说。

"学校心理医生。"布里奇曼医生说,"至少我的学位证书上是这么写的。"

"您说您是?"洛威尔女士问。

"目前,我是帮助你和乔伊改善在学校的境况的人。"布里奇曼回答,"如果那天发生的事以后不再发生了,那就很好了。"

"确实很好。"洛威尔女士说,仍然将信将疑。

"乔伊,"布里奇曼医生说,"你能告诉我那天发生了什么吗?"

Chapter 2　Kids Do We'll if They Can

乔伊不说话。

"乔伊，你要是不说，他没法帮我们的。"洛威尔女士说。

"可我不想说。"乔伊嘟囔着，看向她的母亲。

"我不会责备你。"布里奇曼医生说，"现在的情况是，如果我不听你说发生了什么，我就得听别人的描述。我不大确定你是否想让我依赖其他人的描述来了解那天的情况。"

乔伊思考了一下这两个选择。

"乔伊，说吧。"洛威尔女士说。

布里奇曼认真地看着乔伊："你已经跟很多心理医生聊过了，乔伊。我打赌你并不觉得他们是为你好。我是说，见了那么多医生，你还是被停学了5天。所以，我不会因为你不跟我这个陌生人说话而责备你。"

乔伊还是不说话。

布里奇曼医生继续说："我现在不知道那些医生都做了什么，我很遗憾他们没有帮到你。我也不知道我是否能帮助你，但是我知道如果我听不到你需要说的话，我是没法帮助你的。"

乔伊说话了，这让他的母亲很惊讶："所有的老师都讨厌我。他们喜欢让我出丑……让我陷入麻烦当中。"

"老师们喜欢让你出丑，"布里奇曼医生说，"还让你陷入麻烦当中。"

"我不在乎惹麻烦，我已经习惯了。"

"所以那天发生了什么事情，让你跑出了学校？"布里奇曼医生问。

"嗯……我正坐在我的课桌前，我不知道社会研究作业需要我做什么。伍兹老师就生气了，所以她让我去她的办公桌那里。但我不想让所有同学都看我，所以我告诉她我不想去。因此，她就叫米德尔顿老师来班上,他想让我去办公室,那时候所有人都在看我。所以,我就跑出座位了。我猜是那个时候米德尔顿老师受伤的……但是我并不是故意让他受伤的。就在那个时候,我跑出了教室……然后他们就找到了我,抓我的胳膊,之后加尔文校长……"乔伊的面部表情和语气都表明他不喜欢校长,"停了我的课。"

布里奇曼专心地听着。"听起来很吓人。乔伊,你害怕了吗?"

"嗯,不,我没有。"

"那你当时有什么感觉呢?"

"嗯,我不知道……难堪?"

洛威尔女士打断了他的话。"加尔文校长说,她还要考虑起诉。您知道这事吗?"

"不,我不知道。"布里奇曼回答,"难以想象这会解决问题。"

洛威尔女士惊讶于布里奇曼的坦诚,她从未听过有学校员工质疑他们领导的智慧。

"我会被抓吗?"乔伊问。

"我希望不会。"布里奇曼医生说,"但我们确实需要搞明白发生了什么,这样我们才能确保事情不会再次失控。"

"我们怎么做呢?"乔伊的母亲问。

"嗯,我知道每个人目前都在关注乔伊做了什么。"布里奇曼医生说,"比如,从椅子上蹦起来,所以米德尔顿老师受了伤。对泰勒说会杀了她,跑出学校。但是,我认为先关注导致乔伊做出这些事的问题所在才更有用。如果我们能找到解决这个问题的方法,我们就可以避免这个问题再出现了。"

第3章

应对学生挑战行为的3种方法

你现在知道了如果有能力，孩子们会做得很好。问题行为出现在对个人提出的要求超出他应对能力的时候。你也熟悉了导致问题行为的技能缺陷，还有可以帮助我们找到技能缺陷，和因为技能缺陷学生难于达到的要求（未解决问题）的工具（ALSUP）。你也清楚了，一旦孩子的技能缺陷和未解决问题确定了，他的问题行为就会变得高度可预测，也就意味着我们可以积极解决这些问题。那么接下来，你就要开始考虑你的方案了。

基本上，针对未解决问题，有3个方案。我们称其为方案A、方案B和方案C。

方案A指成人单方面解决问题，特别是指通过强加他们的意愿解决问题。在学校，这个方案无疑是成人在应对孩子的问题行为，或孩子未达到目标时，最常使用的方案。尽管方案A很普遍，但这一方案实际上在很多方面都会适得其反。因为多种原因，这一方案并非解决问题的理想策略。

方案C则需要搁置，或至少暂时搁置某一未解决问题。乍一看，方案C看起来像"在妥协"，但是，在你阅读下文之后，你就会发现事实并非如此。

方案B指成人作为搭档之一，协作解决问题。你很快就会发现，通过这一方案，问题得到解决，同时孩子也学会了所欠缺的技能。就像你所想的，接下来这本书的主要内容都是有关方案B的。

接下来让我们仔细看看每项方案的具体内容。

方案A

如果孩子没有达到既定要求，解决问题的一大方式就是把你的意愿强加在孩子身上。你怎么知道你正在使用方案A呢？"我已经决定……"这类表达正说明了这一点。例如，"因为你和托马斯不能在校车上好好相处，我决定你们俩在做好准备之前都不许再坐校车了。""由于在户外休息之前你们没有完成数学作业，我决定你们做完数学作业才能去户外休息。""因为你刚才对罗尼甘老师不礼貌，我决定之后3天你不用来上学了。"

乍一听，以上这些用词非常常见，都是很合理的回应。但是，用这种方式来回应是存在一些问题的。首先，方案A极大地提高了有行为问题的孩子出现问题行为的可能性。当我们"回放"在学校（和在家）发生的多数问题行为时，我们发现绝大多数都是由于成人使用方案A来应对问题导致的。其次，通过方案A得到的解决方案不仅是单边的，还是缺乏任何依据的。换言之，这类解决方案完全基于成人对问题起因的推测，而不是来自解决方案的目标受益人——孩子的任何信息。因此，这类解决方案通常起效时间都不长。

你是不是在想你就倾向于用方案A来解决问题？如果是，那你并不孤单。当孩子不能达到要求时，多数成人都会使用方案A。你是不是想知道，如果你态度好一些，方案A是不是仍旧是方案A？是的，方案A仍旧是方案A（它可以被称为温和版方案A，但它还是方案A）。你是不是认为方案A一般对"普通"孩子是有效的？可能吧。但要看你对"有效"的定义是什么。如果你认为"有效"指当你强加意愿时，孩子最终服从了，那么是的，方案A通常对普通孩子是有效的。但是，即使是普通孩子，也有需要学习的技能、需要解决的问题。而方案A不能教会孩子技能，也不能解决问题。

方案B

能用方案A解决的任何问题也能用方案B解决，但这两者存在一个很大的区别。使用方案B，问题可以通过协作，而非单边的方式得到解决。方案B帮助成人认清并理解孩子对于某一未解决问题的担忧，或对这一问题的观点。方案B帮助成人像搭档一样和孩子合作，共同制定一个双方都满意的解决方案。这样，双方的担忧和存在的问题都得到了解决，并且随着我们的推进，情况逐渐清晰，同时孩子也学会了欠缺的技能。

孩子接下来的一生都需要这种帮助吗？实际上，你现在这样帮助他就是为了以后他不再需要这种帮助。

接下来的一步很重要。使用方案B有两种方式：应急性方案B和前瞻性方案B。当我第一次讲方案B时，成人常常会得出一个错误的结论，那就是使用方案B的最佳时机是孩子开始有问题行为的那一刻。这就是应急性方案B，但这个时机并不是最佳的，因为孩子可能已经感到不高兴或情绪开始激动，并且如果你是一位老师的话，那时你的课上肯定还同时进行着许多其他事情。我们中很少有人能在已经不高兴的时候保持理性思考，并解决困难的问题，因此应急性方案B并不是最佳的长期战略。你还是应该多考虑危机预防。就像我前文提及的，因为问题行为是高度可预测的，所以你不用等到问题出现才开始解决它。我们的目标是在问题再次出现之前解决问题，或主动教会孩子技能。这叫做前瞻性方案B。

伍兹老师因乔伊不肯去她的办公桌，而威胁要把他送到副校长办公室，这种问题解决方式叫做方案A。她能用应急性方案B来替代吗？能，并且应急性方案B对伍兹老师、米德尔顿老师、乔伊和班上其他孩子效果都会更好。但是如果伍兹老师之前就能发现乔伊不明白课堂任务，并且在同学面前很容易不好意思，那么前瞻性方案B产生的效果会更好。如果伍兹老师不使用方案A，她的课堂会陷入混乱吗？不，不会的。

方案C

方案C需要搁置，至少是暂时搁置未解决问题。字母C并不是投降（capitulation）或屈服（caving）的简称。实际上，方案C是在帮助孩子的看护者进行优先级排序。还记得有问题行为的学生常有好几个未解决问题吧，我们不可能一次性把这些问题都解决，所以有的未解决问题需要暂时被搁置，这样可以使学生和他的看护者有更多的精力来处理优先级较高的问题。已被搁置的问题不会因为暂时被移出待处理事项而导致问题行为。

方案C也有应急性和前瞻性两种形式，前瞻性方案显然更好。如果你已经使用ALSUP确定了导致问题行为的多个未解决问题，并且已经决定了优先级别的高低，那么你就具备了使用前瞻性方案C的条件。前瞻性方案C听起来像是："麦克斯，你知道我们如何帮你赶上你落下的英语作业吗？我们也会帮你解决你总是不能按时到校的问题。我还会帮你补上你的科学课实验报告。我们现在处理的事情太多了！我们要不先解决这些事情，然后再做几周前应该交的那个地理作业？"

下文则是应急性方案C的大致样子：

教师（提出一定要求）：同学们，我们到了完成社会研究作业的时间了。
学生：我没在做社会研究作业。
教师（使用方案C）：好的。

这个"好的"是指永远吗？不，只是暂时的。教师在课上可以让其他同学开始做社会研究作业，然后再和学生沟通，收集他（看起来）突然拒绝完成作业的相关信息。而后教师再决定这个问题是否需要优先处理，如果是，教师要采用方案B（主动积极）处理这一问题。如果不是，教师可以暂时搁置这一问题，当然还可以主动和学生讨论怎样处理才最好。但是，由于这一问题不是学生难于完成社会研究作业的首个标志，所以首先我们需要采取更为主动的措施。伍兹老师可以对乔伊的问题使用方案C吗？可以，这也是一个选择。

那么这是否意味着你应该放弃所有要求，避免孩子展现问题行为？当然不是。但是，你如果可以去掉一些优先级别较低的要求，效果会非常显著，这样你和孩子都不会被大量需要解决的问题困扰。

问答环节

问题1：

帮助有问题行为的孩子，难道不会占用很多时间吗？

答：

会的，特别是需要教技巧和持续解决问题的那种帮助是会占用时间。但是，用没效果的方法没完没了地解决问题占用的时间更长。而且别忘了，前瞻性方案B需要在恰当时机，而不是在紧急情况下实施。

问题2：

比如什么时候呢？别忘了，我班上有25个孩子，而只有我一位老师。有不少孩子都在上特殊教育课程，都需要我的关注。

答：

大多数教师觉得可以在上学前、放学后、课间休息时或午饭时，腾出5分钟或10分钟，单独关注学生的其他问题（比如，学习上的问题）。我还发现多数校长和副校长很乐意做出安排，让教师有时间对某一孩子使用方案B。你很可能想要把首次实施方案B的精力用于帮助问题最为严重，并且正在扰乱课堂的孩子，然后再继续帮助需要方案B的其他孩子。你可能已经对有问题行为的孩子投入了很多时间。但我还要再次重申，虽然方案B需要花费一些额外的时间，需要提前规划，但是根据我的经验，它在整体上会大幅度减少你在处理问题行为上花费的时间。

问题3：

我并非处理这种问题的专家。

答：

很有可能不是。但是除了你在学校扮演的角色以外，如果你想帮助孩子，你还是需要建立起帮助关系。研究（和实践经验）一次又一次证明了引领人们发生改变的最可靠因素（迄今为止）就是他们与帮助他们改变的人建立的关系。当然，你可能认为帮助他人属于其他相关专业人员（医生、心理问题专家、牧师等）的职责范围，而教育工作者常认为自己需要帮助那些处于困境中的孩子。

为什么孩子需要教师在非学习领域的帮助呢？因为在这些领域，他们依旧有无法应对的问题。那么建立帮助关系的目的是什么呢？帮助孩子不仅可以更好地处理某一既定问题，还可以将解决这一问题的学习过程应用于理清其他问题并预防问题的发生。帮助关系为孩子提供了多个工具，可以让他们变为真正的自助者，并成为自己生命中更负责的"改变原动力"。

正如《高明的心理助人者：处理问题并发展机会的助人途径》的作者吉拉德·伊根（Gerard Egon）所强调的，助人的过程常常是很混乱的。助人是一种合作联盟，是一种双向协作的过程，是两人组成的团队工作。助人并不是教师帮助孩子，而是教师和孩子共同合作的过程。

在与有行为问题的孩子建立帮助关系的过程中，换位思考，去想想你希望从能够帮助你的人身上看到什么特质，这会对你很有帮助。你希望那个人很有爱心？你希望那个人是你可以信任的？谁愿意花时间倾听你说话？谁问出了恰当的问题，想要真正了解你的问题？谁具备持续、有效帮助你的智慧和技能？谁能让你参与进来？你与想要帮助的人建立的关系类型是正确的吗？

方案B是建立关系的过程，方案A则把孩子推开。

问题4：

您说这个模式不需要成人放弃他们的所有要求。您能多讲讲这方面的内容吗？

答：

没有要求，是无法教育、培养或帮助孩子的。CPS模式并不是说要抛弃所有要求。但是，鉴于你不能同时解决所有事情，你可以去除一些优先级别较低的要求（换言之，使用方案C），并先关注优先级别较高的要求和仍存在的问题。你目前暂时搁置某一要求，并不意味着当孩子可以达到优先级别较高的要求后，你不可以再提出之前被搁置的要求。

你还要考虑你给每个孩子提出的要求是否实际，要注意年级和年龄通常不是判断某一孩子发展阶段是否适合某一要求的重要指征。我们经常对孩子提出我们知道他们不能达成的要求，而后当他们像我们预测的那样表现很差时，选择惩罚他们。因此，提出不切实际的要求，本身就意味着问题行为即将发生。

问题5：

您还说仅仅把要求传达给孩子和方案A是不同的。您能再解释一下这个吗？

答：

这一点很重要，需要澄清。当你在与孩子沟通某个要求或提醒孩子要达到某个要求时，你没有在使用任何方案，并且如果这一要求达成了，你也不需要使用方案。这3个方案体现的是你在应对孩子难于达到要求的情况时你的选择。虽然这么说，但是成人与孩子沟通某个要求或提醒孩子要达到某个要求时，的确存在沟通方式的"特点"。换言之，我们传达要求的方式有可能会把部分行为不稳定的孩子逼到临界点。

问题6：

所以当伍兹老师让乔伊知道她想让他继续学习，不要再打扰他的同学时，她不是在使用方案A？

答：

不是，那是伍兹老师在提醒乔伊她的要求。当没有达到她的要求时，她转向使用方案A来强加她的意愿。但是关键点是乔伊难于开始做作业是一个可预测的问题，是一个本可以确定并主动应对的问题。

问题7：

这个模式难道不是挑选斗争对象的高级形式吗？

答：

方案B并不是要你选择斗争或不斗争，而是要找到、应对并解决问题，教授技能，减少问题行为并建立帮助关系。在了解方案B前，许多成人认为他们只有两个选择：强加自己的意愿，或放弃自己的要求。如果这也是你的两个选择，那么挑选斗争对象确实就是你在做的。

问题8：

CPS模式是否意味着不需要再设置界限了？

答：

"设置界限"意味着成人想要确保他们的担忧得到解决。使用方案A时，成人要确保他们的担忧（通过自己强加意愿）得到解决，但完全没有考虑孩子的担忧。正如你读过的，设置界限的方法是有不少关键缺陷的，如上文强调的，方案A并没有教授任何技能，也不能持久解决任何问题，因而对于某些孩子，这会提高他们出现问题行为的可能性。即使对于"普通"孩子，方案A也是"强权即公理"的应用。难道"强权即公理"不是社会在多年前的错误做法吗？如果有其他方式可以帮助孩子达到成人要求，而又不用让他们学会"强权即公理"，我们难道不应该对这一方式感兴趣吗？无论你在使用方案A还是方案B，你都在设置界限。使用方案B时，成人是在确保他们的担忧得到解决的同时，同样确保孩子的担忧也能得到解决。只要一方的担忧没有得到解决，存在的问题就不可能得到持久的解决。

问题9：

是的，但是我们怎么才能让孩子为自己的行为负责呢？

答：

这要取决于你如何定义"负责"。对于一些人，让孩子为自己的行为负责仅仅指的是确保他为自己的问题行为付出代价。在CPS模式中，让孩子为他的行为负责指的是孩子参与找出、表达自己的担忧或观点，考虑你的担忧，并合作达成双方满意的实际解决方案。因此我们可以说，与方案A相比，方案B在让孩子负责方面更加有效，因为孩子在参与思考减少自己问题行为（同时考虑你的担忧）的方案，而不只是成人无限创新想法的被动接受方。

问题10：

我能不能认为你对零容忍政策反应太过强烈呢？

答：

正如简介里提到的，人们在清楚方案A不能帮助完成工作时，仍然选择多次使用方案A。这一点尤其引人注意，而我认为零容忍政策就是这一倾向的例证。

问题11：

CPS模式是否与介入反应模式（RTI）相匹配呢？

答：

RTI和CPS模式在目标、结构和具体实践方面相当一致。对于不熟悉这一模式的人，RTI则是让大家不再使用智商成就差距来确定学习缺陷问题，并允许学校在教师明确和辅证数据证实学习缺陷问题后，采取介入程序应对学生的学习需求。最近的联邦立法《不让一个孩子落后》法案和《残疾人教育法》的重新授权都规定RTI方法应用于课堂教学和行为干预。

在学校心理医生瑞秋·布朗-奇德西（Rachel Brown-Chidsey）和马克·斯蒂格（Mark Steege）2005年的书《介入反应：有效实践的原则和战略》（*Response to Intervention: Principles and Strategies for Effective Practice*）中，他们强调RTI的动力来源于人们认识到许多学生接受特殊教育服务的需求也可以在普通教育的课堂上得到满足。那么，实施介入措施的第一个也是最重要的学校工作人员就是教师。在这方面，CPS模式的确和RTI是相匹配的。

RTI是指将科学方法、以数据为基础的方法引入到课堂中，以指导选择、使用和评估学业和行为介入措施。虽然这一模式比较新，但在许多方面都能与CPS很好地匹配。CPS模式的基本组成部分在书籍、章节、文章和科研论文中都有过详细的论述。支持CPS可以达成积极后果的研究论证充分、易于理解，该项研究曾在家庭、学校、住院部精神科和少管所等多个场景中进行，并在已经过同行审议的期刊上发表。这类研究使用了实验设计（随机化）和准实验设计。CPS的有效性已经在北美和欧洲的多个场景下经过了独立研究。在目标最为宏大的研究中，一项是由美国国家心理健康研究所资助的，在弗吉尼亚理工大学儿童研究中心进行的5年期研究；另一项是由缅因州少年司法咨询小组资助的，在缅因州15所公立学校进行的研究。

故事继续

自乔伊被停学，已经过去一周了。在他回来之前的周五，加尔文校长宣布召开会议讨论乔伊恢复上学的事宜。"大家都知道，我们今天开会是为了讨论乔伊周一恢复上学的事情。"伍兹老师、洛威尔女士和米德尔顿老师点了点头。但今天有一人缺席：布里奇曼医生。加尔文校长向来准时开始并结束会议，所以她对于布里奇曼医生迟到这件事有些不满。乔伊的母亲对这个会议也忧心忡忡，她希望布里奇曼医生能够承担谈话的主要部分，所以她也因为布里奇曼医生的缺席而发愁。

加尔文校长看了看表，难掩她的不满。"我不知道布里奇曼医生在哪儿，希望他能很快赶到。恢复上学的计划是学校心理医生提出的，但现在看来我们得先开始了。"

"乔伊现在怎么样？"米德尔顿老师问乔伊的母亲。

"在家里，就像预想的，还不错。"她叹了口气，"米德尔顿老师，我希望他没有把你伤得很严重。"

米德尔顿摸了摸下巴："不得不说，我还能感觉到疼。"

"我觉得我们需要一个不同的方案让乔伊返回课堂。"加尔文校长说,"你也能想到,泰勒的父母希望乔伊保证不会再威胁杀他们的女儿。"

"您看,我当时不在现场。"乔伊的母亲说,"我没看到发生了什么。我听到您说的版本,也听了乔伊说的。我很抱歉米德尔顿老师受了伤,很抱歉乔伊推了伍兹老师。我能理解泰勒的母亲担心他们女儿的安全。但是根据乔伊对我说的话,他为这件事受到的责备过重了。"

"我们不是要责备任何人,洛威尔女士。"加尔文校长说,"只是根据我们学校的纪律规范,当这种事情发生时,我们需要遵守一些程序。"

洛威尔女士忍不住说出了自己的心里话:"跟您说实话,我没发现学校的纪律规范对乔伊的帮助。"

加尔文校长不慌不忙地说:"尽管如此,我们制定的规则需要全体学生遵守。我们不能让大家觉得乔伊的行为是可接受的。他要知道他需要像其他人一样遵守相同的规则,否则他就要承担后果。"

"乔伊从学前班开始,就承受后果了!"洛威尔大声说,"他知道规则。对于已经发生的事情,他也不好受。但是让他承担后果并不能解决他的问题。从乔伊告诉我的情况来看,所有事情的起因是他不明白一项社会研究作业。"

"根据我的理解,因为乔伊在扰乱课堂,所以伍兹老师想让他去办公桌那里。"加尔文校长说,"但他拒绝了。伍兹老师班上还有其他26位学生,她只是不想乔伊打扰其他孩子学习。"

"您难道不认为处理问题的方式影响了其他孩子的学习吗?伍兹老师,不是针对您,但是乔伊说您让他在全班面前出丑,因为这个他才不愿意去办公桌那儿和您说话。"

加尔文校长赶在伍兹老师开口前说道:"不管乔伊有没有出丑,他都应该为他的行为负责。我们不能因为乔伊出丑或不明白作业,就接受他攻击他人,跑出学校。"

伍兹老师没有急于表现她并不感谢校长为她说话,但是她感到有必要为自己说话。"嗯,现在,我……我已经想了很多次已经发生的事情。我事后想想,觉得可能我可以采取更好的方式来处理这种事情……我当时没想到乔伊会那样反应。"

"现在就不要苛责自己了,伍兹老师。"加尔文校长说,"乔伊的行为是非常不恰当的。洛威尔女士,我们需要你的支持,才能保证这类事不会再次发生。这也是我们这次见面的原因。"

"您看,我无意冒犯,但我一直参加这类会议,也一直都支持学校的工作,我听到的都是我需要对乔伊做什么。"乔伊的母亲说,"你们还想要我做什么呢?他爆发的时候我都不在!我只是在他被停学后来接他。"

"也许你可以告诉我们你觉得怎样做才有用。"加尔文校长说。

"我不知道什么能有用!"洛威尔女士说,"乔伊在家也不是天使。但相信我,他也有表现好的时候。他受到的惩罚已经超出了他应该承受的。这些惩罚对他的影响与对他哥哥的影响并不一样,他就是这么不同。所以我不知道什么办法能有用,我只是知道你们做的这些没有用。如果有用,我们现在也不会坐在这儿了。"

"我不愿意问你这些私人问题,但是乔伊是不是还因为你离婚而生气?"加尔文校长问,"是不是因为这个啊?"

洛威尔女士回答得很干脆,不确定是否能够控制住自己:"乔伊在我离婚前就很难控制自己的脾气了。他的脾气在我离婚前和离婚后并没有什么改变。"

"他是不是在寻求关注?会不会因为他看见父亲的时间太少了?"加尔文校长逼问。

"他经常见他父亲。"洛威尔女士说,"他也没做过像那天的事来寻求关注!伤害米德尔顿老师并不是他想寻求的那种关注!被停学更不是!"

"那你觉得是因为什么呢?他为什么会变得那么生气呢?"米德尔顿老师问。

"我也希望我知道。"洛威尔女士说。

突然,会议室的门开了,布里奇曼医生冲了进来。"抱歉我迟到了。"他边说边坐下,气息有点不稳,"我上一个会议结束晚了。"

"我们刚刚在讨论让乔伊这么生气的原因可能是什么。"加尔文校长说,看了看表抬起头,"我们想知道是否与他父母离婚有关。"

布里奇曼医生正从他的文件夹里找乔伊的文件:"哦,我并不这么觉得。"

加尔文校长听了这话,很惊讶:"嗯,那你认为是什么导致他这么生气?"

"我不知道我们能不能把这叫作生气。"布里奇曼医生说,"我前两天见到了乔伊和他的妈妈,所以我收集了一些有关导致乔伊生气的因素的信息。"他看了看伍兹老师:"但是如果我也能跟您聊聊,了解一下乔伊在课上的表现,那就更有帮助了。"

"那很好啊。"伍兹老师说。

"那你有什么想法吗?"加尔文校长问,试着隐藏自己的怀疑。

"到目前为止,只有一些不确定的想法。"布里奇曼医生说,"但是,我听说乔伊很容易在同学面前难为情。你也发现了吗,伍兹老师?"

"嗯,我猜……是吧。我是说,这也是我听说的。"伍兹老师说。

"那么他经常对怎么做作业表现出迷茫吗?"布里奇曼医生问。

伍兹老师点头:"是的,他经常这样。"

"您说的这些都很有意思。"加尔文校长说,"但是这些信息怎么会帮助我们确保乔伊不会再次发作呢?"

"这些信息可以帮助我们了解乔伊爆发的原因和时间。"布里奇曼医生说。

"不管他为何爆发,什么时候爆发,希望乔伊能够得到教训,知道当他这样做的时候会发生什么。"校长说,"也许他下次再想这样之前,会多考虑一下。"

"实际上,乔伊为什么这么做,何时这么做非常重要。"布里奇曼医生说,"我并不认为他想那样做。我认为他没有控制自己不那么做的技能……特别是在他沮丧或难堪的时候。"

会议室内一阵沉默。

洛威尔女士不能辨别这沉默是因为布里奇曼医生反对校长,还是因为每个人都在思考他说的话。

米德尔顿老师打破了沉默:"你是说乔伊并不是故意爆发的?"

"是的。"布里奇曼医生说。

"那他为什么要这么做?"米德尔顿老师问。

"我猜是因为他想不到更好的办法。"布里奇曼医生说。

Chapter 3　Lesson Plans

接下来是更长久的沉默。

这次是加尔文校长打破了沉默:"我们剩下的时间不多了,我想知道我们是否应该继续商量恢复上学的方案。"

"除非我们知道我们想要达到的目的,否则我们很难制定方案。"布里奇曼医生说。

"我们想要乔伊回学校,并且不要再爆发了。"加尔文校长说,"我觉得这还挺简单的。"

布里奇曼医生在椅子上动了动:"我觉得不简单。帮助乔伊不再爆发会花费不少时间。如果我们什么都不做,我预测他还会爆发的。"

米德尔顿老师摸了摸他疼痛的下巴:"在我看来,我们也为乔伊做了不少了。我们并不排斥做事艰难,但是如果能给我们展示一下到底做什么会帮助乔伊,那肯定更好。你具体指的做什么呢,布里奇曼医生?"

"从我收集的信息来看,迄今为止我们所做的是激励乔伊做对的事情,在他做错事情的时候惩罚他。"布里奇曼医生说,"但我们忽略了一件事,如果乔伊没有做正确事情的技能,那么这个世界上所有的激励措施都不能教他学会他所欠缺的技能。"

"什么技能?"米德尔顿老师问。

"就乔伊的情况来说,我还不确定。"布里奇曼医生说,"这也是我想要见伍兹老师和(他看了看伍兹老师)……不好意思,我忘记和您搭档的老师的名字了。"

"弗兰科老师。"伍兹老师告诉他。

"是的,弗兰科老师……我想要见你们两位老师,来更好地了解乔伊的技能缺陷和乔伊可能遇到困难的情况。这样我们就能更清楚需要做的事情了。"

"所以我们不用乔伊签保证书,同意不再跑出学校或不再威胁他的同学?"加尔文校长问。

"乔伊现在还不能签保证书。"布里奇曼医生说,"这是一厢情愿了。"

"所以我们的方案是什么?"加尔文校长问。

"我们一明白乔伊缺乏的技能是什么,我们就能明白他应对问题这么差的原因了。然后我们就可以开始解决问题,教授他技能。这以后,乔伊的状态就会变好了……我们也不用这么担心他会跑出学校、威胁同学了。"

加尔文校长仍旧问:"然后我们就可以制定恢复上学的方案了?"

"然后我们就有比这个还好的方案了,"布里奇曼医生向校长保证,"我们就有让乔伊一直在学校学习的方案了。"

伍兹老师通常很期待与同事吃午饭。因为很多时候,这给了她减压和重整思绪的机会,可惜时间不长。她坐在弗兰科老师旁边,她的对面是7年级教师杰瑞·阿姆斯特朗,他教乔伊的哥哥。他坚定地认为在学校必须要遵守纪律。

"会议时间不短啊?"阿姆斯特朗老师问。

"嗯,但这次会议很有意思。"伍兹老师边说边坐下来吃饭。

"乔伊的妈妈表现得还好吧?"阿姆斯特朗老师问。

伍兹老师打开她的午餐盒:"还好啊。"

"可怜的孩子……你能想象天天要回家面对那些吗?"阿姆斯特朗老师问,"而我们却要在学校帮着收拾残局,难于置信。"

Chapter 3　Lesson Plans

　　伍兹老师没心情跟阿姆斯特朗老师争论。这个男人有自己的观点，她从没看到任何人可以影响他。同时她还有些同情乔伊的妈妈，她违背心意，继续着对话："你觉得乔伊每天回家面对的是什么？"

　　"从我听说的来讲，他妈妈的脾气很不好。"阿姆斯特朗老师说，"看起来有其母必有其子啊。"

　　"这我可说不好。"伍兹老师说，"她处境艰难，离了婚，又要工作，还有两个孩子，一个人很难的。我说不好要是我面对这些，还会不会有好脾气。"

　　"我们很多人的生活都不容易啊。"阿姆斯特朗老师说。"又来了。"伍兹老师想。"你不能为这些人找借口啊。"阿姆斯特朗老师继续说。

　　伍兹老师现在后悔跟他聊天了。"不，我不这么想。"

　　"他肯定不会跟我来那一套的。"阿姆斯特朗老师说，"我告诉你我会怎么对付他。"

　　弗兰科老师笑了："我们知道你会怎么对付他。"

　　"我不认为这很好笑。"阿姆斯特朗老师说，"如果他们要把这群孩子扔给我，希望我们能够收拾他们家里造成的烂摊子，那么我们在他们发疯的时候就不能束手束脚的。你觉得停学5天能解决那孩子的问题吗？"

　　"不能。"伍兹老师说。

　　"我也觉得不能。"阿姆斯特朗老师说，"那是个捣蛋的孩子。那孩子就不该来上学，他今年就该在家待着。"

　　"那等他明年来学校的时候，怎么让情况改善呢？"弗兰科老师问。

　　"你看，在现实世界中——不是学校，而是现实世界中——他这样做是要付出代价的。"阿姆斯特朗老师说,"在现实世界中,他们会把乔伊这样的孩子扔到一边。"

"扔到哪儿?"弗兰科老师问。

"扔到放捣蛋孩子的地方,这样他们就不会影响其他孩子学习了。"阿姆斯特朗老师边说边收拾他的东西,"我们这里又不是精神病院。"

伍兹老师看到阿姆斯特朗老师要离开了,高兴地说:"杰瑞,我只是想好好吃顿午饭。感谢你的关心。"

"没问题。"阿姆斯特朗老师边说边走向门口,"咱们别等他真的杀人了才开始考虑怎么办。"

弗兰科老师看着阿姆斯特朗老师离开休息室。"所以这次会议到底怎么样?"她压低声音说。

"很有意思。"伍兹老师说,"贝蒂·加尔文和新来的学校心理医生起了点冲突。"

"真的!因为什么?"

"首先,心理学医生布里奇曼——我不知道你见没见过他,来晚了。"伍兹老师说。

"天啊!"弗兰科老师说,她充分了解迟到的严重性,"他会明白不该迟到的。"

"他好像一点也没担忧。"伍兹老师说,"但是他向我们解释了乔伊为什么爆发,但是我觉得贝蒂一点也不相信他的理论。"

"他的理论是什么?"弗兰科老师说。

"我不知道我能不能准确地描述他所说的,但是我觉得他说的很有道理。"伍兹老师说,"他今天下午放学后会来谈谈乔伊的事。他想让你

Chapter 3　Lesson Plans

也来坐坐，因为你也给乔伊上课，行吗？"

"好啊！"弗兰科老师说，"我可以接受新理论。"

布里奇曼医生与伍兹老师和弗兰科老师约在伍兹老师的教室里见面，他又晚到了15分钟。"对不起，我迟到了。"他气喘吁吁地说，"现在时间还合适吗？"

两位老师正聊着天，抬起头来。"当然。"伍兹老师说。

弗兰科老师伸出手："我叫丹尼斯·弗兰科。您一定是布里奇曼医生。"

"叫我卡尔。"布里奇曼医生说。

"好，卡尔，我知道您有关乔伊的一些新理论。"

"我觉得我不能准确描述您在会上所说的。"伍兹老师说。

布里奇曼医生从文件夹里拿出一些文件。"嗯，我不确定这些理论是新的。但是我的基本理念是有行为问题的孩子不具备解决问题、控制情绪、改变方式、与其他孩子互动等需要的许多技能。"

"校长是如何看待您的理论的？"弗兰科老师故意问。

"我不确定。"布里奇曼医生说，"人们会觉得这个理论有点陌生，我已经习惯了。"

"对我来说，肯定陌生。"伍兹老师说，"但是如果您肯帮助我们解决乔伊的问题，我愿意学习这个理论。在这之后，我们还有其他孩子需要您帮助呢。"

"我们的头一个任务就是好好了解一下乔伊欠缺的技能，以及这些技能会给他带来最大困难的具体条件或场景。"布里奇曼医生说。

"这很好回答啊。"弗兰科老师说，"任何人想让他做他不愿意做的事情的时候。"

布里奇曼医生给了两位老师一份ALSUP。"这个表格列出了乔伊可能欠缺的技能，还有一个位置可以用来写因为技能缺陷难以达到的具体要求。这叫作未解决问题。我们最好先从最上面的第一项技能缺陷'难于处理过渡期，难于从一种思维模式或任务过渡到另外一种'开始。"

"你想要我们告诉你这个是否适用于他吗？"弗兰科老师问。

"是的。"布里奇曼医生说。

两位老师互相看了看。"那这个适用于他。"弗兰科老师说。

"我也这么认为。"伍兹老师说。

布里奇曼医生在这项技能旁边画了一个钩。

"你想知道他还欠缺什么技能？"弗兰科老师问。

"现在还不用。"布里奇曼医生回答，"首先我们需要确定乔伊难以达到的，与这项技能缺陷相关的要求。你们能说说什么时候乔伊难于处理过渡期呢？"

"他一直都难于处理过渡期。"伍兹老师说。

"可以尽可能具体一些吗？"布里奇曼医生提出建议。

"你是说什么时候他会难以停下现在做的事，而去完成下一项任务吗？"伍兹老师问。

"是的，你能给我讲一些具体的例子吗？他会难以停下做什么事，又难以继续做什么事呢？"布里奇曼医生问。

"嗯，他会很难停止他在课间休息时做的事情，不愿意回到教室。"伍兹老师说。

"嗯，这个例子很好。"布里奇曼医生边说边把这个未解决问题写在

ALSUP上。

弗兰科老师拍了拍伍兹老师的背,而后又提出了一个未解决问题:"他难以把数学练习题收起来,去上伍兹老师的社会研究课。"

"这个例子也不错。"布里奇曼医生边说边写在了ALSUP上。

"这也不是很难。"弗兰科老师说。

"当然不难,很快就熟悉了。"布里奇曼医生说。

"每个我们勾出来的技能缺陷需要写出多少个未解决问题呢?"伍兹老师问。

"能写多少就写多少。"布里奇曼医生说。

"那会列出很多未解决问题呢。"弗兰科老师说。

"像乔伊一样的孩子确实会有不少未解决问题。"布里奇曼医生说,"通常是因为每个人都会更多地关注他们的行为,而不是造成这些行为的问题,所以问题才会不断堆积。因此,我们现在最好找到这些未解决问题,这样我们才能开始解决问题。我们一旦找到了他的未解决问题,这些问题就会变得可以预测,我们就可以主动解决它们了。"

这3个人继续确定技能缺陷和未解决问题,勾选了"难于管理对于挫折的情绪反应,不能理性思考"(与这一技能缺陷相关的两个未解决问题是校车迟到时他的反应,以及难于开始做社会研究作业)和"难于违背规定、惯例"(与这一技能缺陷相关的两个未解决问题是给他分配新的数学课合作伙伴时的问题,和有计划外的学校大会时的问题)。

"这里面有些问题看起来很明显啊。"伍兹老师边做ALSUP边说,"我怎么会忽视呢?"

"我也是,亲爱的。"弗兰科老师说。

伍兹老师和弗兰科老师觉得"不灵活、不准确的解读/认知扭曲或偏见"并不适用于乔伊。布里奇曼医生却不同意。

弗兰科老师不明白："解释一下吧。"

"他觉得老师们讨厌他，总让他陷入麻烦中，并喜欢让他出丑。"布里奇曼医生说。

"你怎么知道的？"弗兰科老师问。

"他告诉我的。"布里奇曼医生说。

伍兹老师看起来很受伤。"我难以相信他竟然有这些想法。"

弗兰科老师拍了拍伍兹老师的手。"对我的朋友说话要谨慎点，"弗兰科老师提醒布里奇曼医生，"她对自己很苛刻的。"

布里奇曼医生努力安慰她："哦，他的这些解读可能与你和他的交流没什么关系，可能它们只是乔伊解释他陷入困难的原因的方式。"

"但是他这么看待我，我还是觉得很糟糕。"伍兹老师说，"这是他上周那么沮丧的原因吗？"

"我们得自己找出原因。"布里奇曼医生说。

"我知道可能有些跑题，卡尔。"弗兰科老师看了一眼伍兹老师，然后说，"你觉得乔伊的母亲和他的问题有多大关系呢？"

布里奇曼医生疑惑地说："我不确定你的意思。"

弗兰科老师压低了声音："学校里有些人认为乔伊的问题与他父母离婚、他妈妈的怪脾气有关。"

"这点值得关注。"布里奇曼医生说，"我看他妈妈还挺正常啊。说实话，我并不觉得乔伊不明白作业，或当被分配一个新的数学课合作伙伴时表现不好，是因为他妈妈脾气怪，或因为他父母离婚。"

在他们确定技能缺陷和未解决问题后，布里奇曼医生继续手头上的下一项任务："既然我们已经确定了技能缺陷和未解决问题，那么我们就需要决定先解决哪些问题。"

"我们要选出来吗？"弗兰科老师问。

"问题太多了。"伍兹老师说。

"是的。"布里奇曼医生边看ALSUP边说，"但是我们不可能同时解决所有问题。我们会忙不过来的，乔伊也是。所以我们需要排出优先顺序，才能确保所有事情都在我们的控制范围内。"

"我……我不知道我能不能选出来。"伍兹老师说。

"嗯，我通常会先解决导致安全问题的未解决问题，或者最常导致问题行为的难题。"布里奇曼医生说，"难于完成社会研究作业看起来是一个不错的开始，还有其他问题会导致安全问题的吗？"

"如果他不喜欢他的数学课合作伙伴，他会非常不高兴。"弗兰科老师主动说。

"我们也一并处理这个问题。"布里奇曼医生边说边开始写问题解决方案，"既然你是他的数学老师，你可以负责和他一起解决这个问题吗？"

"好呀，但是怎么做呢？"弗兰科老师问。

"用方案B。"布里奇曼医生说。

两位老师对视了一下。

布里奇曼医生解释说："方案B可以让你和乔伊合作解决这一问题。"

弗兰科老师看起来不太相信："和乔伊合作解决问题？"

"没有他，我们没法解决这些问题。"布里奇曼医生说，"他可以提供很多我们解决问题需要的信息,而且他也是解决办法的一部分。"

"乔伊会帮助我们想到解决方案?"伍兹老师问。

"没错。"布里奇曼医生说。

"你为什么觉得他会跟我们说话?"弗兰科老师问。

"哦,一旦乔伊明白我们正努力了解他出了什么事,以及我们正努力和他一起解决问题,我猜他会说话的。"布里奇曼医生说。

"我们从没使用过方案B,这点会让你感到担忧吗?"伍兹老师问。

"多数人都没使用过方案B。"布里奇曼医生说。

以下是ALSUP的清晰副本,之后是已完成的乔伊的ALSUP。

技能缺陷和未解决问题评估

孩子姓名：_____　　日期：_____

说明：ALSUP用于讨论指导，而不是独立的对照清单或评定量表。ALSUP应用于确定与青少年儿童相关的技能缺陷和未解决问题。如技能缺陷适用，则需要标记对钩，而后找到与该技能缺陷相关的，孩子难以满足的具体要求（未解决问题）。本页结束尾列出了未解决问题的部分样例。

技能缺陷	未解决问题
___ 难于处理过渡期，难于从一种思维模式或任务过渡到另外一种	
___ 难于按逻辑顺序或规定秩序做事	
___ 难于坚持完成有挑战性或单调乏味的任务	
___ 时间观念差	
___ 难于集中注意力	
___ 难于思考（任性）行动可能的后果	
___ 难于思考某一问题的一系列解决方案	
___ 难于用语言表达担忧、需求或想法	
___ 难于明白正在表达的内容	
___ 难于管理面对挫折的情绪反应，不能理性思考	
___ 长期易怒和/或焦虑严重阻碍了解决问题的能力，或强化了挫折感	
___ 难于看到"灰色地带"/固化的、无法理解言外之意的、非黑即白的思维方式	
___ 难于违背规定、惯例	
___ 难于处理不可预测、模棱两可、不确定、新奇的事务	
___ 难于脱离原有的理念、计划或解决方案	
___ 难于考虑可能需要调整行动计划的环境因素	
___ 不灵活、不准确的解读/认知扭曲或偏见（比如，"外面的每个人都要抓我""没人喜欢我""你们总是责备我""这不公平""我很笨"）	
___ 难于注意到或准确解读社交信号/很难理解社交中的细微差异	
___ 很难开始对话、加入群体、与他人交往/缺乏其他基本社交技能	
___ 难于用恰当的方式寻求关注	
___ 难于理解某人的行为如何影响其他人	
___ 难于与他人共情，难于理解他人的视角或观点	
___ 难于了解某人是如何被他人了解或看待的	
___ 感官运动困难	

未解决问题指导：未解决问题是孩子难于满足的具体要求。未解决问题不包含不良行为，不包含成人的理论和解释，应"分散"叙述（而非"集中"叙述），应具体叙述。

在家：难于按时早起，准时到校；难于开始或完成作业（明确作业）；难于停止视频游戏，准备晚上休息；在户外玩耍时，难于回家吃饭；难于在放学后与兄弟商量好看什么电视节目；难于保持卧室整洁；难于在晚饭后清理饭桌。

在学校：难于结束自由选择时间的活动，去上数学课；难于在圆圈时间坐在凯尔旁边；难于在社会研究讨论课上举手回答问题；难于开始地理课上的板块构造任务；难于排队领午饭；难于在校车上与爱德华相处；难于接受在课间休息中篮球比赛的失败。

技能缺陷和未解决问题评估

孩子姓名：_____乔伊·特纳_____　　日期：_____2014年9月29日_____

说明：ALSUP用于讨论指导，而不是独立的对照清单或评定量表。ALSUP应用于确定与青少年儿童相关的技能缺陷和未解决问题。如技能缺陷适用，则需要标记对钩，而后找到与该技能缺陷相关的，孩子难以满足的具体要求（未解决问题）。本页结尾列出了未解决问题的部分样例。

技能缺陷	未解决问题
✓ 难于处理过渡期，难于从一种思维模式或任务过渡到另外一种	难于收起数学练习题，开始上伍兹老师的课
___ 难于按逻辑顺序或规定秩序做事	难于结束午餐，回到教室
___ 难于坚持完成有挑战性或单调乏味的任务	难于在放学时做好准备回家
___ 时间观念差	
___ 难于集中注意力	难于在早上上学时开始晨读
✓ 难于思考（任性）行动可能的后果	
✓ 难于思考某一问题的一系列解决方案	难于开始做社会研究作业
___ 难于用语言表达担忧、需求或想法	
✓ 难于明白正在表达的内容	校车迟到时的问题
✓ 难于管理面对挫折的情绪反应，不能理性思考	当被分配一个新的数学合作伙伴时的问题
___ 长期易怒和/或焦虑严重阻碍了解决问题的能力，或强化了挫折感	当户外休息因天气而被取消时的问题
✓ 难于看到"灰色地带"/固化的、无法理解言外之意的、非黑即白的思维方式	当有计划外的会议时的问题
✓ 难于违背规定、惯例	课间休息时与格斯难于商定篮球游戏的规则
✓ 难于处理不可预测、模棱两可、不确定、新奇的事务	在校车上难于与麦克斯相处
✓ 难于脱离原有的理念、计划或解决方案	难于加入社会研究课上的讨论
✓ 难于考虑可能需要调整行动计划的环境因素	难于加入英语课上的讨论
✓ 不灵活、不准确的解读/认知扭曲或偏见（比如，"外面的每个人都要抓我""没人喜欢我""你们总是责备我""这不公平""我很笨"）	难于遵守科学实验室中的指令
___ 难于注意到或准确解读社交信号/很难理解社交中的细微差异	难于与莫莉合作完成科学实验报告
___ 很难开始对话、加入群体、与他人交往/缺乏其他基本社交技能	
___ 难于用恰当的方式寻求关注	
___ 难于理解某人的行为如何影响其他人	
___ 难于与他人共情，难于理解他人的视角或观点	
___ 难于了解某人是如何被他人了解或看待的	
___ 感官运动困难	

未解决问题指导：未解决问题是孩子难于满足的具体要求。未解决问题不包含不良行为，不包含成人的理论和解释，应做到"分散"叙述（而非"集中"叙述），应具体叙述。

在家：难于按时早起，准时到校；难于开始或完成作业（明确作业）；难于停止视频游戏，准备晚上休息；在户外玩耍时，难于回家吃饭；难于在放学后与兄弟商量好看什么电视节目；难于保持卧室整洁；难于在晚饭后清理饭桌。

在学校：难于结束自由选择时间的活动，去上数学课；难于在圆圈时间坐在凯尔旁边；难于在社会研究讨论课上举手回答问题；难于开始地理课上的板块构造任务；难于排队领午饭；难于在校车上与爱德华相处；难于接受在课间休息中篮球比赛的失败。

第4章

积极合作式问题解决法：
改善学生行为的关键

目前，有关方案B，它是成人处理孩子的问题行为的三个方法之一，而且它与常规的方法是不同的。根据时间情况，共有两种形式的方案B。前瞻性方案B用于问题行为再次出现之前，而它得以使用的前提是已经使用了ALSUP来确定技能缺陷和未解决问题，并制定了问题解决方案来确定需要优先解决的问题。应急性方案B则用于问题行为发生时。因为前瞻性方案B明显更优，所以它也是我们讨论的重点。

我们先从方案B的基本情况开始，然后再逐步讲解它的细节。完成方案B有3个步骤，不管使用的是前瞻性方案B还是应急性方案B都是如此：（1）共情；（2）确定成人的担忧；（3）邀请。

以上每一个步骤都是确保问题能够以协作方式得到持久解决的关键组成部分。也正是这些组成部分使方案B区别于其他类别的谈话或讨论，从而使"与孩子谈话"更加富有成效。许多人觉得这几个步骤很难实施（至少在刚开始时），确实要开始的工作并不简单。但是我还是要说，如果你想要帮助一个有行为问题的孩子，你实际上已经开始了辛苦的工作。我们做的就是确保你的辛苦工作能有成效。

共 情

共情这一步是为了尽可能最清楚地了解与某一问题相关的孩子的担忧或看法。与成人一样，孩子也有合理的担忧：饥饿、劳累、恐惧、要做某些事的渴望、对许可的期待、不愿做不擅长事情的倾向、不愿出丑或被羞辱的意愿等等。

但是，多数孩子都习惯了自己的担忧被忽视，或被成人的担忧取代。如果孩子对某一问题的担忧没有被发现、没有得到解决，那么这个孩子就不会投入精力与你合作，问题也不会得到解决。你不会因为收集孩子的信息、了解孩子的担忧而失去任何权威，相反你还会因此得到一个解决问题的队友。

有的成人担心共情的步骤会导致对孩子愿望的屈服。别担心，你不会屈服的，你会做的是协作。

成人常常感觉自己已经知道孩子的担忧或看法是什么，所以他们觉得没必要在这上面花费时间；或者他们会跳过或草草完成共情这一步，因为他们更关注自己的担忧（或预先设想的解决方案）；或者他们的精力会过多地消耗在孩子的问题行为上，这导致他们忽视了在问题行为的背后还有孩子们的担忧这一事实。

如果你在使用方案B，那么你可以通过介绍未解决问题启动共情这一步，用"我注意到……"这样的表达开头，用"发生了什么事？"这样的表达结尾。以下是一些例子：

- "我注意到当课间休息时间结束时，你很难回到课堂上来。发生了什么事？"
- "我注意到当伍兹老师的课开始时，你很难收起你的数学练习题。发生了什么事？"
- "我注意到你很难开始社会研究任务。发生了什么事？"

如果你一直努力地根据指导方针进行ALSUP上未解决问题的措辞，那么你就很容易介绍未解决问题。如果当时没那么做，那么你的介绍可能听起来会像（以下例子是为了说明我们不能怎么做）：

Chapter 4　Let's Get It Started

- 如果你在未解决问题中提及问题行为，那么表达会是：

"我注意到当你结束休息回来时，你很生气，并且说了不礼貌的话。发生了什么事？"

- 如果你在未解决问题中提及理论或假设，那么表达会是：

"我注意到因为你父母的离婚并不顺利，所以你难于开始做社会研究作业。"

- 如果你概括性地谈及未解决问题，那么表达会是：

"我注意到你难于从一件事转移到另一件事。"

- 如果你不够具体，那么表达会是：

"我注意到你难于与其他一些孩子相处。"

在你问"发生了什么事"之后，可能发生以下5种情况。

可能性1
学生说了什么。

如果学生对你的介绍有所回应，那很好。但是，他的初次回应不会向你清楚地表达他与你所说的未解决问题相关的担忧或看法，所以你需要自己搜寻更多的信息。我把这叫作"深挖信息"，这也是协作解决问题的过程中最重要的一步。

为什么深挖信息这么困难呢？常常是因为成人已经对孩子遇到的困难有了先入为主的想法（要小心这种想法，它们通常是错误的）。原因是成人并不确定说什么才能从孩子那里收集更多的信息，以真正地了解孩子的阻碍是什么。另外，深挖信息只在刚开始时很难，一旦你熟练了，就没有那么难了。

为了让你更清楚该怎么做，我列出了8个深挖信息的策略：

策略1：反应式倾听和陈述澄清

反应式倾听基本上包括重复孩子已经说过的话，而后通过以下表达，鼓励他/她提供其他信息：

- "怎么会这样？"
- "我不大明白。"
- "我有些糊涂。"
- "你能再详细说说吗？"
- "你指什么？"

反应式倾听是默认的深挖策略……如果不确定使用哪种策略，或者接下来说什么，那么请使用这一策略。以下是部分例子：

教　师：我注意到你在自由选择时间时很难坐到哈维尔旁边……发生了什么事？

学　生：他太能说话了。

教　师（重复学生说过的话，然后补充一个澄清式问题）：他太能说话了。你能再详细说说吗？

副校长：我听说你和菲利普在校车上很难相处。发生了什么事？

学　生：他是个混蛋。

副校长：他是个混蛋。怎么会这样？

策略2：询问未解决问题涉及的人员、内容、地点或时间

以下是这一策略的一些例子：

"是谁取笑了你的穿着？"

"是什么阻碍你完成社会研究作业？"

"艾迪在哪里欺负你？"

策略3：询问问题发生在某些情况而不是其他情况的原因

以下是这一策略的一个例子：

"你和珍在数学课上合作得很好，但是在科学实验课上好像没那么好……科学课上遇到了什么困难吗？"

策略4：询问孩子在未解决问题发生时的想法

注意这与问孩子的感受不一样，因为感受并不能说出孩子对于未解决问题的担忧或看法。还要注意不要问孩子需要什么，因为这一问题很有可能会引出解决方案（而非担忧），而在开始邀请这一步之前，我们还没有准备考虑解决方案。例如："当伍兹老师让全班同学去做社会研究作业时，你在想什么？"

策略5：把问题分解成小的组成部分

大多数要求和任务都包含多个组成部分。在放学时准备离校也包含多个组成部分；来到教室、准备学习也包含多个组成部分；科学小测写下问题的答案也是如此。但是孩子通常难于想到某一要求的多个组成部分，因此他们也很难告诉你到底是什么让他们难以达到那个要求。而将问题分解成小的组成部分则可以简化这一过程。以下是一个例子：

教师：我注意到你很难答出科学课小测的问题。发生了什么事？

学生：我不知道。

教师：所以答出科学课小测的问题对你来说很难……但是你不确定为什么。我们想想要写出答案，你要做些什么，看看这样会不会有帮助？

学生：我想会的。

教师：嗯，首先你要理解问题。是这一部分很难吗？

学生：不，我理解这些问题。

教师：好的。那接下来，你需要想想问题的答案。是这一部分很难吗？

学生：不，我知道答案。

教师：下一个，你要在写下答案之前能一直记得答案。这部分有困难吗？

学生：是的！

教师：很好，我知道了，我们一会儿再来看这个问题。最后，你要写下你的答案。这部分有困难吗？

学生：我不知道，我从没到过这一步。

策略6：做出不同的评价

这一策略需要做出与孩子对某一情况的描述不同的评价，因而这是所有策略中风险最高的（因为它很容易导致孩子拒绝沟通）。孩子撒谎并不仅仅是因为他说了一些与你认为的事实不一致的东西。你的职责并不是要抓住孩子撒谎，而是要不断收集信息。以下是一个例子：

Chapter 4　Let's Get It Started

"我知道你说近来和查德在操场上相处没有任何困难，但是我记得上周你们俩在盒球游戏的规则上闹过好几次意见。你觉得那时候出了什么事？"

策略7：搁置担忧（并寻找更多担忧）

如果你已经从某一学生那里收集了部分信息，但你想看看是否还有没被发现的担忧，那么这一策略（需要搁置孩子已经谈过的部分担忧）会非常实用。以下是一个例子：

"所以如果大卫当时坐得离你不是很近，黛比没有制造噪音，朱莉也没有说太多话……还有没有其他事情让你觉得很难参加早读？"

策略8：总结担忧（并寻找更多担忧）

这一策略与搁置问题类似，但这一策略要求你总结你已经听到的担忧，然后询问是否还有没说到的担忧。总结担忧应该是这样的："让我来确定一下我理解得是否正确。你很难完成地理课练习题，是因为写下答案对你来说很难……还因为有时你不理解问题……还有兰利老师没讲过作业里的材料。还有什么让你觉得很难完成地理课练习题吗？"

我们来看看在共情步骤的基本案例是如何综合运用以上策略的：

教师（运用前瞻性方案B，共情步骤）：我注意到你在地理作业上的进度不快啊。发生了什么事？

一名5年级学生：我做不了。

教师（使用策略1）：你做不了。你指什么？

学生： 我不知道做什么，我不知道怎么查找信息。

教师（使用策略1和策略2）： 你不知道怎么查找信息，你很难查找什么信息呢？

学生： 还有，这个作业没什么意思。我卡在乌兹别克斯坦这个作业上了。

教师（使用策略1和策略2）： 所以你觉得乌兹别克斯坦这个作业没什么意思。这个国家的什么让你觉得没意思？

学生： 我不大关心这个国家。这个国家很无聊。

教师（使用策略1）： 你还说了你很难查阅信息。

学生： 你常让我们与同学合作做这些事情，现在就我一个人了。我不知道该怎么查阅信息了。

教师（使用策略2）： 你都用什么方法查阅呢？

学生： 我用的是网络搜索……除了维基百科我还没找到其他好的资料来源，但你告诉我们不要用维基百科。

教师（使用策略3）： 你也查过其他作业的信息（比如民主主题的作业），做得很好。那么这项作业和你的民主主题的作业有什么区别吗？

学生： 民主主题的作业我不用独立完成，我是和贾斯丁合作的。他善于查找信息。另外，那个作业很有意思……乌兹别克斯坦主题的作业很无趣。

教师（使用策略8）： 好，让我们看看我理解的对不对。你难以开始做地理作业，是因为你对乌兹别克斯坦不感兴趣，而且你还不会独立查阅信息，因为除了维基百科，你找不到其他信息来源。还有其他什么让你难以完成地理作业的吗？

学生： 我想不到了。

正如你看到的，如果你认为已经准备好开始确定成人的担忧那一步了，那么我们一般会使用最后一个信息深挖策略（总结担忧），看看学生是否还有其他担忧。如果孩子还有其他担忧，那么就继续深挖信息。如果没有了，就可以继续下一步了。

> **可能性2**
> 学生什么都没说或者表示不知道。

在你介绍未解决问题之后，学生可能什么都不说或说不知道。这些反应都非常常见，所以我们要确保你已经做好了应对准备。

孩子什么都不说或表示不知道的常见原因之一是成人使用方案A而非方案B，而方案A是谈话的终结者。更常见的原因是成人使用的是应急性方案B而非前瞻性方案B。应急性方案B会增加热度（当时事件的热度）和紧急程度（当时有26位学生的学习被干扰，所以当前关注的是任务以外的事情），而这两大因素的增加并不利于协作解决问题（当然，如果已经很好地运用ALSUP和问题解决方案，那么你使用应急性方案B的频率应该不高）。

以下是孩子什么都不说或说不知道的其他部分原因：

- 未解决问题的措辞不符合你在第2章中看到的指南，所以学生不能真正理解你想要寻找的信息。
- 学生确实不知道。可能你之前从未问过有关未解决问题的信息；也可能由于他已经习惯方案A，所以他没有思考过自己的担忧。他可能需要一些时间来想一想。
- 学生还不相信你真的想与他协作解决问题（你要用其他方式说服他，具体什么方式，你得实践了才知道有没有效）。
- 学生需要将未解决问题分解成小的组成部分（上文我刚讲过这种方法）。
- 学生不具备语言处理和沟通技能，所以无法用语言回答（下文我会详细讲这种情况）。

如果你已经考虑了以上可能性，而学生仍不说话，那么你可以根据你掌握的信息来对他的担忧进行一些合理猜测。但是这是不得已而为之的办法，如果可能，你还是要听孩子亲口说出他们的担忧，而不是引导他说出你想听到的内容。

> **可能性3**
> 学生表示自己并没有问题。

当听到学生这样说时，很多人便不知道怎么办了，因为这一回应对他们来说意味着收集信息的过程突然中止了，学生压根儿不关注这个问题。实际上，孩子不是非要关注这个问题才能提供信息。的确，如果有其他更重要的担忧存在的话，孩子不会关注这个问题，也许他会跟你说其他担忧。当孩子说我没有这方面的问题时，我们的确不能清楚地了解到他是什么意思。所以，这种回应并不意味着询问的终止，这时是用反应式倾听应对，并搜集更多信息的最佳时机。参考以下这个例子：

教师：我注意到你最近很难交上你的科学课作业。出了什么事？

学生：什么事也没有。

教师：你说什么事也没有，你的意思是？

学生：就是我没有任何问题。

教师：嗯，我听到你说了。我只是不知道你具体指哪方面？

学生：没有问题就是没有问题。

教师：抱歉，可能是我的原因。但是我不明白你说交作业没有任何问题是什么意思？

学生：我们现在非要聊这个吗？

教师：不是啊，我们不是非要现在说。但我肯定想要知道到底是什么导致你无法完成科学课作业，或许我可以帮你解决这些问题。

学生：我不需要你的帮助。

教师：你不需要我的帮助。好吧，我知道了。但我还是不明白是什么阻碍你完成科学课作业。

学生：有什么意义吗？

教师：你做作业有什么意义，还是我们聊这个有什么意义？

学生：做作业有什么意义吗？反正我这门课肯定挂了。

> **可能性4**
> 学生表示现在不想谈这件事。

这一回应对于那些非常想让学生马上开口的成人来说，是很令人泄气的。但是如果你用尽办法非要学生立即开口，可能导致学生明天（或永远）都不想开口了。在帮助关系中，被帮助的人需要感觉到交流是舒适的，但是达到这一点并非一朝一夕之事。虽然我们很忙，但总还有时间。我们可以这么说："你现在并不是非要开口。"当你这么说之后，许多孩子都会开口说话了，或许学生会跟你讲他为什么现在不想聊这件事。在对你说完这些之后，不少孩子就会觉得足够舒适，然后开始对你说他们之前不想说的事情。

可能性5

学生很戒备，说"我不想跟你说话"（或有更坏的情况出现）。

协作解决问题是一个非常真诚、透明的过程。这一过程不涉及任何欺骗、招数、一句话的心灵鸡汤，也不会导致学生立场发生巨大变化。当你与学生协作解决问题时，真诚是最好的策略。所以，如果学生说"我不一定要和你交流"，那么你最好真诚地（不采取任何防御态势）回答："你不必和我交流。"如果学生说"你管不了我"，那么你最好真诚地回答："我管不了你。"如果学生说"你不能逼我说话"，那么你要真诚地回答："我不能逼你说话。"有的学生会因为成人的真诚，卸下防备，开始说话。

鉴于学生认为你会使用方案A，所以你还要向学生保证你没有使用方案A。但是你不能说"我没在使用方案A"，因为他不能理解你说的是什么。你可以说"我没有告诉你做什么"（你没有）；"我没有生你的气"

(你没有)；"你没有惹麻烦"（他没有）；"我只是想要了解"（你是）。

在帮助关系中，帮助者并不能自我防御。他们都要有个厚脸皮，他们不能因为想要帮助的人的防卫性回答，就丢盔卸甲。如果他们想要帮助的人不愿意说话，他们也不会感到被冒犯。虽然他们可能会对他们想要帮助的学生有主观回应，但他们不会让自己的主观回应阻碍他们帮助他人的进程。

确定成人的担忧

在方案B的第二步中，成人要开始思考自己有关某一问题或某一未达成要求的担忧。但是要确定你的担忧并不简单，因为成人很快就会将注意力转移到解决方案，而非担忧本身。许多成人心中都有一个他们认为孩子"应该做"或"不应该做"的事情的非正式清单，从未思考过孩子为什么"应该做"或"不应该做"这些事情，或如果孩子"做"或"没做"这些事情，他们的担忧是什么。一般而言，"孩子的行为违反了规则"或"没有达到你的要求"这种说法是不够清楚的。

幸好成人的担忧通常可以归属于以下问题：
- 未解决问题如何影响这个学生
- 未解决问题如何影响其他人

确定成人的担忧这一步通常以"这个事情……"或"我的担忧是……"（而非"这很好，但是……"）开头。记住，我们有足够的空间容纳这两类担忧……我们没有理由为了给自己的担忧腾出空间，而抛弃孩子的担忧。

以下是确定的成人担忧步骤的实施过程。所展示的对话是之前你读到的（可能有点啰唆，但有时从对话开始看整个过程会很有帮助）：

教师（共情步骤，运用前瞻性方案B）：我注意到你在地理作业上的进度不快啊。发生了什么事？

一名5年级学生：我做不了。

教师：你做不了。你指什么？

学生：我不知道做什么，我不知道怎么查找信息。

教师：你不知道怎么查找信息，你很难查找什么信息呢？

学生：还有，这个作业没什么意思。我卡在乌兹别克斯坦这个作业上了。

教师：所以你觉得乌兹别克斯坦这个作业没什么意思。这个国家的什么让你觉得没意思？

学生：我不大关心这个国家，这个国家很无聊。

教师：你还说了你很难查阅信息。

学生：你常让我们与同学合作做这些事情，现在就我一个人了。我不知道该怎么查阅信息了。

教师：你都用什么方法查阅呢？

学生：我用的是网络搜索……除了维基百科我还没找到其他好的资料来源，但你告诉我们不要用维基百科。

教师：你也查过其他作业的信息（比如民主主题的作业），做得很好。那么这项作业和你的民主主题的作业有什么区别吗？

学生： 民主主题作业我不用独立完成，我是和贾斯丁合作的。他善于查找信息。另外，那个作业很有意思……乌兹别克斯坦主题的作业很无趣。

教师： 好，让我们看看我理解的对不对。你难以开始做地理作业，是因为你对乌兹别克斯坦不感兴趣，而且你还不会独立查阅信息，因为除了维基百科，你找不到其他信息来源。还有其他什么让你难以完成地理作业的吗？

学生： 我想不到了。

教师（进入确定成人的担忧的步骤）： 我想我明白了。问题在于你不能总有一个合作伙伴帮助你查阅信息，所以我认为你最好自己练练如何独立做调查……否则你总会觉得做这类作业很难。

方案B的头两个步骤都是完全针对担忧的。在第3步之前，你都没有考虑过解决方案。因为在你确定你要解决的问题之前，去思考解决方案是没有意义的。

此外，你还要确定在头两步里，你的确考虑的是担忧（而不是解决方案）。所以你要保证头两步不能像下文这样：

学生： 我不要做这个！

教师： 不，你要做！

这不是方案B，这是权力的争夺，而权力的争夺是一个输赢的命题。谁能"赢"呢？当然是有权力的那一方。方案B则是一个双赢的命题，谁能赢？双方。赢的意思是什么？双方的担忧都得到了解决。

邀　请

既然你确定了两种担忧，那么你和孩子就可以考虑解决以上担忧的方案了。这一步叫作邀请，因为成人要邀请孩子来协作解决问题。这一步要让孩子知道你会和他解决问题（换言之，一起解决问题），而不是你会解决他的问题。

首先，我们要重申前两步中已经确定的担忧（通常用"我想知道是不是有方法……"这样的表达开头）。当我们应用于上文的未解决问题时，应该是下文这样的：

教师：我想知道是不是有方法可以让我们解决你对乌兹别克斯坦没有兴趣的问题……还有你查阅信息困难的问题……但我们还是要确保你练一练独立查阅信息的能力。你有什么想法吗？

你把提出解决方案的第一个机会留给了孩子（"你有什么想法吗"），但这并不意味着只有孩子一个人需要提出解决方案。你们双方都需要思考解决方案，因为你们是同一团队的。但是把提出解决方案的首个机会给孩子是个很好的策略，特别是对于那些已经习惯被动接受成人强加意愿的孩子，更是如此。因为这会让孩子们更坚定地相信你对他的想法很感兴趣。

由于迫切地想要解决问题，许多成人忘记了邀请这一步。就在他

Chapter 4 Let's Get It Started

们马上要和孩子协作，共同解决双方的担忧时，他们选择强加自己的意愿。多么可惜！你看，虽然孩子可能想不出任何解决方案，但孩子还是有可能提出好办法（这些办法会把双方的担忧都考虑进去），他只是在等待你给他一次机会。

你可能认为多数成人听到他们不用再为涉及孩子的问题立即提出巧妙的解决方案时，都会松一口气。但实际上，有些人还需要习惯一下。因为还是有许多成人坚信他们知道问题的解决办法。当然，对于问题的解决办法有自己的一些想法或建议并没有错。但是，当你使用方案B时，你要明白解决方案并不是预设的。持久解决一个难题需要成人不预设任何解决方案，而愿意逐步探索解决问题的方法。如果你在与孩子谈话之前就已经知道怎么解决问题，你也就不会使用方案B，而会转而使用方案A。方案B不只是方案A的升级版，方案B需要协作，而方案A是单边的。

接下来要做的非常关键。好的解决方案要达到两个标准：方案一定要实际（指双方可以完成解决方案中各自的工作），一定要令双方满意（指双方的担忧可以真正得到解决）。要是没有考虑以上两个标准，就不能通过任何解决方案。如果不符合这两个标准，那么就不能解决问题，问题解决团队（学生和你）就需要找其他可能的解决方案。

令双方满意这一标准对于那些害怕在使用方案B时他们的担忧无法得到解决的成人来说，是一个巨大的安慰。如果解决方案令双方满意，那么你的担忧肯定得到了解决。所以，重申一下我之前的观点，如果你认为方案A是唯一可以让成人"设置界限"的机制，那么这时你可以再想想。使用方案B，你同样可以设置界限。当然，令双方满意这一标准对于孩子也是个安慰，因为他们总是觉得（常常是经验使然）他们的担忧不会被听到，也不会得到解决。

方案B并不是一厢情愿的演练，如果你不能确切地完成所考虑的解决方案，那么就不要因为想要停止对话而同意这一方案。同样地，如果你认为孩子不能完成你们正要通过的解决方案，那么你也应该对此表示出怀疑（"如果你能做到就太好了！我只是不太确定你是否真能做到，因为我知道你之前一直都很难过。我们再想一个我们都能做到的解决方案吧。"），并努力帮助他再想出更实际的解决方案。

有的孩子不擅长提出令双方都满意的解决方案，提出的解决方案都只针对自己的担忧（例如，"也许你可以让我做你的合作伙伴，我们一起做这个乌兹别克斯坦主题的作业。"）。在上述例子中，只需提醒他找到一个对双方都有用的解决方案，比如我们可以说："嗯，这是一个想法。我知道这个解决方案很可能对你有用，因为这样你就不用独立查找信息了，但是这个办法对我来说不行，因为我想让你练习练习，这样你之后就不会觉得难了。我们来看看我们能否找出一个对于我们两个都可行的办法。"换句话说，世界上不存在坏办法。解决方法的提议完全依赖于它们是否实际，是否能让双方满意。

还有一个原因会导致孩子很难摆脱之前的解决方案：他已经对来自外界的"帮助"免疫了。经历了太多次方案A，他们已经擅长应对了。他们可能没有用其他方式解决问题的经验了。

最优解决方案的最后一个标志也很关键：我们提出的解决方案并不是告诉学生下次问题出现时该怎么办，而是要找到一个可以持久解决问题的方案，保证问题不会再次出现。

你大概想知道长期的通盘计划是什么（在问题已经一个一个被解决后），方案B会大幅度减少问题行为的发生。慢慢地，学生会清楚地知道他的担忧被听到、被解决。渐渐地，学生学会了应对生活中社交、情绪和行为问题的关键技能，一切都会好起来。

我们再次假设一切都进展得非常顺利，再把这3个步骤综合起来看。请原谅我的啰唆……有的学习者就是从不断的重复中获益的：

教师（共情步骤，运用前瞻性方案B）：我注意到你在地理作业上的进度不快啊。发生了什么事？

一名5年级学生：我做不了。

教师：你做不了。你指什么？

学生：我不知道做什么，我不知道怎么查找信息。

教师：你不知道怎么查找信息，你很难查找什么信息呢？

学生：还有，这个作业没什么意思。我卡在乌兹别克斯坦这个作业上了。

教师：所以你觉得乌兹别克斯坦这个作业没什么意思。这个国家的什么让你觉得没意思？

学生：我不大关心这个国家，这个国家很无聊。

教师：你还说了你很难查阅信息。

学生：你常让我们与同学合作做这些事情，现在就我一个人了。我不知道该怎么查阅信息了。

教师：你都用什么方法查阅呢？

学生：我用的是网络搜索……除了维基百科我还没找到其他好的资料

来源，但你告诉我们不要用维基百科。

教师：你也查过其他作业的信息（比如民主主题的作业），做得很好。那么这项作业和你的民主主题作业有什么区别吗？

学生：民主主题作业我不用独立完成，我是和贾斯丁合作的。他善于查找信息。另外，那个作业很有意思……乌兹别克斯坦主题的作业很无趣。

教师：好，让我们看看我理解的对不对。你难以开始做地理作业，是因为你对乌兹别克斯坦不感兴趣，而且你还不会独立查阅信息，因为除了维基百科，你找不到其他信息来源。还有其他什么让你难以完成地理作业的吗？

学生：我想不到了。

教师（进入确定成人的担忧的步骤）：我想我明白了。问题在于你不能总有一个合作伙伴帮助你查阅信息，所以我认为你最好自己练练如何独立做调查……否则你总会觉得做这类作业很难。

教师（开始邀请步骤）：我想知道我们怎么做才能解决你对乌兹别克斯坦不感兴趣的问题……还有你不会查阅信息的问题……但还要确保你练习独自查阅信息。你有什么想法吗？

学生：你可以帮助我。

教师：我觉得我可以帮助你，但是我不能为你做所有的事情……否则你就学不会如何独立完成作业了。

学生：是的，但您可以，比如，让我知道可以去哪儿查找信息，这样我也可以进步。

教师：可以。你觉得这样可以帮助你开始做作业？

学生： 是的。

教师： 那乌兹别克斯坦呢？

学生： 我能换一个国家吗？

教师： 嗯，我不是强求你做有关乌兹别克斯坦的作业。而且你还没开始做，也不算浪费时间。但是我想让你调查那个区域的某个国家，因为我想让你们全面地了解整个世界。那个区域有哪个国家是你喜欢调查的？

学生： 我看看。

教师： 好，告诉我你选的国家，以免你和别人做重复了。如果这些办法不管用的话，我们就再聊聊，找到有效的方法。

学生： 好的。

你可能觉得这个问题并不是很复杂，但是在你完成共情环节的信息收集之前，你是不会知道这个问题有多复杂的。你可能觉得方案B的案例进展很顺利，而在方案B的讨论中，许多学生并不愿意参与。是的，方案B讨论案例进展得很顺畅，学生很好地表达并确认了他的担忧，并且能够提出一些解决方案。你可能还觉得方案B进行得非常快，你是正确的。我们花了10—15分钟的时间参与到了方案B的讨论中（对于长时间未得到解决的复杂问题，刚开始花费的时间较长）。

你可能还注意到有些日常对话常见的内容没有在方案B中出现。教师没有告诉学生他正在做错误的选择（如果他能做更好的选择，他会的）；教师没有告诉学生有其他更好的行为（如果他可以表现得更好，他会的）；教师没有强加给学生任何解决方案（这是方案A的做法）；教师没有告知学生如果他表现依然糟糕，会有什么后果。

有时，如果成人第一次尝试的时候没有完全按照方案B的3个步骤进行，他们就会感觉自己失败了。但不要担心，非常困难的问题（甚至是看起来非常简单的问题）通常都需要1次以上的交流。如果在你初次尝试方案B时，你能够确定孩子的担忧，这就算成功了。然后明天再继续完成之后的两步。

你可能还注意到方案B中，如果解决方案不像预想中进行得那么顺利，那么对话通常以同意再次沟通结尾。一般情况下，第一个解决方案并不能一劳永逸地解决问题。但这并不意味着你要放弃方案B，而是意味着此时想出的解决办法很可能并不像当初看起来的那么实际或让双方满意（这种情况十分常见）。生活中，多数好的解决办法都是对之前不成功的解决办法的改善。

既然我们已经看到了相对直接的前瞻性方案B的基本实施情况，我们现在来看一下应急性方案B是如何实施的。前瞻性方案B和应急性方案B之间的主要区别是时机和共情步骤中的措辞。对于前者，应急性方案B的实施是在事件发生的当下，在班里其他孩子面前。在班里所有同学面前实施应急性方案B并不是个不实际的选择，它取决于你能否适应。但无论能否适应，应急性方案B并不是协作解决问题的理想方案，而且你之前读过的许多深挖信息的策略都不适用（在这种情况下，你很可能要依赖于反应式倾听）。

尽管如此，你还是会时不时用到应急性方案B。下文是应急性方案B的例子：

孩子（向同学大喊）： 你们要把我逼疯了！

教师（共情步骤，运用应急性方案B）： 看起来有人要气疯了！发生了什么事？

孩子： 我不要和他们做这个科学实验了！

教师（共情步骤，运用应急性方案B）： 你不要和他们做这个科学实验！发生了什么事？

不要白费口舌，重要的是要记住"突然"爆发的问题一般都是可以预料的（如果你已经使用了ALSUP和问题解决方案），而且前瞻性方案B比应急性方案B更简单，也更有成效。

在紧急情况下，方案C也是一个选择（"瑞奇，你能再等一会儿，等我确定其他人都做好了吗？"）。但我们要明白我们还是需要使用前瞻性方案B，尽早处理孩子的问题。

问答环节

问题1：

对于方案C来说，是不是因为有行为问题的孩子特别不稳定，我们需要暂时放松对学业的要求，直到情况稳定下来呢？

答：

是的。有的孩子得先解决阻碍学习的非学业问题，才能开始学习。在这些例子中，学业得暂时放一放，先应对其他问题。当孩子还有其他问题的阻碍时，盲目推进学业只能是徒劳。

问题2：

在上述例子中，共情步骤不能只包含共情。

答：

这点很重要，需要澄清。虽然有行为问题的孩子的确值得我们共情，但是共情环节的主要目标是收集信息，并尽可能了解他的担忧或看法。换言之，共情的话语（"你一定感到很糟糕"）和澄清或收集信息的话语（"我有点不明白你在说什么……你能再跟我详细说说吗？"）之间是有区别的。后者的表达更容易帮助你达到共情步骤的目标。

问题3：

我并不觉得我经常使用方案A……但是我注意到我确实容易回避或绕开孩子的担忧。这两者是一回事吗？

答：

很高兴你提出这个问题。成人的确很容易绕开、忽视或摒弃孩子的担忧。以下例子可能经常出现在与孩子的沟通中：

孩子：我不知道怎么做这个。
成人：听起来有人需要更加努力啊。

孩子：她总是打扰我。
成人：别理她。

孩子：这太多了，我做不了。
成人：加油，你可以的！

Chapter 4　Let's Get It Started

孩子：特朗布尔老师不听我说话。
成人：你知道，你这一生中会碰到各种各样的人，所以你现在好好处理这个问题，这是多好的经验啊。

孩子：这不公平。
成人：生活本来就不公平。

　　无论对于孩子还是成人，自己的担忧被忽视，确实令人灰心丧气，但是那些具备应对技能的人通常比不具备的人应对得更好。当然，如果没有确定、没有考虑孩子的担忧，那么问题就不会得到解决，很快还会再次发生。

问题4：
　　我难道不应该仍旧让孩子为问题行为承担一些后果吗（即使我认为没用），因为这样其他孩子就知道我很重视问题行为了。
答：
　　其他孩子不需要你用后果来让他们知道你重视这个问题。他们需要看到你已经了解了有行为问题的孩子的技能缺陷、未解决问题，过程虽慢，但他的问题肯定会在频率、强度和持续时间上逐渐降低。不断用无效或使事情恶化的方式介入，并不能提高你的可信度。记住，后果只对两件事有用：（1）教孩子学会对错的基本道理；（2）激励孩子做好。如果你认为能达到以上一个或两个目标，那么你可以让孩子承担后果。但是，正如上文提到的，有问题行为的孩子已经知道了对错的基本道理，而且，孩子如果有能力就会做好，所以他们已经有做好的动力了。

问题5：

我应该因为孩子成功参与方案B而奖励他吗？

答：

我一般是反对这种做法的。方案B是为了最终确定孩子的担忧，推进问题得到解决，帮助孩子学习新的技能，并在没有冲突或问题行为的前提下解决难题。这些回报都比你能给的外部奖励多得多（这也是你和孩子更应该关注的点）。

问题6：

有别的孩子在课堂，使用方案B不会削弱老师的权威吗？

答：

恰恰相反，其他孩子都在看着。如果你介入的方式解决了问题、减少了问题行为，你不会削弱你对其他孩子的权威。实际上，他们很可能会问你会不会也用相同的方式解决他们的问题。

问题7：

这是个方案A的世界。如果我们对孩子用方案B，我们不会让他走向失败吗？

答：

首先，不要这么肯定这是个方案A的世界。实际上，我们应该思考一下在"真实世界"中，哪项技能最重要：盲目地迷信权威（方案A训练的结果），并不能找到并确定孩子的担忧；提出替代的解决方案，用双方满意的方式合作（方案B训练的结果）。其次，你实施方案B是为了教会孩子欠缺的技能，使他能够解决他在现实世界中面临的问题，就像解决其他发展迟缓问题一样。

问题8：

成人和孩子实施方案B需要多长时间？

答：

当然要等到优先级别较高的未解决问题得到解决，孩子的问题行为大幅度减少。但是就像你将会在第7章看到的，持续使用方案B的原因有很多，不只是针对某一问题学生，还有班里的每位学生。

问题9：

期待没有经过心理健康培训的教师使用CPS模式是不是真的公平？

答：

我不知道什么是公平。我知道教师手头的工作已经很多了；我也知道有许多有行为问题的孩子就这样被忽视，失去了他们的未来。我知道一张心理健康学位证并不是协作解决问题的前提。教师总是教他们的学生学会学习以外的技能，比如应对生活中社交、情绪和行为问题的技能。只是有的学生和有的问题需要教师采取不同的思路，运用不同的技能。帮助有问题行为的孩子需要什么关键条件吗？开放的心胸、对现有行为的反思、尝试新视角的意愿、试验新做法的勇气，以及学会使用ALSUP和方案B的耐心和决心。其实，多数心理健康专业人员也没有受过协作解决问题的训练，如果这样说会让你感觉好点的话。

问题10：

看起来你想让教师做得让所有孩子都满意。

答：

并不是这样的，但是确实有一群孩子需要你的帮助。

问题11：
你是在告诉我，我需要为我教的每个孩子调整我的做法吗？

答：
不是每个孩子，只是那些难于达到你的要求的孩子。

故事继续

"他到了吗？"周五下午放学后，弗兰科老师把头探进伍兹老师的教室。

伍兹老师正在批改学生的试卷，她抬起头说："还没，似乎已经成习惯了。"

"但是也得理解他啊。"弗兰科老师说，"他要管3所学校，有不少孩子呢。等等，他现在来了。"

"抱歉我迟到了，"布里奇曼医生说，"现在时间合适吗？"

两位老师点了点头。

"好的，因为我刚在想让洛威尔女士周一一早把乔伊带过来见见我和伍兹老师，我想确定一下咱们准备好了吗？"

"准备好什么？"伍兹老师问。

"嗯，像我们讨论的那样，我们最好和乔伊聊聊关于社会研究作业的什么问题在困扰着他，"布里奇曼医生说，"你们知道的，这样问题才能解决。"

"那很好啊，"伍兹老师说，"所以，解决方法是什么？"

"不知道啊——我们还没与他一起使用方案B啊。"布里奇曼医

Chapter 4　Let's Get It Started

生说。

"哦，对，你前几天提到这个方案B了，"伍兹老师说，"我很希望观摩你实施这个方案。"

"哦，我们需要你真正去做，不只是看，"布里奇曼医生说，"你知道吗，你和乔伊需要共同通过一个解决方案。"

"亲爱的，好好体验哦。"弗兰科老师微笑道。

布里奇曼医生解释了方案A、B和C，还有方案B的3个步骤——共情、确定成人的担忧和邀请。他还区分了应急性方案B和前瞻性方案B，并讲解了后者的优势。讲完后，他问道："所以我们是不是要快速过一下？因为最终不是我和他解决这些问题，而是你们两位。"

弗兰科老师看了看伍兹老师，大笑："他这是想把你变成心理医生啊。"

"哦，使用方案B不用成为心理医生，"布里奇曼医生强调，"你们很可能和你们的丈夫都在用方案B。"

弗兰科老师又笑了起来："我不和我的丈夫合作，我只用告诉他做什么。"

"所以，咱们讨论一下周一如何和乔伊实施方案B吧，"布里奇曼医生继续说，"第一步是共情……这里我们需要把乔伊的担忧摆在桌面上，努力去理解。如果我们用的是前瞻性方案B，我们需要认真观察。比如我们可以说，'我们注意到你有时不确定社会研究作业该做些什么'。但是我们不知道乔伊为什么不确定做什么，所以我们要问问他：'发生了什么事？'"

"那么他会说什么？"伍兹老师问。

"不知道。"布里奇曼医生说。

"如果你不知道发生了什么,那么我们应该如何知道发生了什么?"弗兰科老师问。

"我们得看乔伊会怎么说。"布里奇曼医生说。

"他要是不知道怎么办?"伍兹老师问。

"他可能开始时会说不知道,但是我猜他能够告诉我们什么阻碍了他。记住,在共情这一步,我们的目标是尽可能清楚地了解乔伊在开始他的社会研究作业时发生了什么困难,然后再开始确定成人的担忧。那时,你再表明你的担忧。"

"我的担忧?"伍兹老师不大确定。

"对,你对于他难以开始做社会研究作业的担忧。"

伍兹老师看起来有点糊涂。"你是说,比如,他会再次被停学?"

"如果他再次爆发,会这样的,"布里奇曼医生说,"但是我不知道这是不是你最担忧的事。"

"你是指我想要确保他完成这项任务,这样他就可以理解这篇材料?"伍兹老师边说边向弗兰科老师投去求助的眼神,弗兰科老师耸了耸肩。

"当然,这也是个担忧。"布里奇曼医生鼓励她。

"好的,所以现在我们告诉他我的担忧了。"伍兹老师说。

布里奇曼医生点点头。"好,下面我就要邀请他和我们一起解决问题了。所以,你会听到我问乔伊他是否能够为我们想个办法解决我们双方的担忧。我现在还不知道他的担忧,所以我还不确定会是什么样子。"

"他要是没有任何想法怎么办?"弗兰科老师问,"他经常说'我不

Chapter 4　Let's Get It Started

知道'。"

"我们会帮助他想出一个解决方案。"布里奇曼医生说。

"所以解决方案是什么?"伍兹老师问。

"我们也不知道,"布里奇曼医生说,"得是又实际又让双方都满意的。"

"我们不知道解决方案?"弗兰科老师问,"你期待乔伊告诉我们?"她怀疑地看向伍兹老师。

"嗯,如果我们已经知道解决方案,那么我们就不用让乔伊来想解决方案了。"布里奇曼医生说,"当然,如果他没有任何想法,我们可以提供一些备选。"

两位老师沉默了。

"听起来怎么样?"布里奇曼医生问。

"我很高兴是你在做这事。"伍兹老师说,"我是说,我还不习惯这么做。"

"确实得花点时间才能习惯。"布里奇曼医生说,"你很可能不再像十年前那样教阅读课了吧。方案A给不了乔伊需要的帮助,方案C给不了我们需要或能帮助我们解决问题的信息,所以留给我们的只有一个选择:方案B。不如我现在给洛威尔女士打电话,看她能不能周一一早把乔伊带来。"

周五,乔伊正在看傍晚的电视节目。他的母亲小心翼翼地走向他:"乔伊,抱歉打扰你看电视节目了,但是我要跟你谈谈周一咱们要做的事。"

正在看电视的乔伊说:"等会儿。"

"别等了,这比看电视重要多了。"

乔伊没理她。

"乔伊,我们得聊聊这事。"他的妈妈又说了一遍。

"能有什么重要的事啊?!"他大喊,"为什么不能等我看完电视?!"

"什么重要的事?!你被停学一周了,你还问什么重要的事?!"

乔伊的眼睛紧紧盯着电视。

"听着,乔伊,你周一要返校,我需要确保你不会毁了这次机会。我不知道你还有多少机会,孩子。"

电话响了,洛威尔女士走到厨房接起了电话,难掩她的焦虑:"喂。"

"洛威尔女士,我是卡尔·布里奇曼。您现在方便吗……"

"布里奇曼医生,没想到您会打电话。乔伊和我刚还在说他返校的事,或至少是努力返校的事。"

"我就为这事打电话的。"布里奇曼医生说,"我想看看他返校后,我们是否能为他的良好表现创造条件。我已经与伍兹老师和弗兰科老师谈过了,她们告诉了我一些看起来给乔伊带来最大问题的事情。我想知道您能否周一早些把乔伊送到学校。我想让他坐下来和我与伍兹老师聊聊,我们一起想出一些解决方案,这样他就没那么容易再次感到沮丧了。"

"您什么时间想让他过去呢?"

"您能提前半个小时送他过来吗?"

"可以。您和他的老师的会面内容有什么需要我了解的吗?"

Chapter 4 Let's Get It Started

"我们想努力搞清楚可能造成他表现糟糕的技能缺陷。我们决定从找出他难以开始他的社会研究作业的原因开始,因为这件事看起来是前几天让他爆发的原因。"

"哦,好的。布里奇曼医生?"

"在。"

短暂的停顿后,洛威尔女士问:"他还有希望,对吧?"

"希望?当然啦。"

乔伊的母亲感觉她的声音很有感染力:"他不会进监狱吧……或者进劳教所……对吧?"

布里奇曼医生之前听过许多父母都问过这个问题。他给出了一个标准回答:"如果我们现在就做正确的事,不会的。"

"你认为我们在做正确的事吗?"

"是的。"

"谢谢你。"她边说边挂断了电话。

"这是我们这些人工作的目的啊。"布里奇曼医生对自己说。

加尔文校长在布里奇曼医生周五下午离校时邀请他来她的办公室。"米德尔顿老师要加入我们。"她说。

米德尔顿老师在布里奇曼医生之后来到办公室。"我觉得你昨天对乔伊的评价很有意思。"副校长米德尔顿老师说。

"哦,是嘛。"布里奇曼医生坐了下来,"他是个有趣的孩子。"

"难道他们不都是吗?"米德尔顿老师说。

"我想知道……"加尔文校长坐在办公桌后面说,"乔伊的返校方案,实际上,我认为你将它称为'留在学校'的方案。我必须要说,你对于有行为问题的孩子的想法让我感觉有点陌生,你怎么会有这些想法的?"

"哦,不是我想出这些的。"布里奇曼医生说,"发展心理学家一直都在撰写孩子们应对生活挑战所需技能的文章,但是要把我们了解到的有关孩子大脑的知识转化为我们帮助他们的方式,还要花费相当长的时间。"

"是的,我猜也是。"加尔文校长说,"我很想知道我们如何把我们了解到的乔伊的想法用来帮助他不再威胁他的同学或伤害我们的副校长。你知道的,我们的常规做法就是让学生和他的父母签署一份保证不再做任何不安全的事情的承诺书。但是我感觉你好像不同意我们的常规做法。"

"我只是不相信你们的常规做法可以解决问题。"布里奇曼医生说。

米德尔顿老师清了清嗓子,在椅子上动了动。加尔文校长也朝布里奇曼医生的方向倾了倾。

"布里奇曼医生,我要向你道歉。"校长说,"我不大了解你。我甚至不知道在你今年来我们学校之前你在哪儿工作过。你与乔伊这样的孩子合作过吗?"

"我曾在内城区的一所中学工作过,"布里奇曼医生说,"我已经和不少有行为问题的孩子合作过。"

"像乔伊这么难对付的孩子?"加尔文校长问,看了一眼米德尔顿老师。

"实际上,乔伊也不是那么难对付。"

"米德尔顿老师的下巴可不这么认为。"加尔文校长生硬地说,"我

Chapter 4　Let's Get It Started

怀疑乔伊威胁杀掉的那个女学生和她的父母也不这么认为。"

"哦，我不是说……"布里奇曼医生开始解释，"只是，嗯，我也不是在比较。但是在我之前工作的学校，我曾遇到过非常糟糕的孩子。有的孩子因为在教学楼感到不安全，甚至会带枪到学校。有的孩子对他们的老师拔刀子，还有的孩子怀孕了，还有吸毒的问题……这些孩子都还很小。有的孩子不能上学是因为他们得待在家里照看他们的弟弟妹妹。不少孩子（才10岁和11岁）就因为参与犯罪团伙或偷窃食物、卖毒品买食物而触犯了法律。所以，我觉得这能说明我与不少有行为问题的孩子合作过了吧。"

"布里奇曼医生，在这所学校我们是有规定的，我们要确保我们的学生遵守规定。"加尔文校长说，"当学生们不遵守规定时，我们就要向他们传达一个强烈的信息。相信我，如果我不能保证学校的所有学生、老师和我的副校长的安全，那么我的上级和孩子的父母就会向我传达强烈的信息。如果我的学生没有学会他们应该学会的知识，我会收到强烈的信息。如果乔伊破坏了学校安全的环境，或扰乱了学习秩序，那么我的职责就是要让他为此负责。我认为你能理解吧。"

"确实是这样。"布里奇曼医生说。

"嗯，好的。"加尔文校长放松了下来，"所以，你为何不起草一份返校承诺书，让乔伊和他妈妈签字，这样我们就可以让他返校继续学习？"

"让他回到班里并不是问题，"布里奇曼医生说，"帮助他待在班里，不出任何事情才是问题。我不认为一份返校承诺书可以解决这个问题。"

加尔文校长再次严肃了起来："布里奇曼医生，可能是我没有——"

"布里奇曼医生，"米德尔顿老师打断校长的话，"那您认为还有什么办法更有效呢？"

"别误解我的意思。"布里奇曼医生说，"如果您告诉我乔伊和他的妈妈要签这份承诺书，我会让他们签的。但我更想把我的精力（和其他每个人的精力）投入到真正有效的办法上。"

"是的，这就是我想问的。"米德尔顿老师问道，"你认为什么办法有效呢？"

"我已经和乔伊、他的妈妈、伍兹老师和弗兰科老师见过面了，我觉得我们已经知道从哪儿开始了。"

"从哪儿开始呢？"加尔文校长问。

"我们确定，他爆发是因为他不理解某项作业或觉得自己出丑了，所以我们会从解决与这个相关的问题开始……从这个上周导致他爆发的问题开始。"

加尔文校长难以掩饰她的怀疑："布里奇曼医生，在现实中人们也会出丑，他们也不能总是理解每份作业。但是他们不会威胁他们的同学，也不会跑出学校。乔伊要是想在现实中获得成功，就要学会如何应对计划外的事情。"

"是的，没错。"布里奇曼医生说。

"所以我们意见一致。"加尔文校长说。

"好的，看起来我们已经就乔伊需要解决的问题达成共识了。"布里奇曼医生说，"但是我不确定我们是否就如何做达成共识。"

"那你觉得我们应该如何帮助他解决问题呢？"米德尔顿老师问。

"很大程度上要通过协作解决问题这一方式。"布里奇曼医生说。

Chapter 4　Let's Get It Started

校长和副校长对视了一眼。

"不好意思,您说什么?"加尔文校长问。

"协作解决问题。"布里奇曼医生说,"我们成人要努力和乔伊一起想问题的解决办法。"

"到底怎么协作解决问题呢?"加尔文校长问。

"嗯,有些具体的步骤。"布里奇曼医生说,"首先,你要确保你明白孩子对给你造成困难的问题的担忧或看法,这步叫作共情。然后成人要确定孩子了解他们的担忧,这步叫作确定成人的担忧。之后你要邀请孩子共同思考解决方案,一起提出一个令双方都满意的实际解决方案,这个方案要能应对双方的担忧,这步叫作邀请。可能听起来有些乱,但效果却是十分直接的。"

又是长久的沉默,加尔文校长思考着这些信息并说:"布里奇曼医生,我从事教育行业很久了。就管教孩子来说,我也看过不少人了。我希望你能理解我并不想让这一时流行的东西破坏学校的计划。"

布里奇曼医生停顿了一下说:"帮助乔伊学会如何处理问题,更好地应对沮丧情绪并不是一时流行的东西。如果我们教会他这些技能,他就不会再破坏计划了。"

"所以你们和乔伊协作解决问题,他就不会再爆发了?"米德尔顿老师问。

"嗯,是的,我非常高兴开始这一工作。"布里奇曼医生说,"但是,为了效果更好,这些事情应该是伍兹老师、弗兰科老师与那些和他相处最长时间的人需要做的。"

加尔文校长闭上双眼,深深地叹了口气。"你觉得老师们在有这么多事情要忙的情况下,还能有时间在一个有26名学生的班里解决问题?"加尔文校长问。

"协作解决问题就是为了节省时间。"布里奇曼医生说,"这肯定比咱们做一些无效的事情,而乔伊还会失控要节省更多时间。"

"伍兹老师和弗兰科老师知道怎么做吗?"加尔文校长问。

"嗯,我已经解释过了,我还会帮助她们。"

"你不觉得乔伊应该清楚地知道我们对他的要求吗?"加尔文校长问。

"乔伊一直都知道他应该按伍兹老师说的去做,而不是威胁要杀掉他的同学、跑出教学楼。"

"你不觉得他需要知道我们不能接受这种行为吗?"加尔文校长问。

"他已经知道我们不接受这种行为。"布里奇曼医生说,"我斗胆说一下,我觉得乔伊这些年从成人那里得到的只有后果,这一点让人感到很羞愧,因为这些后果既不能教会他缺乏的技能,也不能解决导致他问题行为的困难。"

"嗯,确实胆不小。"加尔文校长轻笑了一声,发现自己开始对坐在她办公室这个体格健硕的男人的想法和决定感兴趣了,"特别是我还是那些让他承担后果的成人之一。"

"很抱歉我说的话冒犯了您。"

加尔文校长笑了笑:"我不介意。我可能太执着于我的方式了,但这并不意味着我完全不能接受新想法。你说对吧,米德尔顿老师?"

米德尔顿老师点点头:"她有一颗金子般的心。"

"听我说,布里奇曼医生。"加尔文校长说,"我还不是很了解你,

Chapter 4 Let's Get It Started

而且我还不适应你的思考方式。但你是我们学校的心理医生,而不是我。我可以看出来你想和乔伊、老师们做正确的事情,我愿意在这件事上向你提供帮助。我只是希望最后不会失败。"

"我没法保证乔伊不会再次爆发。"布里奇曼医生说。

"嗯,就像现在,我也没法保证一个返校方案可以保证乔伊不会再次爆发一样。"加尔文校长说,"所以在这一方面,咱俩的方案差不多。那接下来该怎么办?"

"乔伊、伍兹老师和我要开始解决问题了。"

周一早上,乔伊和他的母亲坐在餐桌旁。

"我们今天为什么要这么早去学校?"乔伊问。

"因为布里奇曼医生和伍兹老师要和你聊聊,确保你不会再次爆发。"

乔伊正吃着碗里的麦片,他抬起头:"我不想聊这个。"

"你看,乔伊,你没有惹麻烦。他们只是想帮助你。"

"我不需要任何帮助。"乔伊抱怨说。

"嗯,我觉得不管你愿不愿意,你都会得到他们的帮助。"

掩饰惊讶不是乔伊的强项,乔伊愤怒地说:"你怎么之前没告诉过我?!我不要这样!"

洛威尔女士现在后悔在她周五那次劝说失败后,没有再尝试和乔伊聊聊这次会面的事。

乔伊的哥哥杰森听到了他俩的对话,插话说:"嘿,小傻瓜,如果你不和他们聊的话,他们就会把你踢出学校了!"

"杰森,我不需要你——"

"他们就是会！"杰森插嘴说，"有孩子说乔伊不属于我们学校。"

"杰森，赶紧上车，让我跟乔伊聊聊。"洛威尔女士命令说，"马上！"

杰森弹了一下他弟弟的耳朵，说道："再见，小傻瓜。"然后起身上车去了。

"失败者。"乔伊小声嘟囔。

"乔伊，亲爱的，我知道你不想谈那天发生的事情。"洛威尔女士说，"但是布里奇曼医生想要制定一个方案，这样你就不会再那么生气了。"

"我不需要方案，我自己可以。"

"乔伊，我看不出让你和伍兹老师一起想出一个方案对你有什么坏处。你喜欢布里奇曼医生，而且你也有点喜欢伍兹老师。他们没有生你的气，他们只是想帮助你。"

乔伊没有回应。

"我们试试好不好？"洛威尔女士鼓励他。

"我不想。"

"我知道你不想，但是我们能不能试试？"

"好吧！"乔伊说，"但是我什么都不会说！"

"行。"洛威尔女士说，"但至少你得听听他们说什么。"

洛威尔女士上车时警告杰森说："杰森，你要再在车里欺负他，你就一个月别玩你的游戏机了。"

3个人一路默默无语。

到了学校，洛威尔女士送乔伊到办公室门口。"你想让我跟你一起

Chapter 4　Let's Get It Started

进去吗？"她问。

"不。"乔伊说。

布里奇曼医生一直在等乔伊，他打开门。"乔伊，你好。"他说，"欢迎回来。"

乔伊没有回话。

"我们一起去和伍兹老师聊会儿。"

乔伊和布里奇曼医生来到教室。他低着头，伍兹老师站起来向他问好："乔伊，你好，我们都很想你。"

"嗯嗯。"乔伊说，低头看着自己的双手。

布里奇曼医生领乔伊走到桌子前。"请坐，乔伊，我们聊聊。伍兹老师和我想看看是否我们能一起想出个方案，这样上次在班里发生的事情就不会重演了。你觉得这是不是个好主意？"

"嗯嗯。"

"从你告诉我的来看，你那么生气的原因是你不理解作业。"布里奇曼医生说，慢慢开始实施共情步骤，"然后你觉得这让你在全班同学面前丢脸了。是不是？"

"嗯嗯。"

"我很抱歉我让你出丑了，乔伊。"伍兹老师说，"我没有意识到我让你生气了。"

乔伊抬起头，"我没想伤害任何人，"他小声说，"那是个意外。"

"我知道。"伍兹老师温柔地说。

布里奇曼医生回到乔伊的担忧上来。"乔伊，你经常搞不清怎么做作业，对吧？"

"对。"乔伊说。

"你记不记得那天你生气的时候,社会研究作业的哪部分内容让你搞不懂?"伍兹老师问。

"它不一样。"乔伊说。

"我不确定你的意思。"伍兹老师说。她看向布里奇曼医生求助。

"你能告诉我们'它不一样'是什么意思吗?"布里奇曼医生问道。

"你告诉我们你想要我们做有关所选州的自然资源的报告,"乔伊开始说了,"你还说应该像我们做州人口时那么做……但是人口和自然资源不一样啊,所以它不一样。"

伍兹老师还是很糊涂。"所以,当我让你像写人口报告一样完成这次报告时,你没法做的原因是即使选的州一样,报告类型一样,但话题却不一样?"

"它不是同一种报告。"乔伊坚称,"这个报告是写自然资源的,不是写人口的。我不知道怎么做,它们不是一回事。"

布里奇曼医生很感兴趣地问:"乔伊,你选的哪个州?"

"阿拉斯加。"

"你第一份报告写的也是阿拉斯加人口?"

"嗯。"

"然后你应该再写一份有关自然资源的报告,但是你觉得很糊涂,因为人口和自然资源不是一回事?"

"是的,它不一样。"

伍兹老师还是有点糊涂。"乔伊,当我说'一样'时,我是说同样类型的报告(比如,3—4段的报告),即使它们的话题不同。明白

Chapter 4　Let's Get It Started

了吗？"

"不明白。"

伍兹老师努力解释："话题是一回事……我让你展示所学的方式又是另一回事。"

"可您说应该一样。"

"是的，我明白这有点让你糊涂了。"伍兹老师说，"但是，你能明白我说的是报告的类型一样，而不是话题一样吗？"

"嗯，可能明白了，但是……"乔伊看起来不情愿地继续说。

"但是什么，乔伊？"布里奇曼医生鼓励他说。

乔伊看起来很忧虑："我不想说不应该说的话。"

"如果这话能帮我们明白你搞不懂的原因，我觉得你可以说。"布里奇曼医生说。

乔伊看了看伍兹老师，深吸了一口气："你当时没说你指的是报告，而不是话题。而且，自然资源要写的内容很多，所以长度肯定也不一样。"

"乔伊，报告的类型可以一样吗？你明白吧，可以写几段内容，即使这份报告比另一份长。"布里奇曼医生问。

"可她说3—4段。"乔伊说。

伍兹老师看了看布里奇曼医生，用眼神表示"他说得对，我是这么说的"。然后她看向乔伊，"但是，乔伊，如果你需要写的比这多，就可以写这么多。我说的3—4段只是一个'大概的指导'。"

"你能理解伍兹老师说的'大概的指导'吗，乔伊？"布里奇曼医生问。

"不能。"

布里奇曼医生想现在正好推进共情这一步。"所以，乔伊，你是搞不懂这个指令，因为这和上次社会研究作业不一样。对吧？"

"我觉得是这样的。"

"这让你很难开始做这项作业，因为你搞不明白要做什么，对吧？"

"嗯。"

布里奇曼医生继续"确定成人的担忧"的步骤："谢谢你帮助我们弄明白了你为什么搞不懂作业。而我们的担忧是，因为你不做作业，你打扰到了你周围的同学，而且伍兹老师想确保你完成作业，这样她才能知道你明白了所学的材料。"

"我当时就是在问布莱克要做什么，"乔伊说，"但是他不告诉我，他让我自己想。"

布里奇曼医生继续邀请这一步骤。"我想知道我们是否有方法确保你明白这项作业，这样你就可以继续完成作业，并向伍兹老师证明你已经学会了所学的材料，也就不用问你的同学该做什么了。你有什么想法吗？"

乔伊认真思考了一会儿："我不知道。"

"慢慢来。"布里奇曼医生说，"如果你没想法，伍兹老师或我可能有点想法。"

"您可以提前解释我弄不明白的作业。"乔伊停顿了一会儿说。

"乔伊，我不确定我能提前知道哪些作业你不明白。"伍兹老师说。

"嗯，至少您别让我出丑。"乔伊小声说。

"你是说如果伍兹老师和你能想出一个办法，让她能够用不让你出

Chapter 4　Let's Get It Started

丑的方式向你解释就好了，对吗？"布里奇曼医生问。

"对。"乔伊又停顿了一会儿说。

布里奇曼医生看起来很满意这次谈话的走向。伍兹老师则不大确定，她怎么能知道什么会让乔伊搞不明白，然后再向他解释，还不让他出丑？

"伍兹老师，您能做到吗？"布里奇曼医生说。

伍兹老师还在想这种安排的可行性，然后缓缓说："让我确定一下我理解得对不对。如果有作业或项目让你弄不明白，你想让我提前让你知道。你是这个意思，对吗，乔伊？"

"是的。如果我不明白，您可以向我解释。别让别人看见。"

"我正在想我们什么时候做这些，乔伊。"伍兹老师说，"我觉得我需要更好地了解什么时候你会弄不明白你做的事。你有什么办法让我知道吗？"她再次看向布里奇曼医生，希望她的邀请没有问题。他微笑了一下，表示认可。

"我可以提前到校。"乔伊说。

伍兹老师再次考虑这样可不可行。"你可以早来，"伍兹老师说，"你妈妈能提早送你吗？"

"我不知道。"乔伊说，并看向布里奇曼医生，"但是她有时会提前送我哥哥去找阿姆斯特朗老师。"

"好，那我们就先假设她可以提早送你。"布里奇曼医生说，"我会问问她。"

布里奇曼医生看出伍兹老师脸上的担忧之情："我觉得伍兹老师还有些担忧，对吗？"

"嗯，还有一个问题。"她边说边看了看乔伊，"我有点担心如果我错过了时间会怎么样。要是有一项作业，我没意识到你搞不明白，所以没有在上学前向你解释呢？或者要是你没有提前来学校呢？会发生什么？"

"乔伊，有什么方法能让伍兹老师知道你没明白，并且不让你在其他孩子面前出丑？"布里奇曼医生问。

"不知道。"乔伊说。

伍兹老师和乔伊同时看向布里奇曼医生，寻求帮助。

布里奇曼医生噘着嘴："这个问题不简单。乔伊，你觉得让伍兹老师知道你是否不明白的最好方式是什么？"

"我们可以设置一个暗号。"

"什么暗号？"布里奇曼医生问。

"我可以挠挠鼻子，我在电视上看见过。"

"这是个有趣的主意。"布里奇曼医生说，"所以你如果想让伍兹老师知道你不明白，你就会挠挠鼻子？"

"对。"

"伍兹老师，你觉得这个办法行吗？"布里奇曼医生问。

"我觉得这个办法行。"伍兹老师说，"实际上，如果我看到乔伊没有完成功课，从那刻起我就会假设他没搞明白，但是挠挠鼻子这个办法也行。现在，还有一件事我没有彻底搞清楚。"

"什么事？"布里奇曼医生问。

"如果我知道乔伊没搞明白，但是他当时还不想让我解释，因为那样可能会让他在同学面前出丑，那么应该怎么做呢？"伍兹老师问。

Chapter 4 Let's Get It Started

"嗯，好问题。"布里奇曼医生说，"你怎么想，乔伊？"

"我不知道。"乔伊说。

"这差不多就是那天发生的事。"布里奇曼医生说，"我们得努力确保我们不再处于那种情况中，比如你可以提前到校，挠挠鼻子。但是如果事情再次发生，我们得需要一个方案告诉我们做什么。有什么想法吗？"

乔伊开始在椅子上扭动，伍兹老师看出来他开始不耐烦了。"我有个想法，"她说，"乔伊，看看你是否喜欢。如果你不喜欢，咱们再想其他办法。我们在你的笔记本上记录你肯定能完成的作业。如果你弄不懂我们在课上做的东西，你可以从笔记本里挑出一份你知道如何做的作业，先做那份作业，然后等有机会再说你弄不懂的作业。你觉得怎么样？"

"要是其他孩子发现我没有做正确的作业怎么办？"乔伊问。

"我会让他们知道你是在为我做一份特殊的作业。"伍兹老师说，"这样好不好？"

"我觉得可以。"乔伊说。

"嗯，我们想确定这个办法对你有效。乔伊，你觉得怎么样？"

"我们可以试试。"乔伊说。

"好的，那我们总结一下。"布里奇曼医生说，"乔伊，你在今天的会面中做得很好。谢谢你帮助我们一起想出了一个方案。"

"好的。"乔伊说。

"我来说说咱们的方案是什么。"布里奇曼医生说，"乔伊，你要提早到校，这样伍兹老师就可以跟你聊聊当天的作业，如果你不明白还可以向你解释。如果你上课时弄不懂作业,你可以给伍兹老师暗号,这样她就知道你没搞清楚。如果伍兹老师不方便向你解释作业,你就先做一下其他作业,她之后再向你解释。你们两位觉得行吗?"

乔伊和伍兹老师点了点头。

"如果我当时没做我弄不明白的作业,我的分数会不会比较低?"乔伊问。

"不会的,"伍兹老师说,"我知道你真的很努力在做作业。我们会找其他时间让你做的。"

乔伊突然注意到了时间:"其他孩子是不是马上就要来了?"

"是的,还有5分钟。"伍兹老师说,"你不想让他们看见咱们说话?"

"是的。"

"那你出去和别的孩子一起吧。"布里奇曼医生说。

乔伊离开后,布里奇曼医生与伍兹老师复盘刚才的谈话。"你觉得进行得如何?"布里奇曼医生问。

"我还在消化。"伍兹老师说,"这是他说话最多的一次。"

"方案B在这方面很有一套。"布里奇曼医生说,"你觉得我们想出的这些办法有用吗?"

"看看吧。"伍兹老师已经把注意力转向了她即将要到来的学生身上,"看看吧。"

第5章

如何克服过程中的阻碍

Chapter 5 Bumps in the Road

本书已经讲了许多需要你消化的东西，当然有关方案B还有很多内容要讲，但是你要准备好做第一份家庭作业了：为一位有行为问题的孩子完成他的ALSUP。然后运用问题解决方案来确定3个优先级较高的未解决问题，选择以上未解决问题之一作为方案B首次尝试的重点。下一步，就去做，去按方案B做。

方案B的首次尝试通常不顺利。你是第一次，孩子也是第一次。创造帮助关系，有效地使用方案B都需要时间、实践和毅力，所以一定要坚持。慢慢地，我们就会找到方案B的使用节奏。以防你遇到困难，下面列出了成功实施方案B的过程中可能会遇到的问题的常见模式。

你使用了方案A而非方案B

成人不使用方案B的最常见原因是他们忙于实施方案A，有时是因为他们一开始就没打算实施方案B。但是，更常见的是，成人因为在实施方案B的过程中遇到了阻碍（通常是因为他们不能确定说什么，特别是当他们开始明确孩子的担忧时），所以只能回去使用他们更熟悉的做法。如果在共情环节，你不确定说什么才能明确孩子的担忧，那么请参考深挖信息速查表（见第364页）。记住，反应式倾听是你默认使用的信息深挖技巧。还要记住孩子可能搞不懂自己的担忧（这可能是第一次有人想知道他的担忧是什么，所以他们可能无法轻易说出答案），在这种情况下，共情步骤是我们搞清楚答案的绝佳机会。

成人因更关注自己的担忧而非孩子的，所以可能在实施方案B的过程中转向实施方案A。更多地关注自己的担忧是人性使然。许多成人在童年和青少年时期都有过自己的担忧被无视或轻视的经历,在他们长大后依旧继续这个循环,但我们可以不这样的。当你使用方案B时,你要像明确和解决自己的担忧那样,明确并解决孩子的担忧。

敷衍完成共情步骤

敷衍完成共情步骤指尽快完成共情步骤,这会导致成人无法充分了解孩子的担忧或看法。因此,我们考虑的就是一种"低质量的担忧",而不是已充分明确的孩子的担忧。问题在于模糊的担忧会导致模糊的解决方案。如果不能明确孩子的担忧,最终的解决方案就不可能解决他的担忧。

不少孩子都很难在实施共情步骤时保持耐心,但是我们的目标并不是在很短的时间内完成交流(再次展现了利用前瞻性方案B而非应急性方案B的合理原因)。在极短时间内解决的问题通常都不能得到长久的解决。重要的是要记住我在上一章最后提到的关键理念:在你尽可能清楚地了解孩子的担忧或看法之前,共情步骤都不算完成。当你处在共情这一步时,你都要不断搜寻信息。

需要敷衍式共情的例子吗?请看下文。

成人(使用前瞻性方案B):塔尼娅,我注意到你对之后的户外休息并不兴奋啊。
塔尼娅:是的。
成人:发生了什么事?

Chapter 5　Bumps in the Road

塔尼娅：我只是不想出去。

成人（提前进入"确定成人的担忧"步骤）：好的，所以你不想参加户外休息活动。问题是，我不介意你偶尔不跟我在一起，但是我有时会在班里同学户外活动时做些事情，所以就没人照看你了。你明白吗？

塔尼娅：嗯。

成人（继续进入邀请步骤）：我想知道我们可以怎么做，来解决你不想出去，而我又不是总有时间照看你这个问题。你有什么想法吗？

你也许觉得这个例子并不是很糟糕。是的，这不是很糟糕，但是这位成人没有真正理解塔尼娅有关户外活动的担忧，所以她的担忧很可能没有真正得到解决。

当你开始邀请步骤时，你很清楚自己是否做好了确定和澄清担忧的工作。如果在邀请环节，你发现你自己不能足够详细地总结担忧，你应该做什么呢？退回去。退回到那些不够具体的担忧上，并进一步明确这些担忧。我们来看看具体的操作过程。

成人（使用前瞻性方案B）：塔尼娅，我注意到你对之后的户外休息并不兴奋啊。

塔尼娅：是的。

成人：发生了什么事？

塔尼娅：我只是不想出去。

成人（提前进入"确定成人的担忧"步骤）：好的，所以你不想参加户外休息活动。问题是，我不介意你偶尔不跟我在一起，但是我有时会在班里同学户外活动时做些事情，所以就没人照看你了。你明白吗？

塔尼娅：嗯。

成人（继续进入邀请步骤，然后回退）：我想知道我们可以怎么做，来处理你不想出去……等一下。我觉得我没有真正明白你为什么不想参加户外活动。你能帮帮我吗？你知道你为什么不想出去吗？

塔尼娅：嗯，就是有点。

成人：你能给我讲讲嘛。

塔尼娅：嗯，我不应该。

成人：嗯。听起来很重要，你为什么不应该呢？

塔尼娅：不能说。

成人：塔尼娅，是不是有人不让你说这些事？

塔尼娅点点头。

成人：是我们班上的孩子吗？

塔尼娅点点头。

成人：好的，我不需要知道是谁，但是如果你告诉我了，他们说会发生什么？

塔尼娅：他们会伤害我。

成人：所以如果你告诉我你不想参加户外活动的原因，你就会担心有人伤害你？

塔尼娅点点头。

看起来与敷衍式共情揭示的信息相比，休息时间发生了更多事情。慢慢来，还有没发现的重要担忧。

Chapter 5　Bumps in the Road

　　成人匆匆完成或不重视共情步骤这一倾向，会使得这些有问题行为的孩子陷入更大的恐慌中。因为孩子已经习惯自己的担忧被忽视，可能他们也并不会认真地思考自己的担忧，他们可能需要一些帮助才能明白自己的担忧是什么。这时，最好的策略就是有根据的猜测，我们也称之为"假设检验"。你的观察力和对过往有类似问题的案例的回忆在这个时候会发挥很大作用。另外，还存在与某一未达成的要求相关的一定数量的担忧或问题。比如，可能有6个左右的担忧或问题干扰你家庭作业的完成；同样数量的担忧或问题可能会让孩子难以完成圆圈时间；还有同样数量的担忧或问题可能阻碍孩子开始完成课上作业的能力。

　　此外，就像你前几段读到的，要记住你的有根据的猜测是尝试性的假设。你要确定你思考的是孩子的担忧，而不是你的预设。如果你的有根据的猜测是真的或非常接近事实，那么孩子会找到一种方式让你知道的。当然，如果你的猜测离谱，他们也会让你知道的。

成人（启动前瞻性方案B）： 我注意到有时在圆圈时间时你很难坐着。发生了什么事？

孩子： 我不知道。

成人： 你不知道？慢慢来，不着急，稍微想想。圆圈时间哪里让你感到困难？

孩子： 我不知道。

成人： 嗯，我可能有点想法，但是我想先听听你的。

孩子耸了耸肩。

成人： 嗯，我注意到圆圈时间开始时，你没有太大困难。但是你坐得越久，就觉得越艰难。你觉得这是问题吗？

孩子（如果幸运的话）：是的。

成人：所以，你很难在圆圈时间坐很久。还有什么让你觉得困难的吗？

孩子：我不知道。

成人：有时，看起来你很难谈论我们正在讨论的话题。你觉得这也是问题吗？

孩子：不是，我觉得我们小组讨论的事情很有趣。在我觉得很难继续坐下去的时候，我就开始谈论其他事情了。

成人（上文谈到的常规操作）：哦，我觉得我明白了。所以，如果我们能解决你坐下的时长问题，你就会觉得更容易继续小组讨论的话题？

孩子：对。

有的成人总是认为孩子的担忧并不准确，但是很有可能你对孩子担忧的假设才不准确。你可能会犯两个错误：

1.当这不是孩子的担忧时，你假设这是孩子的担忧。

2.当孩子准确表达担忧时，你假设这不是孩子的担忧。

我们更容易犯第一个错误。最差的情况就是你和孩子达成了一个可以解决孩子所述担忧（但是最终证明并不是主要或核心担忧）的解决方案，而这一解决方案并不能真正解决问题。当你回到方案B时，与原始担忧相比，这次反映出的问题可能更多，而且有可能出现其他担忧。

成人：艾琳娜，记得我们谈过和你的同学搭档很重要吧？

Chapter 5　Bumps in the Road

艾琳娜：记得。

成人：记得我们还列出了你可以搭档的同学名单吗？

艾琳娜：是的。

成人：我一直都让你和你说可以搭档的孩子配对，而我注意到有很多次你都没有完成你的任务。我想知道是不是还有其他原因导致你难以完成任务。你能想想吗？

错过的步骤

通常方案B会因为成人跳过了三步中的一步，而出现问题。最常错过的步骤是共情，如果跳过了共情这一步，你就不会和孩子谈话，就不会确定、明确他的担忧，也就不会达成针对问题的让双方满意的解决方案。说了好多不会！以下是错过共情步骤的情况，以下案例中我们换了一个孩子：

成人：艾赫迈德，我想跟你谈谈我们班最近的情况。

艾赫迈德：怎么了？

成人（跳过共情，直接进入确定问题的环节）：嗯，你花太长时间和安托万交朋友了，这打扰了其他孩子的学习，我可不想让你出去。

艾赫迈德（回答得就像被无视的其他孩子经常做的一样）：随便。如果你想，就让我出去。

成人（进入不认真的、敷衍的邀请步骤，而后放弃）：看，我只是想看看我们能否想出办法处理这个问题。但是，如果你不在乎，那在你改变态度之前，你就得在走廊里待会儿了。

一切发展得很快，这体现出如果你跳过了共情这一步，你就不是在真正地实施方案B。现在，让我们重头来，恢复共情这一步，然后再看看事情的进展。

成人（前瞻性方案B，共情）：艾赫迈德，我想跟你谈谈我们班最近的情况。

艾赫迈德：怎么了？

成人：说实话，我注意到你生物课上完成的作业不多。我只是想知道发生了什么。

艾赫迈德：我不会做。

成人：你不会做。你不会做什么？

艾赫迈德：我就是不会做。

成人：我听到了，但我还是不明白哪一部分你不会做。

艾赫迈德：我不记得神经系统的所有组成部分！

成人：你很难记住神经系统的所有组成部分。你能再说说吗？

艾赫迈德：那我努力还有什么用啊？我不会做。

成人：嗯，至少我们可以更清楚地了解什么阻碍了你。我只有一个问题，为什么你觉得快速记忆神经系统的组成部分会给你带来很大压力呢？

艾赫迈德：我妈妈说如果我下次有科目的成绩在C以下，她就让我禁足一个月。

Chapter 5　Bumps in the Road

　　既然我们更好地了解了艾赫迈德的担忧，我们就可以努力解决它了。

　　成人不常跳过"确定成人的担忧"这一步。但是，正如第4章提到的，这一步常因为成人摆在桌面上的是解决方案，不是担忧而出问题，其原因通常是他们不确定他们的担忧是什么。

罗德尼（大声说）：这考试糟糕透了！
成人（应急性方案B，共情）：哦。听起来像有人在考试中遇到了困难。发生了什么事，罗德尼？
罗德尼：我写作不行。
成人：嗯，明白了。很抱歉写作让你觉得困难了，尽力就好。

　　共情步骤进行得很快，但是"确定成人的担忧"还需要下些功夫。而且这个时机不是很好，特别是在问题可预测的情况下（这也是前瞻性方案B的目标）。让我们重头来，加上成人的担忧。

罗德尼（大声说）：这考试糟糕透了！
成人（应急性方案B，同情）：哦。听起来像有人在考试中遇到了困难。发生了什么事，罗德尼？
罗德尼：我写作不行。
成人：嗯，明白了。我知道写作对你来说有点难，但问题是我需要某种方式来确保你已经学会了这一材料。

现在有一种成人的担忧需要我们解决。我们是否有方法来确定即使在写作很难的情况下，罗德尼仍能学会这一材料呢？无疑是可以的。但是实际而又令双方都满意的解决办法，在成人不能明确自己的担忧时，是不可能被提出来的。对于不少成人而言，这一点是方案B最困难的部分。

当然，成人经常跳过的另一个步骤是邀请。常见的情况是，成人成功地完成共情和确定成人的担忧的步骤，却跳过邀请，偏离了正常轨道。还是拿我们的朋友罗德尼举例子。

罗德尼：这考试糟糕透了！

成人：哦。听起来像有人在考试中遇到了困难。发生了什么事，罗德尼？

罗德尼：我写作不行。

成人：嗯，明白了。我知道写作对你来说有点难。但问题是我需要某种方式来确保你已经学会了这一材料。所以努力加油，尽力而为。如果你努力，你肯定能成功的。

罗德尼：我说了我写不了这么长的作文。

在你转变方式之前，罗德尼是不会服软的。我们要再次重新开始吗？

罗德尼：这考试糟糕透了！

成人：哦。听起来像有人在考试中遇到了困难。发生了什么事，罗德尼？

罗德尼：我写作不行。

Chapter 5　Bumps in the Road

成人： 嗯，明白了。我知道写作对你来说有点难。但问题是我需要某种方式来确保你已经学会了这一材料。既然写作部分对你很难，我想知道是否有某种方式可以让我确定你学会了这篇材料。你有什么想法吗？

但是，你可能想知道，我们应该怎么处理罗德尼的不礼貌呢？你当时怎么对待他的不礼貌要靠你自己的判断。在上面的例子中，成人可能认为不礼貌并不是当时需要关注的最重要的问题，并且判断应采取的最佳做法就是解决考试的问题。当时解决不礼貌的问题可能会导致罗德尼崩溃，并引发严重的事件。至少，它很可能会导致他不再参与方案B。不礼貌（如打人、吐口水、踢人、咬人等）只是一种行为，一旦引起这类行为的问题得到解决，它就会逐渐消失。已经解决的问题不会导致问题情况的发生，而未解决的问题会。

你可能还想知道如果罗德尼不能提出任何解决方案，我们应该做什么。就像你读到的，解决问题不仅是罗德尼的责任，这需要团队的努力。他可能需要一些帮助，才能想出解决方案。这是你需要介入的地方。在下文的（目前是前瞻性）方案B对话中，罗德尼和老师又回到了写作问题。

成人： 我注意到你在写作部分遇到了困难。发生了什么事？
罗德尼： 写作太讨厌了。
成人： 写作的什么让你不喜欢呢？
罗德尼： 就是讨厌。对我太难了，太多了。
成人： 你知道嘛，我很抱歉你之前没跟我说过这个。我可能一直没时间坐下来跟你聊聊这个。我知道写作对你来说有点难，让我再了解一下吧。哪一部分特别难呢？哪一部分让你觉得特别多呢？

罗德尼：我不知道，比如，1—2个词的答案，这个没问题。但是如果让我回答更多的，我就感觉我像在写一本书似的。

成人：所以这个时候就会让你觉得要写的特别多？这就是你说的特别难的地方，对吗？

罗德尼：对。

成人：好，我来问你几个问题。是你很难想出要写什么，还是说写下来这些字很难，或者还有别的困难？

罗德尼：这两个困难都有。另外，我写得很慢，所以即使我能想出一些好词，在我真正写下来之前，我已经忘了我想写什么了。

成人：我明白了，确实挺难的。摩根老师给你的帮助有用吗？

罗德尼：他在帮我的时候挺有用的！但是他不帮的时候，就又不行了！

成人：好的。我觉得我明白你为什么对这个这么灰心丧气了，我很开心我们谈了这件事。现在的问题是……我需要某种方式来确保你明白了这一材料，我也想确保你在做写作练习，这样你就不会总觉得难了。所以，既然写作这部分对你很难，我想知道是不是有什么方法能让我确保你明白了这一材料。你有什么想法吗？

罗德尼：没有，这太难了。

成人：你不知道我们能做些什么吗？

罗德尼：我不知道。

看起来罗德尼在这个问题上没有任何想法。幸运的是，我们合作来

Chapter 5　Bumps in the Road

解决这一问题。

成人：嗯，我可能有些想法。

罗德尼：比如？

成人：对于部分作业来说，我可以让别人帮你写。这样我可以确定你明白这一材料，你也不用为写作难而这么丧气了。

罗德尼：我觉得可以。

成人：然后我们要确保你再也不需要别人帮你写了，我们可以选取一些作业让你在摩根老师的指导下练习写作。你觉得怎么样？

罗德尼：这可能有用。

成人：可能还有其他方式可以解决问题。你有什么想法吗？

罗德尼：没有。

成人：我们继续想。我知道你一直在和摩根老师学习打字，这个会不会让你写作没那么难？

罗德尼：其实没有，我打字也挺慢的。

成人：也许我们应该先让别人帮你写……暂时的。你觉得呢？

罗德尼：好的。

成人：如果效果不是很好，我们会再讨论，找出原因，并提出其他办法。

记住，你在问题解决部分的提议只是提议。如果你强硬地施加解决方案，罗德尼可能拒绝参加。他当然也就不愿意学习如何提出令双方都满意的解决方案。我们希望在重复看到问题产生的模式后，罗德尼可以掌握其中的诀窍。

解决方案的对决

你知道的，解决方案的对决指在方案B的头两个步骤中，我们习惯把两个解决方案，而非两个担忧摆在桌面上的趋势（澄清一下，在邀请这一步把多个解决方案放在桌面上是没有问题的，但是在这之前需要明确两类担忧）。就像第4章中提到的，如果两个解决方案（孩子的和你的）是在完成方案B头两步以后摆在桌面上的所有方案，那么你就会陷入一种对决的状态，双方都只会专注于确保自己的解决方案胜出。这不是方案B，也难以用双方都满意的方式持久解决问题。

调和两种担忧已经很难了，调和两种解决方案更加困难。人们可能会尝试折中的方案（比如，同意孩子学习拼读单词的时间是15分钟，作为10分钟［她希望的］和20分钟［你希望的］的折中方案）。事实上，折中方案只能解决比例很小的一部分问题。用实际和双方都满意的方式来解决两种担忧需要更多的思考。

不按顺序执行计划

如果不按顺序来实施各个步骤的话，方案B的进行不会顺利。如果你从"确定成人的担忧"这一步开始，孩子会觉得你在执行方案A（因为方案A的初始步骤就是这样）。如果你从"邀请"开始，那么因为你还没确定大家的担忧是什么，所以你不知道你要解决的问题是什么。方案B总是从"共情"开始,然后再"确定成人的担忧",最后再以"邀请"结束。

过度依赖应急性方案B

希望你现在坚信前瞻性方案B远远优于应急性方案B。前瞻性方案B的实施条件是经过预先设计的,所以你有时间准备。前瞻性方案B实施的场景更加平静、稳定,参与者更有可能分享信息,并进行理性讨论。而且前瞻性方案B不会发生在全班同学面前,所以参与者不会有处于关注中心,以及其他孩子的学习被打扰等额外压力。

这并不是说应急性方案B的使用是灾难,而是说你不要习惯于使用它。如果你每天解决同一问题的方法都是使用应急性方案B,那么你就是在过度使用。记住,我们的目标是找到持久的解决方案,使用前瞻性方案B显然更有助于这一目标的实现。

方案C是紧急情况下的又一选择。有时临时放弃要求(方案C)是有道理的,因为我们要确保其他孩子集中做手头的工作,之后(可能是2分钟后,也可能是2小时后),我们再回到问题上来。

罗德尼(大喊): 这考试糟糕透了!

成人(应急性方案B,共情): 哦。听起来像有人在考试中遇到了困难。你知道吗,罗德尼,我觉得这个可能对你来说有点难。我应该在把试题发下去之前跟你谈谈的。再坚持几分钟,我先让其他同学开始学习,然后我们再看看是什么让你觉得考试很难。怎么样?

罗德尼（如果幸运的话）： 好的。所以，我该做些什么？就在这儿坐着？
成人： 就一两分钟，我马上就来找你。

在部分紧急情况下，特别是涉及安全的情况下，方案A是一个选择。方案A在安全受到威胁，且除了强加成人意愿没有其他可行方案的情景下是有效的（比如，如果两个孩子已经打起来了）。但是对于许多紧急状态下的安全问题而言，你确实有方案B和方案C两个选择。当你认为平息孩子的情绪（放弃一开始让他情绪激动的要求）是可能的时候，方案C是比较有效的。甚至，不管你信不信，应急性方案B也是有效的。用之前在缅因州少管所工作的管教哈利·泰勒的话来说就是，"如果孩子还愿意说话，你的工作就可以进行"。

当然，如果我们能够很好地确定容易导致不安全行为的技能缺陷和未解决问题，如果我们能合作能交流，并对问题进行排序，如果我们能系统解决上述问题并记录事情的进展，如果我们能与有安全风险的孩子建立他们迫切需要的那种帮助关系，那么不安全行为发生的可能性也会大幅降低。

问答环节

问题1：

我对共情这一步骤仍有问题。我还是不确定说什么才能开始整个进程。比如，我有个孩子前两天因为拒绝离开教室参加消防演练而爆发了。我当时使用了方案A（但效果不好），但是我现在想用方案B防

Chapter 5 Bumps in the Road

止这种情况再次发生。那么,我应该说什么,才能使方案B完成这一目标呢?

答:

你的目标应该是收集信息,以更好地了解这孩子为什么会因为消防演练而不高兴,然后你才能帮他解决问题。所以,一般情况下,你可以说一些这样的话:"我注意到你在前几天的消防演练时遇到了困难,但是我还没明白原因。发生了什么事?"

问题2:

你在第2章中提到了部分最常见的未解决问题。它们听起来好像差不多啊?

答:

是的。以下是一些例子:

- "我注意到你和莱利近来在校车上相处有困难。发生了什么事?"
- "我注意到你和凯尔近来在食堂里相处有困难。发生了什么事?"
- "我注意到你和圣地亚哥近来在课间休息时相处得不好。发生了什么事?"
- "我注意到你做公民权利作业时遇到了困难。发生了什么事?"
- "我注意到你在过去的几周里到校有困难。发生了什么事?"

问题3:

可以把具体的行为作为方案B要解决的核心问题吗?比如,打人?如果这样,那么共情这一步应该是什么样子的?

答：

　　这样倒不会造成严重后果，但也不理想。最好还是把更多的注意力投入到观察并确定会导致问题行为的具体问题上来。如果你用"我注意到你总是打人……发生了什么事？"这样的表达开始方案B，那么你实际上是在寻求会导致打人的多个不同的未解决问题的相关信息，因此学生很可能回答"我不知道"。

问题4：

　　要是孩子没有完成他那部分的解决方案，该怎么办呢？

答：

　　这通常标志着这个解决方案既不实际，也没有你想象的那么令双方满意。另外，孩子并不是唯一会在完成自己同意的解决方案时遇到困难的人。无论是因为什么，你都要重头开始。为了让你觉得好受一些，实际上多数好的解决方案都是在推翻之前的方案后出现的。重要的是要想明白为什么初始的解决方案会行不通，并确保下一个解决方案考虑了你已经了解的所有内容。

问题5：

　　要是孩子说他不在乎你的担忧怎么办？

答：

　　那他要因为诚实获得10分。听起来他感觉到有许多担忧被忽视了，而现在只是在以这种方式回应。方案A会招致方案A式的回应，方案B则会引来方案B式的回应。对于不在乎你的担忧的孩子，我们要做的就是更加在乎他的担忧，而短期要做的就是接受他不在乎你的担忧这一事实，让他知道你已经开始非常努力地考虑他的担忧（希望他注意到这一

Chapter 5　Bumps in the Road

点），并指出你的目标是找到能够解决他的和你的担忧的解决方案，并强调一旦问题得到解决，就再也不会阻碍他了。

问题6：

成人的担忧难道不比孩子的担忧更重要吗？

答：

如果成人的担忧胜过孩子的担忧，那么你就不是在用方案B，而是在用方案A。即使成人的担忧真的非常重要，我们也没有理由无视孩子的担忧，或认为这两种担忧不能用方案B解决。

问题7：

难道成人的解决方案不比孩子的解决方法更好吗？

答：

如果你想持久地解决问题，我是说采用实际且令双方都满意的方式，那么确实不是。如果孩子不满意这个解决方案，或者这个解决方案不能解决他的担忧，那么这个问题就不能得到持久的解决，而且还会再次出现。

问题8：

在你的部分例子中，看起来问题只是被避免了，而不是被解决了。您能谈谈这一点吗？

答：

别把避免和排列优先顺序弄混了。在部分例子中，你只是选择不处理某些问题（方案C），因为你还有更重要的事情要处理。

问题9：

要是孩子提出的唯一解决方案是施加后果怎么办？

答：

听起来像是他受成人的影响，认为唯一的解决方案是施加后果。你需要帮助他拓宽他的选择范围。

问题10：

要是孩子不断重复他的初始解决方案怎么办？

答：

他很可能很难想到其他的解决方案，或者不习惯考虑他人的担忧。这就是你要介入的时候，你可以看看第6章的具体策略。

问题11：

要是孩子提出的解决方案不实际或不能让双方都满意怎么办？

答：

这一点在第6章也提到。但简言之，他需要在整个过程中得到一些反馈。例如，"嘿，我有个想法。唯一的问题在于我不知道我们假定你能一直坐在你的座位上是不是有点不现实，我们来看看我们是否能够想出一个你真正能做到的解决方案。"或者，"嗯，这也是一个办法。但唯一的问题在于，如果我让你随时可以在教室里走来走去，你的担忧可以解决（因为你很难很长时间都坐在座位上），但是我的担忧（我不希望你打扰同学们）就不能得到解决了。"

故事继续

伍兹老师向陆续来到教室的每位同学打招呼。

"早上好，山姆。"像往常一样，除了让同学们感到受欢迎，她还要

Chapter 5　Bumps in the Road

同时思考很多事情：当天的安排；让两位同学补上没完成的作业；处理两位同学不能合作完成任务的问题；还有一位同学经常缺课，需要给他妈妈打电话；9:15有消防演练。

"莉斯，你好。我喜欢你的新衬衫。"要记得华格纳老师10点来和莉斯合作完成写作作业，还有格雷迪老师今天会来观察埃迪。

"你好，威廉，你放下东西后，我需要问你个问题。""你好，雷蒙德。别忘了你今天10点45时要跟霍尔老师一起学习。我们需要确定如何给你你没有的数学材料。"还需要问问雷蒙德最近课间休息时，他和凯伦相处得如何。

"欢迎回来，乔伊。"希望乔伊还记得他们的方案，希望布里奇曼知道他正在进行的事情。

这一天的工作推进得很顺利，伍兹老师一直都在焦虑地关注着乔伊，警醒地看他是否发了信号。在伍兹老师担心的一个作业上，乔伊对材料的处理没有问题。而对于另一个作业，她看到乔伊在做他从书包里拿出的一些旧练习题。他在使用他们的方案！当她靠近时，乔伊看了看她，摸了摸鼻子。她微笑表示了解，乔伊继续低头写作业。

下午3点左右，米德尔顿老师探头进教室，确保一切进行顺利。伍兹老师向他竖起大拇指。放学时，伍兹老师抓紧结束，并将学生送上车，她没有注意到乔伊就站在她旁边。

"哦，乔伊，你好。"她说，"发生了什么事？"

乔伊努力让自己不那么显眼。"我今晚要把我没弄明白的作业带回家吗？"

"哦，乔伊，你及时跟我沟通，这点特别棒。"伍兹老师说，"但是我不想让你为没弄懂的作业担心。"

"也许我妈妈能帮我。"

"这样吧，你和妈妈先试试。如果你们还有困难，那么明天你早点到，我来给你讲。怎么样？"

"好的。"说完他立马就走了。

伍兹老师刚想离开教室，布里奇曼医生气喘吁吁地出现在门口。

"我本想早点到的，"他喘着气，"但我还是迟到了。今天怎么样？"

"没出什么事。"伍兹老师说，"孩子们今早来的时候，我还想有些作业乔伊可能会搞不明白，但有一项作业他做得很好，而对于其他作业，他用了我们的方案。"

"他用了我们的方案？"布里奇曼问，看起来十分惊喜、备受鼓舞，"进展很快啊，你要走了吗？"

伍兹老师一边关了教室的灯一边说："还在教学楼，但我要去开个会。你知道吗？他还在放学时来找我，问我今晚他是否要做弄不懂的作业。"

"哇，进行得很顺利啊。当然，我们还没有完全解决问题。"

伍兹老师微笑着沿着走廊往前走："您跟他妈妈说了早上早点送他来学校吗？"

"还没，我现在就给他妈妈打电话。我需要告诉你乔伊明天是否能早到校吗？"

"不用，如果他早到了，很好。如果没有，我需要做的就多了。您刚才说我们还没有完全解决问题？"

"嗯，他看起来在跟我们合作，这很好，而且我们也设定好了暗号，

Chapter 5　Bumps in the Road

并且他还使用了。"布里奇曼医生说,"但是我们还没有真正明白他为什么这么担心自己出丑,并且对于其他孩子得知自己难以完成某些任务这件事这么敏感。"

"我的班上有不少调皮的孩子,他们对别的同学很不好。"

布里奇曼医生想到了对于这一问题可能有效的一些办法,但决定先解决乔伊的问题,再解决整个班级的问题。"嗯,我们在乔伊的问题上,开了个好头。"

伍兹老师在会议室门口停下了脚步。"没有想象中那么难。今天某个时间我突然想到,我对乔伊在学习上做的事其实和我对班里其他孩子做的差不多。"

"许多老师觉得他们已经有很多事要忙了,要是我再给他们加一件事……"

"嗯,这就是问题所在。"伍兹老师说,"我知道我们还不清楚这样做是否一直有效,但如果有效的话,我们实际上是在减少我要做的事,而不是增加。"

洛威尔女士下班后回到家,发现乔伊正在餐桌边等她。

"我需要你帮助我做这个。"乔伊见到她的第一句话就是这个。

洛威尔女士把一大包东西放到厨房台子上。"当然可以啦。今天过得怎么样?"

"挺好的,但是我需要你帮我看一下我没弄明白的作业。伍兹老师说你可以帮我看看,如果你也不明白,你可以早点送我去学校,由她来帮助我。"

"什么时候需要我早点送你去学校?"洛威尔女士问。她想知道这是怎么回事,是不是另一种惩罚。

"布里奇曼医生说,当你送杰森早点去学校见阿姆斯特朗老师时,我也可以早点去学校找伍兹老师,这样她就可以向我解释我不明白的作业了。布里奇曼医生会给你打电话说这事的。"

"所以你今天在学校挺好的?"

"是的,我还用了我的暗号。"

"你的暗号?"

"是的,当我不明白我的作业时,我就会摸鼻子,这样伍兹老师就知道了。"他指了指桌上的纸,"这就是我不明白的作业。"

乔伊的母亲微笑着坐到桌边。"嗯,我觉得我才是那个有点不明白的人。听起来你们今天在学校想出了一些有趣的办法。"

"是的,我现在需要你帮助我完成这份作业。"

"好的,先稍等一下。"洛威尔女士说,"你说布里奇曼医生会给我打电话?"

"但我不知道什么时候。"乔伊说,"我需要伍兹老师在我不明白的时候给我讲解作业。你明天会送杰森提前到校吗?"

"会的,杰森每个周二和周四都会早到校。"洛威尔女士说,"如果愿意的话,你也可以一起。实际上,如果你愿意,我可以每天都提前送你。"

布里奇曼医生在下午5点左右给乔伊的母亲打了电话。

"你好,布里奇曼医生。"洛威尔女士说,"今天加班了,是吧?"

布里奇曼医生听起来很疲惫。"我还没完全做完,还要打几个电话。还有一些人跟我一起加班呢。"

Chapter 5　Bumps in the Road

"听起来今天一切顺利。"洛威尔女士说,"听说你们想出了一个暗号。"

"是的,这样乔伊就可以让伍兹老师知道他没明白这个作业。"布里奇曼肯定地说,"他跟您说了?"

"是的,说了。还说要早到校……我觉得这也是您打电话的原因。"

"听起来乔伊都已经跟您说了。我听说您有时会提前送您另外一个儿子找他的老师学习,您能不能也送乔伊一起来呢?"

"我对乔伊说了,如果他需要,我可以每天都提早送他到校。"

"啊,太好了。我觉得他不需要每天都早到,但是听到您这么说我很高兴。我还想让您再来趟学校,和伍兹老师与弗兰科老师见见面,聊聊怎么合作。"

"布里奇曼医生,为了帮助乔伊在学校表现好,我可以做很多事。您能给我讲讲暗号的事吗?这怎么能帮助他呢?"

"嗯,我们觉得如果乔伊可以让伍兹老师知道他没弄明白,我们可以一举多得。我们没人知道他什么时候会搞不明白,所以能提早了解到这一点是件好事。而他之前采取的方式效果并不是很好。另外,让他知道老师在和他一起解决这个问题对他也是件好事。"

"所以,您刚才说想让他们和我再见见面。"

"对,我想确保我们能让您与伍兹老师和弗兰科老师合作。我知道您还要上班,可能会不方便。"

"没事,我可以下班过去。我觉得我在学校的名声不大好,但是提前告诉我,我会去的。那我明天要早点送乔伊去学校吗?"

"嗯,那就太好了。"布里奇曼医生说。

"我，哦，也不愿意总让您保证什么，但是我另一个儿子杰森告诉我，有的孩子说乔伊不属于这所学校。大家是不是在说要把乔伊送到特殊教育班级里去？"

"我没有听到过。"布里奇曼医生说。

"那乔伊最后会去吗？"

"如果事情一直朝着正确的方向发展，就不会。"布里奇曼医生说，"根据我的经验，如果我们做正确的事，许多孩子，甚至比乔伊的问题还严重的孩子都有可能留在普通的班级。"

"还有孩子比乔伊的问题还严重？"

"嗯，有孩子生气时做的事更极端。"

伍兹老师的丈夫下班到家，发现他的妻子边做饭边听古典音乐。"美好的一天。"他小声自言自语。"亲爱的，好呀。"他说。

"好呀。"伍兹老师说。

"今天在学校过得不错？"伍兹先生问。

"嗯，还跟平常一样。我朋友乔伊回来了。"

"乔伊。哦，你是说那个打了米德尔顿的孩子？"

"他没有要打他，那是个意外。"

"哦，原来是个意外。"

"嗯，是个意外。"伍兹老师说，"不管怎样，我们学校新来的心理医生与我今早和乔伊聊了聊，我们找到了一个方案，让乔伊以后不再爆发了……至少今天，这个方案是有效的。"

"但总有明天啊。"

伍兹老师看了看丈夫。"谢谢你的乐观主义。"

Chapter 5　Bumps in the Road

"应该是现实主义吧。"伍兹先生说,"我是说,孩子不会因为一次谈话,就从打米德尔顿、威胁要杀了谁、让别人追半个学校的人,变成一个天使。"

"我没说他会被改造成天使啊,抱歉我提起这个事了。"

"不,不,不用说抱歉。如果你想的话,我可以乐观。"

"只是我今天有了些转变。"伍兹老师继续说。

"转变?"

"是的,有点转变。我感觉乔伊不是那么……不同寻常了,他就是个有些问题的普通孩子。他就像我班上的其他孩子一样,只是需要我的特别对待。但这种特别对待不是学习上的,而是其他方面的,那些我还不大明白的方面。"

伍兹先生仔细想了想妻子的话。"如果孩子需要,给他特别对待也不是坏事。就像我有个货物销量不好,我或许可以用某种方式让别人关注它,比如把它放到橱窗那里,或以特殊的方式陈列。并不是说货物本身不好,而是说它需要一点额外的帮助。就像是我之前努力卖掉的那些新手电筒一样,我刚把它们放到前面的柜台上,它们就变成抢手货了。这都是一回事。"

丈夫在努力了解她的工作,伍兹老师对此很欣赏。"是的,就是这样。"

"目前我不知道手电筒和有行为问题的孩子是不是一回事。"伍兹先生继续说,想得更加深入了,"一个是质量很好的货品,只是需要一点帮助;另一个是坏——"

"你最好适可而止哦。"伍兹老师微笑着打断他。

"所以你怎么知道是你们的谈话起了作用呢？"伍兹先生问，"没准是因为被停学5天呢，或许是孩子终于明白了你们要传达的信息呢。"

"乔伊之前就被停过学，很多次。停学没有对他产生任何影响，也没有避免他上周爆发。但是今天，第一次，我真的感觉到我和那可怜的孩子开始建立联系了。我觉得他也没那么可怕了。"

"我们要看看一旦他因为什么事又爆发了，你们的这种新关系会怎么发展。希望你们的这种新关系可以让你的下巴免受下次的袭击。"

"手电筒不需要建立联系，但是孩子需要。"

伍兹先生对这种说法感到些许不舒服。"我模模糊糊地记得当时养育咱们孩子的场景。如果我没记错，也要和他们建立联系。但是这并不是他们表现好的原因，他们表现好是因为他们知道如果他们表现不好，会受到什么惩罚。"

"哦，方案A。"伍兹老师说。

"什么？"

"方案A。就是当你让孩子按你说的做时，或如果做得不好惩罚他时，用的就是方案A。"

"随你怎么叫吧，但咱们的孩子表现得还不错呀。"

"咱们的孩子表现得很好，是因为他们有愿意花时间和他们交流、在他们遇到困难时帮助他们的两位父母。难道是因为咱们太幸运了，碰巧咱们的孩子比较好管？"

伍兹先生语气温和了下来。"我很高兴你今天过得不错，我希望你之后都能过得很好。我也希望你能拯救可怜的乔伊，让他在之后的学年里不会再给你惹麻烦。怎么样？"

Chapter 5　Bumps in the Road

伍兹老师笑了,"好多了。"

第二天,伍兹老师坐在办公桌前默默思考她当天的方案,这时,乔伊出现在门口,这是他第一次早早来见老师。"早上好,乔伊。你今天怎么样?"

"很好。"乔伊含糊地说。

"进来……"伍兹老师指了指办公桌旁边的椅子,"昨晚的科学作业做得怎么样?"

乔伊把作业放在伍兹老师的桌子上。"妈妈帮我了。"

"真棒。"伍兹老师看了看作业,"看起来很不错。告诉我,妈妈帮你做了哪部分?"

"她给我解释了作业。她告诉我这就像别的时候您给我们留的家庭作业一样,但是又不完全一样。"

"是的,我记得我们曾经做过类似的科学作业。这样会让你觉得简单些吗?"

"是的。"乔伊说,"妈妈给我解释了以后,我就感觉有一些不一样了。"

很简单的事情会让乔伊觉得很难,这一点让伍兹老师不大明白。"你知道,乔伊,我们在课上做的多数作业都和我们之前做的差不多,但是它们又有些许不同。你知道,这样会让事情变得有趣一点。"

乔伊想了一会儿。"对我来说不是这样。"

"是的,对于你,我觉得作业有些区别是会让你有些糊涂,对吧?"

"是的。"

"所以,我在想……今天我们有3份作业可能会让你有点不大明白。

它们和我们之前做过的有些类似，但又不完全相同。"伍兹老师拿出一份她认为会让乔伊搞不懂的作业。"这里是一份历史练习题。它和我们几周前做过的有关奴隶的作业类似，但是又不完全相同。你想看看吗？"

"好。"

乔伊仔细研究着这份作业。

"你记得几周前我们做过的有关奴隶的练习题吗？"伍兹老师问。

"不记得。"

"我们看看你的历史课文件夹，找一找那份作业。"伍兹老师建议说。她取出乔伊的历史课文件夹，开始翻找。"啊，在这儿。你做得很不错呢。"她将那份已经完成的作业拿给乔伊看。

"哦，是的。那次作业很简单。"

伍兹老师转回到要布置的作业上。"嗯，我们今天做的社会研究作业与那份作业类似，但是连线部分有些不一样。我觉得这可能会让你不大明白。"

乔伊看了看新作业。

"你要试着做做吗？"伍兹老师问。

"好。"

伍兹老师看着乔伊做其中的几道题。几分钟后，他抬起头说："这很简单。"

"真棒。"伍兹老师说，"要看看我觉得会让你不大明白的其他作业吗？"

"好的。"

伍兹老师和乔伊一起看了其他作业，与过去做过的一些作业进行了

Chapter 5　Bumps in the Road

对比，并探讨了其中的区别。

"我觉得今天的作业对你来说应该没什么问题了，"伍兹老师说，"当然，如果你还有的话，就给我个暗号，或者使用我们的方案，就像你昨天做的一样。"

"好的。"

"那么，你想不想在同学们进来之前，和他们一起入校呢？"

"好的。"乔伊说着向门口走去，这时，他突然停下，像突然想起了什么似的说，"啊，伍兹老师？"

"怎么了，乔伊？"

"我……我觉得……我们制定的方案不错。"

"我也这么想。"

"伍兹老师？"

"怎么了，乔伊？"

"我会被送到特殊教育班级里吗？"

"特殊教育？哪个特殊教育班级？"

"我不知道。我听我妈妈昨天打电话时说的，她不知道我在听。"

"嗯，我不确定她说的是哪种特殊教育班级。"伍兹老师说，"但是，无论她说的是什么，我都不会让你这么快走的。你是我们班里非常重要的一员。"

伍兹老师感到她在乔伊的脸上看到了一丝焦虑的神情，然后他转身朝门外走去。她在他背后叫道："一会见。"

当天下午，阿姆斯特朗老师班里的两位学生在课间休息时争吵了起来。学生们回到教室时，她们的争吵还没有结束。

"发生了什么事？！"阿姆斯特朗老师厉声问道，他发现争吵马上就要升级为肢体冲突了。

"她骂我！"一位名叫艾诗立的女生喊道，"她该庆幸我没有——"

"你该骂！"另一个名叫克里斯塔尔的女生反击说，"你尽管试试。我会立马杀了你！"

阿姆斯特朗老师挡在两个女孩中间。"你们两个，到走廊上去！马上去！其他人坐下学习！"

在走廊上，阿姆斯特朗老师看着克里斯塔尔。"你刚才是不是骂了她？"

"没错。"克里斯塔尔说。

"克里斯塔尔，你最好冷静下来，因为你知道我不能接受骂人这种行为。"阿姆斯特朗老师说，"你要向艾诗立道歉，然后向我道歉。"

克里斯塔尔非常愤怒地说："你都不知道发生了什么。"

"我现在不管发生了什么，克里斯塔尔。"阿姆斯特朗老师说，"肮脏的骂人词汇是不可接受的。道歉，马上，向我们两个道歉。"

"胡扯。"克里斯塔尔小声嘟囔。

阿姆斯特朗老师已经听够了。"艾诗立，回到教室去。克里斯塔尔，我们去找米德尔顿老师。"

他们到办公室时，阿姆斯特朗老师指着一把椅子对克里斯塔尔命令道："坐下！"他看向秘书韦斯特·布鲁克老师："米德尔顿老师在哪儿？"

"在打电话。"韦斯特布鲁克老师说，"我要告诉他你们两位来了吗？"

"我需要回到我的班里。"阿姆斯特朗老师说，"请让米德尔顿老师知道克里斯塔尔今天又犯老毛病了。需要提醒她打人、骂人和忘记怎

Chapter 5　Bumps in the Road

对老师说话时会发生什么。"

"会提醒她的。"韦斯特布鲁克老师小心地看了一眼克里斯塔尔。

几分钟后,米德尔顿老师走进办公室。"克里斯塔尔,发生了什么?"

克里斯塔尔愤怒地说:"我没什么说的。你想知道发生了什么,你最好问问阿姆斯特朗老师。"

"克里斯塔尔,行了,我今天没时间做侦探。到我办公室来,告诉我发生了什么。"

克里斯塔尔跟着米德尔顿老师来到他的办公室。"我不应该骂艾诗立,但是阿姆斯特朗老师甚至都不听我说。他就只会让我道歉。"

米德尔顿老师叹了口气说:"克里斯塔尔,这些年你因为打架和骂人被停课、留堂多少次了?"

克里斯塔尔再次激动了起来,"我以为你应该会记录这些事情。"

"克里斯塔尔,我知道的就是你已经犯了很多次了,这次又是。你什么时候能歇歇啊?"

"在你停我学后,我就可以在家歇歇了。"

"克里斯塔尔,我不想停你的学,但是你也没给我别的选择。你祖母能来接你吗?"

"不能,她睡觉呢,刚下夜班。"

"那你哥哥能来接你吗?"

"我已经好几周没见到我哥哥了。"

米德尔顿老师又叹了口气,"那你停学在家时,会做什么?"

克里斯塔尔得意地笑了笑:"闲逛啊。"

米德尔顿老师想这样就没意义了。"克里斯塔尔,我不会让你在校外停学,我会让你在校内停学两天。你现在就去。我会告诉斯特里克兰老师你过去了。"

"我不想在校内停学。如果您要停我的学,至少让我离开这个地方。"

米德尔顿老师摇了摇头说:"那样有什么用呢?让你在家里坐着,还是让你像你说的那样'闲逛'?你还是在学校待着吧。"

克里斯塔尔站了起来。"随便。"

接下来的两周,乔伊在伍兹老师的课堂上表现得很好。他有时会提早到校,然后和伍兹老师一起学习那些与之前他做过的类似但又不完全相同的新作业。有一次,乔伊没搞明白他们早上没说过的一份作业,但是暗号再次生效。的确,在迷茫了几分钟后,乔伊发现了这份作业与他几周前做过的一份作业有些许区别,然后就开始完成作业了。

方案进行了两周,一天早上,伍兹老师起床时感到不舒服。她让她的丈夫给学校打电话,安排人代课,然后就继续睡觉了。代课老师是一位精力充沛的年轻男老师,名叫欧文斯。他已经在这所学校代过几次课了,但还从没在伍兹老师的课堂代过课。米德尔顿老师想过让欧文斯老师了解伍兹老师课上的孩子,但是他因为两位学生在校车上发生的问题而分心了,没来得及在上课前找到欧文斯老师。而弗兰科老师刚刚参加了早会,不知道她朋友伍兹老师打电话请假了,直到她探头进教室,发现欧文斯老师正在向全班同学介绍自己。

欧文斯老师尽力按照伍兹老师当天的教学计划授课。大概九十点钟的时候,他注意到一位同学做的与其他同学不同。那就是乔伊,他正

Chapter 5 Bumps in the Road

在按方案从书包里拿出其他作业来做。但欧文斯老师对这个方案一无所知。

欧文斯老师走到乔伊的课桌前对他说:"这份作业不是你现在应该做的啊。"

乔伊抬起头,感到很丢脸。这个意外事件偏离了方案,让他不知道该如何回答。他的脸变得通红,继续去做他从书包里拿出的作业。

"嗯,你好,这不是你现在应该做的。"欧文斯老师又说了一遍。

乔伊的同桌莉斯想努力避免一场即将到来的灾难。"如果我是你,我不会这么做。"她说。欧文斯老师诧异地注意到其他孩子开始关注他,而不是他们的学习。乔伊看了看四周,也看到了这些同学,他感到更加丢脸了。

"谢谢。"欧文斯老师笑了笑,"但是他应该跟大家做的一样……"

欧文斯老师的坚持把乔伊逼到了极限。但是这次,他没有从座位上跳起来,也没有尖叫。他没有威胁要杀任何人,他只是站起来,快速走向教室门口。

"嘿,你要去哪?!"欧文斯老师喊道。但是乔伊没有回答,他走出了教室。

艾迪想要帮忙,喊道:"你最好跟上他!他会跑出学校的!"

欧文斯老师不知道要不要跟着乔伊,把全班同学丢在一边。他决定还是先处理更危急的——开始向教室门口跑去。

弗兰科老师看到乔伊跑过她的教室门口。"哦,不!"她低声说。她冲到走廊上,差点撞到欧文斯老师。她接着快步沿着走廊去追乔伊,后面跟着欧文斯老师。

弗兰科老师很想喊："乔伊，现在马上回班上去！"但是，她忍住了。而是在她转过一个拐角时，努力模仿布里奇曼喊道："乔伊，发生了什么事？"

乔伊立刻停下了。他转过身，看着弗兰科老师和欧文斯老师。

"他……他……"乔伊指着欧文斯老师，语无伦次地说。

可能因为直觉，或只是因为运气，抑或因为她实在想不到要说什么了，弗兰科老师努力与乔伊共情。"他不知道那个方案！"

乔伊看起来好像要哭了。"他不知道方案。"乔伊嘟囔着。

欧文斯向前一步，想趁机抓住乔伊。弗兰科知道这种行为可能导致的后果，愤怒地低声说："别碰他！"

"你认识他？"欧文斯老师问道。

"你回班吧，我来处理乔伊的事。"弗兰科老师一直看着乔伊说，"然后到我的班上告诉他们等我回去的时候，他们最好保持安静。"

欧文斯老师走了以后，弗兰科老师慢慢走向乔伊，他正靠在储物柜上。"乔伊？"

"别管我。"

"乔伊，欧文斯老师不知道那个方案，对不对？"

"他是个白痴。"

"我不知道他是不是白痴，但是——"

没有任何预兆的，乔伊突然转身，用尽全力一拳打在了柜子上。弗兰科老师惊呆了，她突然对布里奇曼医生说的方案B或其他事情不确定了。她不知道乔伊接下来会做什么。"乔伊，别这样砸柜子。我不想你伤到自己。"

Chapter 5　Bumps in the Road

"不疼。"乔伊撒谎了。

阿姆斯特朗老师把头探出教室问:"没事吧?"

"我们没事。"

阿姆斯特朗老师严厉地看了看乔伊,然后看向弗兰科老师。"如果需要帮助,请告诉我。"

弗兰科老师再次看向乔伊。"我很抱歉欧文斯老师不知道那个方案。伍兹老师今天一定是病了,可能没机会告诉他。但是我觉得你没跑出学校,做得很好。"

乔伊沉默了。

弗兰科老师努力思考接下来要说什么。她努力不去想她走之后教室里的混乱场景。"共情,共情,"她想,"怎么做才是共情?""我猜你现在还不想回到班上。"乔伊没有回答。

"现在做什么?"弗兰科老师的脑子在高速运转。"乔伊,你的手在流血,一定很疼吧。能让我帮你处理一下吗?"

乔伊突然感到了手上的疼痛。"去哪里?"他警惕地看向四周,"我不想让别人看到我和你走在一起。"

"这会很丢脸。"弗兰科老师在共情,"你去医务室怎么样?如果有人看到你,你可以对他们说你感觉不舒服。没人会知道发生了什么。我回去看看我班上的学生,然后跟你在医务室见面。你觉得行吗?"

乔伊想了想这个提议。"我的手真的很疼。"

"我能想象到。你刚才用的力气太大了。"

"我是不是惹麻烦了?"

"柜子看起来跟你打它之前没什么区别。"

"我要去医务室,但你别跟我一起走。"

"没问题。"弗兰科老师等乔伊走了之后,才开始在他后面跟着走。她在去医务室的路上进了自己的班,学生们很安静。"孩子们,谢谢你们在我不在的时候还继续学习。我还要出去几分钟,马上就回来。"然后她探头看伍兹老师的教室,班上有点乱,欧文斯老师看起来有些疲惫。她盯着学生们说:"如果我今天还要过来维持纪律的话,你们会后悔的,我是说非常后悔。你们在欧文斯老师面前要表现得非常好,否则你们要向我解释你们的行为。欧文斯老师,过几分钟您能看看我的班吗?"

"当然可以。"欧文斯老师说。

"乔伊怎么了?"莉斯问道。

"乔伊很好。"弗兰科老师说。

"他又被停学了吗?"泰勒问。

"我不觉得他会被再次停学,"弗兰科老师说,"现在继续学习吧。"

在去医务室之前,弗兰科老师敲了敲米德尔顿老师的门。他把门打开一个缝,她看到里面正在开会。她透过门缝悄声说:"乔伊有点生那个代课老师的气。"米德尔顿老师的脸上明显浮现出了担忧的神情。"但是他没事,只是打了一下储物柜。如果您想来看看,我们会在医务室。我的课堂上现在没有成人在。"

"我马上出去。"他边说边关上门。

在医务室,乔伊沮丧地坐在床上,握着自己的手,但是护士却不在。"你的手一定很疼。"弗兰科老师说。

"真的很疼。"

Chapter 5　Bumps in the Road

"我们应该带你去看医生。"

"我妈妈会疯掉的。"

"刚刚发生了什么事?"

"他不听我说话,他让我在所有人面前出丑。我只是按方案做,但是他还抓着我不放,所以我只能离开了。"

"伍兹老师告诉我你们已经想出了一个方案。"

"你确定我没有惹麻烦吗?"

"哦,乔伊,我不能决定是谁惹了麻烦。但是我觉得你比上次表现得好多了。"

"你这么觉得?"

"是的。"

当米德尔顿老师来到医务室时,乔伊身体立马僵硬了起来。

弗兰科老师看着米德尔顿老师。"我正在告诉乔伊,我觉得他刚才处理得比上次好多了。"她说。

"发生了什么?"他问。

"嗯,乔伊当时正在使用他和伍兹老师想出来的方案,但是欧文斯老师不知道他们的方案,所以他就坚持要求乔伊和班里其他同学做相同的作业,这让他觉得有点丢脸。所以乔伊就离开教室了,他很生气。但是他和我聊了一会儿,我们现在正在谈怎么处理他受伤的手。"

"我刚让韦斯特布鲁克老师去帮你看着班里了。"米德尔顿老师说,同时努力理解刚听到的信息,"乔伊,你的手怎么了?"

"乔伊刚才在储物柜那里弄伤的。"弗兰科老师赶紧插话。

米德尔顿老师感觉事情没有那么简单,但是决定不再追问。"你走出教室了，乔伊？"

"是的，老师。"乔伊小声说。

"让我看看你的手。"米德尔顿老师说。他的手划伤了，已经肿了。米德尔顿老师皱了皱眉。"我们应该让人帮你处理一下，看起来你撞到了一个非常愤怒的储物柜。"

"是的，老师。"乔伊说，紧张地看着弗兰科老师。

"乔伊，我建议我们给你妈妈打电话，然后让她带你去看医生，处理你的手，"米德尔顿老师说，"如果伍兹老师回来了，周一早晨，我想和你、布里奇曼医生还有伍兹老师在上课前坐下来聊聊。"米德尔顿老师又看向弗兰科老师，"弗兰科老师，我们可以谈谈这件事。"

"好的，老师。我又被停学了吗？"

"走出教室通常不是我们让学生停学的理由。只有你和弗兰科老师知道你和储物柜到底是怎么回事。但是如果弗兰科老师认为这次你处理得比上次好，那么我目前相信她说的话。所以，我要再和弗兰科老师还有欧文斯老师聊聊，然后咱们周一早晨再见面处理这件事。"

乔伊的母亲焦急地来到学校，她发现乔伊和秘书韦斯特布鲁克老师在医务室等她。

"发生了什么？"她问乔伊。

"没什么。"乔伊小声嘟囔。

"看起来不像啊。你打人了吗？"

"打东西了。"韦斯特布鲁克老师明确地说。

"还好。你打了什么，乔伊？"洛威尔女士问。

"储物柜。"乔伊一边起身离开医务室一边小声说。

Chapter 5　Bumps in the Road

"储物柜。"洛威尔女士重复了一遍,"打着玩,还是你又因为什么事情生气了?"

乔伊离开医务室,向车走去。"我不想说这个。"

"好啊,乔伊。我翘班来接你看医生,就因为你砸了储物柜,然后你还不愿意说这事。"

乔伊转身面对他的母亲并说:"我是不想和你说这个。你就会吼我,我压力很大啊。"

洛威尔女士努力控制着自己不去喊叫。"我就会吼你?乔伊,我特别希望这不是压死——"她没再说下去,"那你要和谁说呢?"

"伍兹老师。她会明白的。"

虽然想到乔伊更相信别人这一点让自己有点伤心,但洛威尔女士很快看到了好的一面。"好呀,乔伊,那你去跟伍兹老师聊聊。你砸柜子的时候,伍兹老师在吗?"

乔伊边上车边说:"她今天生病请假了。"

洛威尔女士开始了解学校发生了什么。"那你为什么要砸柜子?"

"因为白痴老师不知道我们的方案。"

"谁是白痴老师?"

"那个代课老师。"

"你砸柜子的时候,谁在那儿?"

"弗兰科老师。她说我比上次处理得好多了。"

"她这么说的,是吗?"她看着乔伊肿胀的血淋淋的手,"你的手一定很疼。"

"非常疼。"乔伊带着哭腔说。

第6章

如何教会学生必要的思维技能

Chapter 6　The Icing on the Cake

在之前的几章中，我们着重探讨了如何协作并主动解决问题。已经解决的问题不会再次引发问题行为。在上一章，我鼓励你们开始实施方案B。初次使用方案B可能会很顺利，也有可能进展不顺利，但是你已经找到了原因，并准备再次尝试。或者你觉得这是个不折不扣的灾难。当然，你有权有自己的感觉。但是尝试使用方案B不像预想的那么顺利，并不能算作是灾难。我们要花点时间才能对使用方案B有信心。我们也要花点时间建立帮助关系，来抵消孩子被误解、被错误解读、被错误对待的那些年带来的影响。你要努力系统性地解决长期导致孩子问题行为的未解决问题，而不是一直不停地救火。坚持住，所有的变化都需要一个过程。至少，你要确保你第一次尝试方案B时，不要打消孩子接受你下次尝试的意愿。

这个时候，你可能想知道与ALSUP上确定的技能缺陷有关的内容。该怎样教会孩子们这些技能呢？

至少对于多数技能，答案都是：使用方案B。

当你们在协作主动解决问题时，你同时也在教授技能。记住，未解决问题是与某一技能缺陷相关的，孩子很难达到要求的实际表现。如果你在解决未解决问题，那么你也在（间接地）处理导致未解决问题的技能缺陷。

为了着重探讨这一点，我们最好再讨论一下之前强调过的部分技能和第2章中写到的孩子。我们先从难于处理过渡期（这是技能缺陷），尤其难于从自由选择时间转到数学课（这是未解决问题）的4年级学生凯尔文开始。你可能还记得他还是个非黑即白的思考者，他难于考虑其他人的观点，很难放弃自己原有的想法或方案（更多的技能缺陷）。在下文的对话中，我们来看看聚焦于某一未解决问题（从自由选择时间转到数学课）是否能够帮助我们（间接地）教会凯尔文缺乏的部分技能。

教师（使用前瞻性方案B）：凯尔文，我注意到当开始上数学课时，有时你很难停止做游戏。你注意到这点了吗？

凯尔文：嗯。

教师：所以，发生什么事了？为什么这么困难呢？

凯尔文：您总在我们知道谁获胜之前就让我们结束游戏。

教师（不太明白凯尔文的担忧）：我总是在你们知道谁获胜之前让你们结束游戏。是的，有时我确实在你知道谁获胜之前就让你结束游戏。但我还是不明白为什么这对你来说这么困难。

凯尔文：如果你不知道谁获胜，怎么能结束游戏呢？

教师（还是不大理解）：所以你需要知道谁赢了游戏，才能结束游戏？

凯尔文：是的。芝加哥白袜队在知道谁赢之前是不会停止比赛的。芝加哥熊队在知道谁赢之前也不会停止的。在你知道谁获胜之前，游戏是不能结束的。

教师：所以你坚信在你知道谁获胜之前你不能停止游戏。还有什么会让你觉得难于从自由选择时间转到数学课吗？

凯尔文[1]：没有，就是因为这个。

教师[2]：好的。我想我明白了。问题是，你是我们班上非常重要的一员。如果你在其他同学上数学课的时候玩游戏，你就不能和班上其他同学保

---

① 原文为"教师"，根据上下文判断，应为笔误，应该是"凯尔文"。——译者注
② 原文为"成人"，根据上下文判断，应保持用词一致性，应该是"教师"。——译者注

201

Chapter 6　The Icing on the Cake

持一致，我们也就听不到你的好想法了。另外，我想确保你能学到数学知识。你知道我的意思吧？

凯尔文：知道。

教师：所以我想知道我们是否有方法知道谁赢了游戏，还同时让你跟大家一起学习数学。你有什么想法吗？

凯尔文：没有。

教师：不急。我可能有些想法，但我还是想听你先说。

凯尔文（坚持他之前的方案）：我可以一直玩，然后等游戏结束了再去上数学课。

教师：这也是个办法。但问题是，如果你这么做，你就不能和大家一起了，你也就学习不了数学知识了。

凯尔文：是的。

教师：还有其他想法吗？

凯尔文：我们可以先保存游戏，然后我去上数学课，之后再玩游戏，看看谁获胜了。

教师：你是说，我们可以保存游戏，你之后再来看谁赢了？

凯尔文：是的，但是你要把它放高点，别让别人碰到它。

教师：放高点，像是放在柜子上？

凯尔文：是的，以防游戏被破坏了。

教师：我可以做到。凯尔文，我觉得这个方法可能有用。我是说，这样你就能知道谁赢了游戏，还能和班里其他同学一起上数学课。

凯尔文：是的。

教师：我们试试。如果因为某种原因它不能像预想的那样奏效，那么我们可以再聊聊，想想其他的办法。好不好？

凯尔文：好。

通过协作主动解决问题，我们会有很多收获。第一个收获，凯尔文的老师减少了他面对某一问题时出现问题行为的可能性，因为这一问题现在已经解决了。还有第二个收获（这属于锦上添花），她可以帮助凯尔文积累一些完成过渡的解决方案。那么这意味着凯尔文现在非常善于完成过渡了吗？并不是，我们只是解决了涉及这一技能缺陷的一个问题，仅是稍稍拓展了他的解决方案。我们能帮助他更擅长运用这一技能吗？可以，我们可以解决与完成过渡相关的其他问题，并进一步拓宽他可选的解决方案。方案B也能帮助凯尔文考虑他人的观点，并放弃他原有的想法或方案吗？显然可以。

当然，用ALSUP作为指导，凯尔文的老师已经主动发现了在一天中导致凯尔文出现问题的多个过渡情况，并在之后的方案B的讨论中，协作找到了问题的解决方案。最终，老师发现凯尔文在他们没有谈过的过渡中，也很少遇到困难了。

他会开始把新的解决方案用于他遇到的其他过渡吗？这是我们所希望的。要是没有用怎么办呢？我们会为凯尔文提供其他帮助，比如向他指出我们已经解决的问题的办法也可以用于类似但不完全相同的其他问题。

方案B能帮助凯尔文培养其他技能吗？当然，我们还有更多的额外收获。不管针对的未解决问题是什么，孩子们每次参与方案B，都可以学习并实践多种技能。这些技能包括：找到、表达并明确担忧；考虑他

Chapter 6　The Icing on the Cake

们没有完全了解的情况因素；管理他们面对挫折的情绪；了解并考虑他人的观点；想出并考虑替代解决方案；考虑可能的解决方案是否实际并让双方满意；理解他们的行为对他人的影响。虽然难于理解自己行为对他人影响的许多孩子在整个过程中都会不断收到反馈（比如，"罗德尼，女生不觉得这样很好笑""路易斯，你的声音影响到你周围的人了""秋子，如果你不举手就大声说话，那么这对于其他正在举手的孩子很不公平"），但他们通常不会获得任何系统性帮助，来让他们更好地运用这一技能。幸运的是，"确定成人的担忧"这一步一般会关注未解决问题如何影响其他人。为了让问题得以解决，他人受到影响的方式也必须纳入考虑范围内。当你使用方案B时，孩子不仅是反馈的接受方，他实际上也在解决这个问题。他在真正地思考这个问题。

　　虽然还有很多其他技能，但我们还要再思考一项学生每次参与方案B时都会得到训练的技能：管理自己对挫折的情绪反应。记住，虽然为孩子想一个情绪激动时应该如何做的方案很好（避免很容易预测的问题再次出现），但孩子会控制自己的情绪，并能主动解决这一问题显然更好。方案B是周全、系统性的前瞻性问题解决方案，它让孩子参与整个过程，以确保他的担忧被发现、明确、证实和解决。当问题通过使用方案B得到解决时，不用成人的帮助，孩子最终也可以在遇到挫折时表现得不那么激动，同时以更理性的方式处理这些挫折。

通过协作的方式进行直接的技能培训

方案B间接教会了孩子们许多技能，这是好事。虽然以直接的方式教会孩子们技能不是一件易事，但依旧存在一些技能（尤其是社交技能、语言处理和沟通技能）可以被直接教授给孩子们。我很欣赏米歇尔·加西亚－温纳和她用于教授这些技能的社交思维模式。但是，我现在只能浅谈如何直接教授这些技能，比较局限。所以，如果你想知道更多细节，你可以进一步学习米歇尔的模式。

不幸的是，成人一般用单边的方式来处理技能缺陷，比如决定需要教授哪些技能以及如何完成任务。但是当你可以与孩子协作时，为什么还要单方面教授这些技能呢？

下文是直接技能培训的具体过程：

成人： 桑恩，我注意到你在课间休息时和其他孩子玩不到一起去啊。你注意到了吗？

桑恩： 是的。

成人： 我们能聊聊吗？因为我能看出来你真的很想和其他孩子玩，只是有点不大顺利。

桑恩： 好的。

成人： 你想玩什么游戏？

桑恩： 四区投球游戏……捉人游戏……

成人： 那你觉得是什么让你难以加入呢？

桑恩： 我不知道，我觉得他们不想和我玩。

Chapter 6　The Icing on the Cake

成人：哦，所以你不确定他们愿不愿意和你玩。你怎么才能让他们知道你想加入呢？

桑恩：我不知道。

成人：嗯，我昨天在课间休息时看了看你们，注意到了一些事情。你想知道我发现了什么吗？

桑恩：想。

成人：嗯，当其他孩子在玩捉人游戏时，你却开始抓朱莉安娜的头发。

桑恩：哦，她喜欢这样！

成人：你怎么知道？

桑恩：我这么做的时候她大笑。再说，这样也不疼啊。

成人：嗯，桑恩，你可能会觉得惊讶，但有的女生向我抱怨你揪她们的头发。

桑恩：真的？那她们为什么大笑呢？

成人：有时人们笑是因为觉得好笑，但有时是因为某些事情让他们不舒服。因为她们向我抱怨了，所以我觉得她们大笑是因为她们觉得不舒服。

桑恩：哦，好的。

成人：桑恩，你抓那些女生的头发是因为你也想玩捉人游戏吗？

桑恩：嗯，有点想。但是她们不想和我玩。

成人：我明白了。你怎么知道的？

桑恩：她们有时会这么说。但不只是女生，很多男生也这么说。

成人：好吧，我觉得我或许可以帮助你。好不好？

桑恩：我觉得好。

成人：我担心你有时做的事情会让其他孩子注意到，这样他们就更不可能想跟你玩了。你明白我的意思吗？

桑恩：不太明白。

成人：你抓女生的头发是因为你想加入她们的捉人游戏。但你越抓她们的头发，她们就越不想和你玩。因为你抓了头发就跑的行为让她们很烦。你明白我说的吗？

桑恩：明白。

成人：所以我想是不是有方法让我们可以帮助你加入其他孩子们玩的捉人游戏和其他游戏，同时又不会让他们感到生气或不舒服。你有什么想法吗？

桑恩：没有。

成人：嗯，我们一起来想想。如果咱俩练习一下，比如，用好的方法来让孩子们注意到你想和他们一起玩，会不会有帮助呢？

桑恩：我觉得会。

成人：所以我想知道我怎么才能帮助你这么做呢？

桑恩：我觉得你可以教我。我曾经参加过社交技能小组，但那里遇到的孩子都太奇怪了，我就退出了。

成人：你知道托宾老师，也就是我们的辅导老师想要成立一个午饭小组，参加小组的都是需要学习如何交朋友的孩子。如果你想参加的话，我可以告诉她，看看她是否觉得她的小组会对你有帮助。

桑恩：不，我不想再参加任何小组。

成人：好的，这只是个想法。你有其他想法吗？

桑恩：您能教我吗？

Chapter 6　The Icing on the Cake

成人：我？嗯，我觉得这是个办法。但我不确定我什么时候教你。

桑恩：嗯，我不想去另外一个组。

成人：你知道，桑恩。我不确定我是不是教你学这些技能最合适的人，还是让我考虑一下。如果我能的话，我会教你的，但是可能有人比我更合适。你能给我几天，让我考虑一下吗？

桑恩：好的。或者也许托宾老师可以教我，但是别让我参加那个小组。

成人：我有个想法。我去问问她，如果这个办法不行的话，我们再集思广益，一起想办法。行吗？

桑恩：好。

成人：谢谢你跟我说这些。

桑恩：好。

即使桑恩和他的老师还没有达成一个确定的解决方案，方案B仍可在提高孩子参与度的情况下，处理技能培训的问题。换言之，用这种方式处理技能培训可以让孩子们觉得在技能学习中，他们是合作者而非被动的接受者。这样，他们才更有可能真正思考他们要学习的技能，以及如何才能更好地学习技能，而不是成人智慧的被动接受者。

一般情况下，我们只会教社交互动中弱势的那一方技能（在心理卫生领域，我们把这类人称为"标定病患"）。但是问题解决的过程需要多方参与，以确定担忧、就解决方案达成共识。小组解决问题的内容详见第7章。

与孩子协作解决语言处理和沟通技能缺陷的问题

到目前为止你读到的有关方案B的例子可能让你认为孩子需要发展完善的语言技能,才能参与方案B。欠缺语言处理和沟通技能的孩子能参与影响他们生活的问题解决过程吗?如果我们能够与他们沟通未解决问题和解决方案,当然能参与。因为他们已经在沟通了,只是没有采用成人喜欢的方式。

▌沟通未解决问题

对于沟通技能有限的学生,设立未解决问题的基本词汇库是需要优先考虑的重点。幸运的是,你已经使用ALSUP来确定未解决问题,现在你只需要找到一种方式来帮助学生沟通这些问题。我看到过有人用廉价且有效的技术(如谷歌图片),通过视觉来描述未解决问题。未解决问题的图片可以被打印出来,放在塑封卡上,这样孩子们就可以指出在某一时间给他们造成困难的未解决问题的图片。慢慢地,我们可以将图片和具体的用词匹配,这样孩子就会较少依赖于图片,而更善于用语言来沟通未解决问题。

有这么一个孩子,他的智商为55左右,仅有基本的语言表达技能。他很难让别人明白什么在困扰着他,而这导致了不少极端问题行为的发生。通过观察和过去的经验,他身边的成人能够找出最常困扰他的担忧:热、累、饿,认为别人生他的气,受惊吓,难于完成某项学习任务。这些未解决问题的清单以图片的形式打印在了塑封卡上(孩子在电脑上帮助确定了相应的图片)。当孩子需要让成人明白他遇到问题的时

Chapter 6　The Icing on the Cake

候,或者他开始表现出遇到挫折的征兆时,成人会让他指出图片,并口头确定这一问题(例如,"你热吗?")。在重复许多次后,这些语言提示为孩子提供了他需要的词汇,最终他变得没那么依赖于图片,渐渐能够独立表达越来越多的担忧。经过一定周期,随着具体的语言成为他基本词汇的一部分,我们便可以修改这一清单,来匹配他逐渐扩大的词汇量和不断变化的需求。

以下是用上文所述方式展现部分未解决问题的案例。

渴　　　冷　　　出问题了

热　　　饿

你可能意识到CPS模式并不特别重视教孩子学习"感觉词汇"。虽然孩子学会让你明白他"伤心""愤怒"或"沮丧"很有用,但与之相比,更重要的是首先让你明白哪些问题导致他伤心、愤怒或沮丧,以及孩子的哪些担忧是与这些问题相关的。否则,我们就不会明白哪些问题需要解决,哪些担忧需要处理。

"我热"等具体的担忧仅适用于孩子热这一类场景。你可能觉得教一些适用于多种场景的通用"问题词汇"更有用。各类通用表达（例如"出问题了""我现在不能说这件事""我需要帮助""我不知道做什么"，以及"我需要休息一下"）适用于更广泛的场景，并可以通过重复进行教授（比如，当看起来像出问题的时候，就说"看起来像出问题了"）。我们成人过高估计了我们想让别人明白我们沮丧、丢脸、不知所措或被难住了时使用的语言技能，而事实上，多数成人依赖的只是一些关键表达。通过教会孩子这些表达，我们就是在帮助他们达到其他人的水平。

提出并沟通解决方案

也许你想不到，但问题的解决方案可以被概括为包括以下3类内容的框架：

1. 请求或寻求帮助
2. 给一点帮助
3. 换一种方式

以上3类可用于指导构思可能的解决方案。同时，我们可以通过重复和图片的使用教会并协助他们表达担忧。如果孩子能够理解每个解决方案的大致意思，那么在引入图片这一方法后，他应该能够指出他认为最有助于解决某一具体问题的图片。然后成人再提供语言提示（"啊，换一种方式"），肯定孩子的想法，鼓励他使用这些词汇。

除了以上这些通用的类别，我们还可以用图片来描述针对某个孩子未解决问题的潜在解决方案。使用上文提及的同一策略来描述未解决问题，把潜在解决方案的图像放在塑封卡上，指导构思上述问题的解决方案。下文会展示这类图片。

Chapter 6　The Icing on the Cake

　　以上建议是否能够代表帮助语言能力有问题的孩子的所有办法呢？肯定不能。你的创造力、专业知识、对孩子的了解及对孩子具体能力和需求的认识非常重要。只要你认识到解决问题、教授技能，而不是完全依赖强加给孩子的解决方案和激励措施，才是帮助孩子克服问题的关键，你就准备好了。

解决方案

冷

饿

渴

热

差异化约束

上文的讨论内容可能让你认为帮助有行为问题的学生的方法和你已经用来帮助有学习问题的学生的方法并没有什么根本区别。的确是这样的。教育工作者花了很长时间讨论和思考针对不同学习者个体的差异化教育方式。当你在区分不同的教学方式时，你对于所有学生的要求是基本相同的，但你帮助他们达到以上要求的方式是有区别的，特别是对于那些遇到困难的学生。当你在区分不同约束方式时，这些原则也同样适用。

卡罗尔·安·汤姆林森（Carol Ann Tomlinson）在她的优秀著作《差异化课堂：应对所有学习者的需求》（*The Differentiated Classroom: Responding to the Needs of All Learners*）中描述了使用差异化教学方式的教师的特征。汤姆林森的智慧主要应用于学习问题，那么我们看看这些原则如何扩展应用到问题行为上。

汤姆林森写道，在差异化课堂里，教师认可并基于的前提是学习者在诸多方面（学习和行为方面）会有重要区别。这类教师不会强迫学生符合某个标准模式（或某类约束程序）。他们并不认为标准化、批量制定的教学方式（或约束程序）完美地适合所有学生，他们承认学生（包括有行为问题的学生）是独立的个体。他们接受、认可学习者在学校会有许多共同点，同时学习者（和行为者）还存在让他们成为独立个体的关键区别这一事实。他们还会根据这一事实进行方案的制定。他们可以包容这一事实以多种形式呈现，确保课堂适合每个个体。他们会运用多种教学策略（包括用于有行为问题的孩子的技能缺陷和未解决问题的策略）。他们可以灵活地使用时间，并与他们的学生成为合作伙伴（队友、帮手），以确保学习内容和学习环境为学习者量身打造。

为什么我们在很多情况下不能把这些理念运用到社交、情绪和行为问题上呢？很可能是因为许多成人还不能意识到这些问题的发生是因为技能缺陷和未解决问题，并应用处理学习问题的思维方式和方法处理此类问题。

问答环节

问题1：

在文献中，培训有问题行为的孩子的认知技能通常进展不顺利。那么CPS有什么不同呢？

答：

在文献中（并且在现实生活中），认知技能的培训方式常常机械且有局限性，并通过不适合孩子技能缺陷或未解决问题的技能培训模块或课程完成，因此孩子根本学不会这些技能。而CPS模式则针对每个孩子的具体的未解决问题和技能缺陷。虽然想到每项技能都可以直接进行培训这一点非常吸引人，但实际情况却是根本没有培训方式可以直接教授孩子们技能，以弥补会导致问题行为的技能缺陷。正如你看到的，CPS模式提供了间接教授这些技能的方式：方案B。再次强调，如果你以协作的方式，主动解决问题，你就可以同时（但间接地）解决与该问题相关的技能缺陷。

问题2：

我在共情那一步，还是很难让我的学生说话。帮帮我吧！

答：

我们回顾一下学生难开口的可能原因：

- 你没有在真正使用方案B，你在使用方案A。
- 你在采用应急性方案B，而不是前瞻性方案B。
- 你的未解决问题并没有根据指南进行措辞，所以学生不理解你在问什么，或者处在防备状态下。
- 学生还不信任你，并且习惯自己的担忧被忽视（好的一面是处理这个是长期的过程）。
- 学生坚信他惹麻烦了，或者认为你一旦得到你想要的信息，就会严厉惩罚他（可以花些时间用另一种方式说服他）。
- 学生需要时间思考他的担忧或需求，或者需要帮助才能表达出来（幸运的是，我们不着急）。
- 你难于深挖信息（深挖信息速查表在整个过程中会非常有用）。

问题3：

我跟班里的孩子一起使用过方案B，而且几周以来一直都进展得非常顺利，但情况却再次恶化了。发生了什么事情呢？

答：

可能是孩子和你达成的解决方案没有像刚开始想的那么实际，并让双方都满意。这种情况挺常见的，这意味着还有其他的问题要解决。也可能是因为你刚开始取得的成功更多的是由于方案B带来的关系迅速提升。持久地解决问题需要时间，教孩子学会技能花费的时间更长。不

Chapter 6 The Icing on the Cake

幸的是,当方案B产生的初次解决方案不能经受时间的考验时,成人最可能放弃改善与有行为问题的孩子的关系,又重新回到方案A。不要忘记,方案A的长期效果并不好。在与孩子互动和帮助孩子方面,方案B虽可靠,但并非一蹴而就。

问题4：

有的有行为问题的孩子难道不需要药物治疗吗?

答：

是的,远没有那么多孩子真的需要药物治疗。对孩子的过度医疗从过度强调诊断后果,开药的随意程度,缺乏对孩子问题行为的真实原因的认知,无法全面了解孩子的问题,发展到缺乏对方案B的了解。虽然这么说,对于一些孩子,心理方面的药物治疗仍是治疗不可或缺的一部分。没有药物治疗,孩子是无法参与方案B的。重要的是,我们要区分药物疗效较好的病症和药物疗效并不好的病症,以防开出的药物并不对症,因为这种情况非常常见。药物可以有效地减轻过度亢奋、冲动控制障碍的状况,还可以增加注意力时长、改善心情,减少妄想强迫性行为和焦虑的行为,减少抽搐,促进睡眠,并舒缓情绪不稳定和有攻击性的孩子的反应程度。

问题5：

要是学校老师认为孩子需要药物治疗,但父母不同意怎么办?

答：

首先你要知道父母对给他们用药的担心是合理的。你要尽可能去听这些担忧(这是共情步骤),然后你要描述孩子的哪些具体问题可以被药物治疗(这是确定成人的担忧的步骤)。之后开始头脑风暴,达成解决方案并解决双方的担忧（这是邀请的步骤）。同时，如果必要的话（并且父母要同意这是个好办法），要引入其他专家意见，并与已经和孩子一起合作的专家协作。"要用药物治疗"还是"不用药物治疗"是两种解决方案的比较。

问题6：

你说过要熟练使用方案B，并解决导致问题行为的多个问题，需要不少时间。那么在我等待方案B开始起效的这段时间，我该做些什么呢？

答：

不要忘了，除了方案B，我们还有其他重要的事情要做。你已经减少了方案A的使用，因为你现在明白了方案A提高了有行为问题的孩子的问题行为发生的可能性。因此，你已经避免了由于使用方案A而导致的多数问题行为的发生。而且由于你现在明白了孩子不能满足他关注的所有要求，你增加了方案C的使用，所以你搁置了一些（很可能许多）要求，从而进一步减少了问题行为的发生。

但我们还是要看你对起效的定义。多数人对起效的定义是问题解决过程的最终目的，即某一问题得到持久的解决。但是，在达到最终目标的过程中也会产生其他"效果"，千万不要忽视它们。从微观层面来说，如果学生愿意待在屋子里和你讨论未解决问题，方案B就已经起效了。如果孩子在说话（如果孩子没开口，那么要是你开始思考他为什么不说话，让他最终开口，也说明方案B起效了），如果成人最终清晰地认识到孩子的担忧或观点，如果孩子倾听了你的担忧，如果孩子和你共同考虑了解决方案，如果你们达成了解决方案并开始实施，那么，这都说明

Chapter 6　The Icing on the Cake

方案B起效了。如果第一个提出的解决方案没有经受住时间的考验，而孩子愿意回到方案B，那么也说明方案B起效了。从宏观层面来说，如果你和孩子的关系在改善，同样说明方案B起效了。即使持久地解决问题是你的最终目的，以上这些情况出现也是不错的。

虽然这么说，但有些时候，在解决问题的过程中你还是需要我们所说的临时介入措施。例如，即使凯尔文的老师们都在努力积极地解决问题，他们却没有提前取得足够的进展，来避免问题行为的发生。具体而言，如果孩子被激怒，而且用自己的方法来向成人求助，那么他们需要为他找到一个可以让他冷静、平静下来的地方。一旦他们在造成其问题事件的这类问题上开始有进展，他使用冷静地点、寻求帮助的次数就会大幅度减少。

问题7：

我很难想象和不到10岁的孩子共同实施方案B。

答：

对3岁的孩子使用方案B常常会获得成功。关键变量在于养成技能，而不是实际上的年龄。我和3岁的孩子合作过，与我合作过的多数17岁的孩子相比，他们更容易参与方案B。

问题8：

CPS能够帮助患有自闭症谱系障碍的孩子吗？

答：

有时人们会认为CPS模式不适用于这些孩子，觉得那个著名的应用行为分析方法真的是唯一的选择。我不同意。"自闭症谱系障碍"并不涉及孩子的认知功能，除非你准备放弃这些可以参与解决影响他一生的问题的孩子，否则CPS还是可以发挥作用的。而最常见的问题在于沟通技巧。

正如本章前文描述的，我们有方法帮助孩子沟通他的担忧，让他参与思考和选择解决方案的过程。记住，即使是婴儿，也有未解决的问题。虽然他们无法用语言表达这些问题，但他们的确也可以就这些问题进行沟通。对于应用于这些问题的解决方案能否真正起效，他们会向我们提供非常可靠的反馈。我们对于任何年龄、任何智力水平的孩子都可以有所期待。

问题9：

有方案B无法帮助的孩子吗？哪些孩子需要参加公立学校以外的项目呢？

答：

尽管我们尽了全力，可能还是有孩子需要参与这样的项目。但是如果更多的学校愿意将CPS纳入到他们评估、解决有问题行为的孩子的过程，那么这类孩子的数量会有所变化。对CPS的研究显示，CPS模式的使用不仅可以减少问题行为，还可以降低特殊教育成本和需要转入特殊教育的人数，停学、放学后留堂以及退学的次数，以及需安置在校外项目的孩子的数量。

Chapter 6　The Icing on the Cake

故事继续

在乔伊与代课老师发生冲突后的周一早晨，伍兹老师、弗兰科老师、布里奇曼医生和米德尔顿老师在副校长办公室开会。而乔伊则被要求在外面等候几分钟。

"伍兹老师，你怎么样了？"米德尔顿老师问。

"没有完全康复，但我还是来了。"伍兹老师说。

弗兰科老师同情地看了看她的朋友说："她应该在家多休息一天的。"

"伍兹老师，我和弗兰科老师、欧文斯老师谈了周五在教室发生的事。"米德尔顿老师说，"我们事先没有告诉欧文斯老师你们与乔伊制订的计划。我要为此向乔伊道歉。你觉得你们的方案目前为止进行得还顺利吧？"

"乔伊和我在上学前见过几次面，我们会一起过一下那些他不明白的作业。"伍兹老师说，"他迄今为止都表现得非常好，他会早早到校和我见面，使用我们制定的暗号，让我知道我是否有遗漏的东西。"

"很好。"米德尔顿老师说，"但是走出教室，用自己的拳头打储物柜在这里是不可以接受的行为，乔伊需要知道这一点。现在，我觉得我们需要见一面，因为我首先要认可你们为了让乔伊能够控制自己所做的一切。然后，我希望你们能与我一起讨论一下我们如何处理周五发生的事情。我知道弗兰科老师觉得乔伊周五控制得还不错——我不能说我也这么认为，但是我想听听每个人的想法。"

"嗯，不论周五发生的事情是不是一种提高，它都告诉我们还有更多的工作要做，特别是在沟通这一部分。"布里奇曼医生说，"在帮助乔伊应对在全班同学面前丢脸这件事上，我们还有很长的路要走。"

米德尔顿老师考虑了一下这个观点。"当然，我们仍要考虑一下我们学校的纪律问题。根据学校的纪律，乔伊未经允许离开教室，应接受一次留堂的惩罚，而破坏公物，应接受校内停学的惩罚。"

"是这么规定的，是吗？"弗兰科老师问。

"是的。"米德尔顿老师说，"怎么了？"

"你想听真话？"弗兰科老师问。

米德尔顿老师笑了："弗兰科老师，据我所知，多数情况下，无论我愿不愿意，你都会说真话的。"

弗兰科老师也笑了笑，说："嗯，请您别见怪，但是我不赞成咱们学校的纪律。他离开教室时，是我追的他，是我和他一起在走廊里待着。我承认他砸储物柜的时候，我被吓到了。但是我看到了他是多么努力地控制自己，所以我觉得为他的努力而惩罚他不是我们想要传递给他的信息。"

"当然，但是告诉他可以离开教室、可以砸柜子也不是我们想要传递的信息。"米德尔顿老师说。

布里奇曼医生清了清嗓子："除了什么都不做，因为发生的事情惩罚乔伊以外，我们还有其他办法。别忘了方案B。"

米德尔顿老师坐在椅子上，往前倾了倾："能再说说吗？"

"乔伊知道离开教室、砸柜子是不对的。"布里奇曼医生说，"但是他还不知道在其他孩子面前出丑时他该怎么做，他也不知道当欧文斯老师不知道那个方案时，他该怎么做。但是留堂不能教会他这些。如果我

221

Chapter 6　The Icing on the Cake

们对乔伊使用方案B，我们就要解决这些问题，特别是出丑这一问题，因为这个问题总是出现。"

"但是如果我们不按照学校的纪律规定做，我们会给其他孩子传递什么信息呢？"米德尔顿老师问。

"如果我们总用不奏效的介入措施，我们是在传递什么信息？"布里奇曼医生问。

米德尔顿老师渐渐笑了："布里奇曼医生，这是个好问题。伍兹老师，乔伊多数时间都跟您待在一起，您怎么想？"

"一方面，我多希望我当时没有生病，"伍兹老师说，"但是我也不知如何选择。我觉得让他留堂没有用，但是我也明白我们不能向其他孩子传递错误的信息。"

"我觉得我们应该做对乔伊最好的事。"布里奇曼医生说，"我觉得其他孩子并不在乎我们是否遵守了学校的纪律。我觉得他们想让我们尽力帮助乔伊更好地控制他自己。"

"但是如果我们不遵守学校纪律的话，怎么才能阻止其他孩子离开教室、砸柜子呢？"米德尔顿老师问。

"其他孩子不是因为纪律才表现好的，"布里奇曼医生说，"他们表现好是因为他们有能力。他们一直在看乔伊受惩罚，他们想让我们做的是帮助他。学习上，我们不会用完全一样的方式来教每个孩子，特别是在他们遇到困难的时候。所以，我认为如果孩子们行为上遇到困难，我们同样不应该采取古板的惩罚方式。"

"所以，你觉得我们应该按照方案B做，不给他留堂的惩罚。"米德尔顿老师说。

"我认为我们应该让乔伊进来，与他一起讨论。"布里奇曼医生说，"对他自己，他可能比我们任何一个人都更严格。"

米德尔顿老师看了看伍兹老师和弗兰科老师："你们怎么看？"

"我喜欢这个主意。"弗兰科老师说。

"听起来不错。"伍兹老师说。

米德尔顿老师站起来，邀请乔伊进来。乔伊一边坐下，一边紧张地看着这4个成人。"乔伊，我跟你说过的，我们认为还是要谈谈周五发生的事比较好。记得吗？"

"记得，老师。"

"你的手怎么样了？"

乔伊低头看看自己缠着绷带的手说："没有骨折。"

"好的。储物柜碰得你挺疼吧，是不是？"

"嗯，是的，老师。"乔伊没能意识到米德尔顿言语中的幽默。

"乔伊，欧文斯老师之前不知道你和伍兹老师制定的方案。对此我向你道歉，我们本应该让他知道这个事情的。但是我敢肯定你知道没有允许是不可以离开教室的，我们也不可以砸储物柜。我们想听听你觉得下一步应该怎么做呢？"

布里奇曼医生不确定乔伊是否明白了米德尔顿老师想问的是什么。"乔伊，我觉得米德尔顿老师的意思是我们可以谈谈做些什么才能确保周五发生的事情不再发生。"

乔伊还不习惯别人征求自己的意见，所以他的第一个建议是他经常听成人对他说的"我可以更努力"。

"啊，很好，乔伊。"米德尔顿老师说，"根据学校纪律规定，因为

Chapter 6　The Icing on the Cake

你未经允许离开教室，你要接受留堂惩罚，你又砸了柜子，还要接受校内停学惩罚。但是你的老师们和布里奇曼医生都觉得惩罚你不公平，因为欧文斯老师不知道方案不是你的错。而且弗兰科老师还觉得你已经在很努力地控制自己愤怒的情绪了。"

"我真的不介意校内停学，"乔伊说，"今年我还没有受过这个惩罚呢。"

布里奇曼医生笑着说："好，乔伊，我觉得你可以接受校内停学的惩罚。但是除了欧文斯老师不知道这个方案，还有没有什么我们应该知道的原因让你离开教室呢？"

"我不知道。"

"好，咱们想一下。"布里奇曼医生说，"咱们不着急。"

乔伊努力在思考并说："我不知道。"

"我知道上次你在教室生气是因为你出丑了，你这次也出丑了吗？"布里奇曼医生问。

"是的，所有人都在看我。"

"下面是我的想法，"布里奇曼医生说，"你和伍兹老师已经有了一个非常好的方案，可以帮助你处理那些你弄不懂的作业。而且它很有效……在伍兹老师没有生病的时候。幸运的是，她不经常生病。但我在想我们需要更多地了解你什么时候会出丑。所以我在想我、你还有伍兹老师可能需要再聊聊这个，就像我们上次聊那些弄不懂的作业一样。你觉得呢？"

"好的。"

"伍兹老师，今天我们有合适的时间做这件事吗？"布里奇曼医生问。

伍兹老师看了看乔伊说："如果你觉得不丢脸的话，我们可以安排在午饭的时候……你今天可以在教室里和我一起吃午饭。"

"你觉得呢，乔伊？"布里奇曼医生问。

乔伊不喜欢这个主意。"嗯，那其他孩子……"

"我觉得你可以选其他时间。"伍兹老师微笑着说。

乔伊松了口气说："好的。"

"你今天放学后能留下来吗？"伍兹老师问，"那时候就没人在了。"

"可以。"

"我今天下午还有别的会。"布里奇曼医生说，"所以如果你们想让我在的话……"

"我觉得乔伊和我可以独立完成。"伍兹老师说，"你觉得可以吗，乔伊？"

乔伊点点头。

"听起来是个计划。"米德尔顿老师说。

乔伊还有别的担忧。"那我要留堂……或者被校内停学吗？"

米德尔顿老师摸了摸自己的下巴。"这样吧，乔伊，目前因为我看到你、布里奇曼医生和你的老师们都在尽力确保不再发生任何这类事情，所以我决定暂时不惩罚你。但我不能每次都这么做……我需要你非常努力，不要再离开教室，不要再用你的拳头砸柜子了。明白吗？"

"明白，老师。"

米德尔顿老师站起来并说："好，那么你就和你的老师们、布里奇曼医生开始你们的计划吧，我会随时跟进，看看事情进展得如何。"

Chapter 6　The Icing on the Cake

离开米德尔顿老师办公室时,伍兹老师把布里奇曼医生拉到一边。"你有时间吗?"

"有啊,怎么了?"

"我意识到我还不知道我要做什么呢。我上周对我的另一个学生使用了方案B。"

"是吗?太棒了!"

"可我还不知道效果是不是不错,我们还没有进行得很深入。"

"为什么呢?"

"我不大确定。我希望你能告诉我我哪里做错了。"

"好。那孩子叫什么?"

"康所萝。很安静的一个孩子……看起来她连自己的影子都害怕。我在想既然方案B看起来给乔伊带来了不少好处,那么也许我也可以对她使用相同的方法……让她能够多参与一些班里的活动。"

布里奇曼医生笑着说:"伍兹老师,如果每个人都像你一样接受方案B,我就可以退休了。"

"我觉得你离领退休金还远着呢。"

"那发生了什么事?"

"我告诉她我注意到她不怎么参与班里的讨论活动,还有我想知道她是否能告诉我原因。但是她不知道,所以我继续进行第二步。我告诉她我觉得她可能有不少好想法,如果其他孩子能够听到就太好了。然后我问她是否能想出什么办法来解决这个问题,但是她还是不知道。"

"嗯,听起来你做了方案B的3个步骤。但是你还没有把康所萝的担忧放在桌面上,就仓促地结束了共情这一步,所以你们还不清楚要解决的问题是什么。"

"是的,你说得对,这也是我在考虑的问题。"伍兹老师说,"但是,我刚才也说了,她不知道她的担忧是什么。"

"是的,没错。"

伍兹老师想知道布里奇曼医生是否明白她的困境。"所以我那时应该怎么做呢?"

"你应该猜一猜。"

这个回答让伍兹老师很惊讶。"猜?"

"是的,如果她不知道是什么阻碍她参加课堂讨论,那么我们就要帮她找出来。还好她不参与课堂讨论的原因就那么几个。你对造成她难以参加讨论的原因有什么猜想吗?"

"我知道她之前接受过语言治疗。我在想也许她不确定要说什么,或不明白其他孩子在说什么。但是我不知道我应不应该把这些想法灌输给她。"

"哦,如果她很难表达她的担忧,我们去假设是完全可以的。但你要接受你的假设会很离谱这种可能性。"

"所以我当时可以说,'是不是因为你听不明白其他孩子在说什么?'"

"对,这样说不错。"布里奇曼医生说。

"看来我还在努力搞明白方案B的规则是什么。"伍兹老师笑了。

"其实没什么规则,只是一些经验。你现在已经准备好重新开始,帮康所萝找到她的担忧是什么,然后你们就可以解决这个问题了。"

"那如果我第一次猜错了呢?我应该接着猜吗?"

Chapter 6　The Icing on the Cake

"当然,如果你还有其他猜测的话。"

"嗯,可像我之前说的,她连自己的影子都害怕。所以,也许她真的对别人怎么看待她说的话感到很紧张或害怕。"

"很好的猜测。"

伍兹老师看起来很高兴。"谢谢教练。"

"真的很棒。哦,对了,我前几天给乔伊的妈妈打了电话,我还是想看看我们是否可以找一个时间和她见见。我觉得我们大家跟她妈妈坐下来,告诉她我们要如何帮助乔伊,这样比较好。她也想参与进来。"

"那很好呀,或许她可以代替乔伊参加我们上学前的一次会议。但是乔伊得放弃自己的时间。"

"好主意,我跟她说一下。也许你可以在见乔伊的时候跟他也说一下。"

放学后,乔伊留下来参加他和伍兹老师早上定好的会面。病还没全好的伍兹老师突然意识到她这一天都没关注乔伊,没有暗号,没有问题。

"乔伊,你今天一直都很安静。"伍兹老师说,"都还好吧?"

"嗯,今天没有什么作业是我不懂的,所以我觉得我今天不需要您的帮助。"

伍兹老师笑了。"嗯,我也觉得你今天不需要我了。当然,除了没有弄懂的作业,我们还有其他的事情要处理。"

"比如?"

"嗯,记得布里奇曼医生说的你有时会在同学面前感到丢脸的事儿吗?"

"嗯，对。"乔伊说，看起来不大自然。

"我在想，也许我们可以试着找出让你感到丢脸的原因。"

"好。"

"所以，你怎么看？"

"关于什么？"

伍兹老师想知道是否了解乔伊的担忧总是这么困难。她努力掩饰自己的深呼吸。"我想知道你是否可以多跟我说说你在同学面前感到丢脸的情况。"

乔伊想了想这个问题并说："我不知道。"

"慢慢来，我们不着急。"

"您看，我，嗯，我在学校总是惹麻烦。"

伍兹老师努力不回复得那么快，希望乔伊能够详细说说。

"还有，您看，我，嗯，我有点……厌烦了……"

伍兹老师点头以示鼓励。

乔伊耸了耸肩并说："我觉得我不知道该怎么说。"

"我觉得你说得很好。"

"只是我厌烦了，我不愿再做总是惹麻烦的孩子了。我厌烦做不知道怎么做作业的孩子了，我厌烦和别人不一样的感觉了。"乔伊停了一下，"我就想做个正常人，哪怕就一次。"

伍兹老师突然对这个学生心软了。"我不确定要说什么，乔伊。我很抱歉你有这种感受，我很抱歉你感到自己不正常，我真的很抱歉。"

乔伊觉得自己需要安慰他的老师。"没关系的，我有点习惯了。"

"乔伊，你感到自己不正常是不可以的。"伍兹老师温柔而又坚定

Chapter 6　The Icing on the Cake

地说。

乔伊沉默了。

"所以帮帮我，让我更懂得你的想法。"伍兹老师说，再次回到方案B，"我明白你厌烦和别人不一样的感觉。你厌烦感觉自己不正常，但是我不确定这些感受为何让你觉得在其他孩子面前丢脸了。"

"因为我知道他们是怎么看我的，我知道他们看我就像在看……在看什么怪物，就像我搞砸了什么。所以，当我不知道怎么做作业，努力不生气，然后不知怎的又生气了的时候，我知道他们在想什么。这让我……"

"更生气。"伍兹老师帮乔伊说出了他没说的话。

"对。所以，不管怎样，我觉得你在这件事上没办法帮我。"

"我不确定呢。你怎么知道其他孩子认为你搞砸了呢？"

"他们说我蠢，"乔伊说，"还骂我。"

"骂你什么？"

"像什么'蠢货''白痴'，还有一些我不能跟您说的。"

"我明白你的意思了。"伍兹老师严肃地说，"告诉我，你觉得你是个蠢货、白痴吗？"

"我知道我是有些问题。"

"你觉得你有些问题是因为……"

"因为我是班里唯一发疯、需要看心理医生、需要吃药的人。"乔伊看着伍兹老师，"您还觉得可以帮我吗？"

"我现在越来越了解你了，我并不觉得你搞砸了。现在我知道了这一点，我想知道我如何帮助你。"

乔伊没有明白她说的话。"我不知道。"

"我也不知道，我还要再想想。我们下次见面再聊怎么样？"

"好的。"

"好。"伍兹老师虽然很累，但对目标又有了新的认识，"还有一件事，早晨见面时，我见一次你的妈妈可以吗？她也想更多地了解该如何帮助你。"

"您是说，我不在场吗？"

"如果可以的话……"

"您是要告诉她我们的谈话内容吗？"

"如果有什么是你不想让我告诉她的，告诉我。"

乔伊考虑了一下并说："我觉得她可以知道。"

"那你不介意我用一天早晨的时间和你妈妈见面吧？"

"不介意，可以的。只有一天早晨，对吧？"

"对，乔伊，我很高兴你告诉我是什么让你觉得丢脸。我觉得这是咱们可以一起解决的问题。现在你知道班上至少有一个人不认为你是蠢货或白痴。"

"谁？"

"我。"

几天后，弗兰科老师探头进伍兹老师的教室。"准备走了吗？我跟你一起走。"

"没，还没有。"伍兹老师说，"你先走吧。"

"你在做什么？"弗兰科老师问。

"练习。"伍兹老师说。

231

Chapter 6　The Icing on the Cake

"练习？练习什么？"

"对康所萝使用方案B。已经试过一次了，但是我跑偏了。所以我问布里奇曼医生我做错了什么，他告诉了我一些想法，因此我正在练习。"

弗兰科老师坐了下来。"太好了。方案B的内容是什么？"

"你知道她这个孩子多么安静。当然，安静本身没有什么问题，但是我还是希望她能够多参与班级活动。所以我需要找到是什么阻碍了她。"

"你很看重方案B这些东西，是吗？"

"听起来可能有些多愁善感，我觉得我和我的学生的联系已经很久没那么紧密了。而现在，我感觉我又有了与他们建立联系的方式。不仅是与他们建立联系，还可以帮助他们。比如乔伊……我已经和他有过不少有趣的谈话了。我感觉几周前，我还没有像现在这么了解他，我再也不怕他了。看起来，其他孩子对待他的方式已经让他难受很久了。这些都说明了很多吧。"

"哇。"弗兰科老师说，"是这样的，好像在布里奇曼医生来之前，我们从没有和孩子们真正交谈过。"

"对，但方案B和与孩子交流还有一些区别。我觉得不少认为自己在和孩子交谈的成人其实是在对孩子说话，而方案B则帮助你与孩子交流。"

"所以现在你也想在康所萝身上用相同的方法？"

"只是尝试，但不只是康所萝。我对我班上的两三个学生都有大方案。"

"那你要一个人完成？"

"我需要帮助的时候,我会向布里奇曼医生求助。但是我想自己能够熟练使用方案B。"

"你很勇敢。所以你真的认为方案B有用,对吗?"

"对我来说是的。当然,你还是要自己试试才知道。如果我最终没什么可以证明的,我做了多少方案B也就没那么重要了。"

弗兰科老师不想错过任何一个好东西。"我和你总能想到一起,我也想看看我是不是应该对我的几个孩子使用方案B。"她停了一下,"你知道的,我猜我不是唯一一个想要更详细地了解如何使用方案B的人。我跟7年级新来的老师克丽丝婷·埃斯特拉达说过——你知道我今年是她的指导老师——她班上的男孩让她很头疼。她花了不少时间处理行为问题,都没有时间教学了。上次我们聊天的时候,她说我们老师是不是可以坐在一起,谈谈各自课堂上的事,你知道,就是大家交流一下想法。"

"想法不错。"伍兹老师说,"什么时候呢?"

"嗯,这是个问题。我们总在学校里说怎么提高自己的水平,但是说的都是教学上的。为什么我们从不谈如何提高我们管理这些难管的孩子的水平呢?"

伍兹老师叹了口气并说:"我也不知道啊。对了,我给乔伊妈妈发了邮件,想和她见面再聊聊乔伊的事。下周二早晨,孩子到校前,你有时间吗?"

"应该有。"

"好,看起来她真的想和我们合作。"

周末,伍兹老师邀请康所萝和她一起吃午饭。闲谈了一会儿,伍兹

Chapter 6 The Icing on the Cake

老师开始实施方案B。"康所萝,记得我前两天问你为什么不积极参与我们之前的课堂讨论吗?"

康所萝点点头,咬了一口她的三明治。

"你知道,我们还没真正弄明白你为什么没有积极参与。"伍兹老师继续说,"所以我想我们可以再聊聊。"

"好的。"康所萝说。

"我当时问你知不知道你为什么不参加讨论,你说不知道。我想知道你之后有没有想过,现在有什么想法了吗?"

"没,没有。"

这次,伍兹老师有所准备。"我可能有些想法,你想听听吗?"

"好。"

"嗯,我在想是不是因为你难以理解我让你回答的问题。你觉得是因为这个吗?"

"你是说,我是不是难以理解你想让我说什么?"康所萝想了想这个可能性并说,"我觉得不是因为这个。"

"好。还有一种可能是你难以跟上其他孩子所说的内容。有可能是因为这个吗?"

"我觉得不是。"

"那是担心其他孩子对你所说内容的评价?"

"嗯,有时候是的。但是我……我不知道说什么。"

"你是说你不知道怎么说?"

康所萝点点头。

"啊,我在想可能就是因为这个了。"伍兹老师说,"所以你很难想到用什么词表达你的想法。"

"我觉得是。"康所萝缓缓地说,"就像,嗯,有时,我想到了要说什么,但是我就是不确定怎么表达。"

伍兹老师点点头以示鼓励。

"而且我知道表达需要花去我很长时间。"康所萝继续慢慢说,"其他孩子,你知道,他们举手,然后就能直接表达自己的想法。所以我就想,你知道的,还不如让他们代替我说。"

"我懂了。"伍兹老师温柔地说。

康所萝点头,又咬了一口三明治。

"所以,如果我没听错的话,你有时不确定怎么表达你想要说的,而且其他孩子举手让你感觉表达出来更加困难。"

康所萝点点头,继续嚼着嘴里的东西。

"还有什么让你难以参加以前的课堂讨论的吗?"伍兹老师问。

康所萝摇摇头。

伍兹老师现在已经充分了解了康所萝的担忧,于是继续确定成人的担忧这一步。"问题是,我猜你肯定有非常有意思的想法要说,如果你不表达,那么我们就没机会听到它们。我真的想听听你想说的。"

康所萝认真地听。

"我想知道。"伍兹老师开始进行邀请这一步,"我们是否有方法可以给你你需要的时间,来让你表达你想要说的,同时又不让你担心其他孩子要说什么,这样我们就可以听听你的想法了。"

康所萝思考着这个问题并说:"我不知道。"

伍兹老师想起当乔伊没有立即想到问题的解决方案时,布里奇曼医

235

Chapter 6　The Icing on the Cake

生的回应。"嗯,我们想一想,不着急。"

康所萝想了几分钟说:"我不知道怎么说。"

"慢慢来,康所萝。我真的很想听你的想法。"

"也许,嗯,也许你可以让其他孩子不要举手……当我想要说的时候……"她犹豫着。

伍兹老师点点头。

"你可以告诉他们,我是说,你可以给我多一些时间来表达。"

"我来确定一下我是否明白了你的意思。"伍兹老师说,"如果我叫你回答问题时,让其他孩子把手放下,并且如果我告诉他们你需要多一些时间来理清思路,那么你更容易告诉我们你的想法。对吗?"

康所萝笑了。"对。"

"康所萝,我觉得这是个好主意。如果你觉得这样做有帮助的话,我可以这么做。"

"但是别叫我回答,别叫我,要是我没举手的话。"

"没问题。但是如果你知道我肯定会给你时间,让你表达你想要说的话,你觉得你会开始举手吗?"

康所萝点点头。伍兹老师牢记要告诉布里奇曼医生康所萝是否需要再次进行语言治疗,但是她感觉好像她们的方案是个好的开始。

"康所萝,其实这个学年刚开始的时候,我就想跟你聊聊这事。"伍兹老师说,"我只是不知道该怎么说,嗯,我不知道……"伍兹老师笑了。"看我,现在我也很难表达我想说的了。"

康所萝笑着说:"我明白。"

第7章

集体的力量:
应对学生行为问题的班级解决方案

Chapter 7　Meeting of the Minds

我们现在要谈一个非常重要的问题，这也常常是老师和父母的担忧：教室里的其他孩子怎么办？这个问题可能代表不同的疑问，它的意思可能是我们如何减轻有行为问题的孩子对他的同学的学习和安全的影响。当然，到目前为止，你在本书中读到的内容应该已经告诉了你答案。这个问题的意思也可能是，我们如何帮助其他同学转变他们对有行为问题的孩子的看法，甚至让他们帮助有行为问题的孩子。本章中，我们将借由集体建设的相关文献，着重讨论这个问题。

问题行为导致的最严重的副作用之一就是它影响了其他同学看待并对待一个孩子的方式。慢慢地，问题行为会影响到同学之间的关系（没人愿意跟好斗的孩子玩，大家总会无视或排斥缺乏社交技能的孩子、欺负或排挤惹麻烦的孩子），有行为问题的孩子最终会成为渴望融入的边缘人。而这些常促使有问题行为的孩子变得与他们的同学和老师更加疏离，并被其他同样被孤立的孩子吸引。

但是，要是孩子们的环境是公平的呢？换句话说，要是教室里所有孩子都互相欣赏对方的优势和局限性，并且认为应该帮助对方克服存在的问题，会怎样呢？要是他们都明白社交、情绪和行为问题与教室里孩子们遇到的其他问题，比如阅读、写作、数学、接球、公众演讲、考试、背诵、拼写等没有什么不同，会怎样呢？要是有行为问题的孩子不仅处在需要帮助的位置上，还处在提供帮助的位置上，会怎样呢？有问题行为的孩子不只是坐在教室，享受方案B带来的好处的人。如果我们实施方案B是基于教室里的每个人都有事情要做这一假设之上，那么所有人都需要方案B。为什么只能对有行为问题的孩子使用方案B呢？当方案B使用在每个人身上时，这一方案就不会被视为定义"坏"孩子的标签，它会成为一种常态。

此外，方案B还可用于影响整体（或某一团体下的小组）的未解决问题。但是对整个班级使用方案B这一想法常会引起些许忧虑，特别是对于那些对方案B的使用仍不坚定的人。确实，整个班都使用方案B这一任务可能更加艰巨，因为你需要关注、管理并处理更多的担忧和看法。另一方面，从某些角度来看，对整个班使用方案B会更简单。第一，方案B与我们要参考的集体建设策略相当吻合，而这类策略又经常用于多数课堂。第二，班里的许多孩子可能有相似的问题。虽然这些问题需要我们针对每个孩子使用方案B，但它在解决整个班的共同问题，并达成对多个孩子有效的解决方案上，也很有成效。第三，有的问题（一般课堂行为、嘲弄、欺凌）确实影响并牵涉到了整个班级，而对于这类问题，有时最好的解决办法就是让整个班参与方案B。第四，在有的例子中，在考虑可用于某一问题的解决方案时，一个班的智慧总胜过两个人。有的孩子可能已经解决了同学常会遇到的问题，并且能够根据经验提供自己的办法。第五，如果你教授孩子们民主、共情、问题解决和建立共识等课程，并向孩子提供实践的机会，那么经常在全班范围内使用方案B就是一个好办法。第六，方案B是帮助两个孩子一起解决冲突和问题的绝佳方式，一开始成人可以作为调解者，最后则交由孩子独立解决。

下文将粗略讨论集体建设的大致内容，而后我们再探讨如何将方案B融入集体建设中。

Chapter 7　Meeting of the Minds

集体建设

对于常用的一些优秀的班级集体建设文献，比如阿尔菲·科恩写的《摆脱管制：从个人服从到集体建设》(*Beyond Discipline: From Compliance to Community*)、珍妮·吉布斯写的《部落：学习和相处的新方式》(*Tribes: A New Way of Learning and Being Together*)、露丝·西德尼·查尼写的《教会孩子关心：积极反应的课堂管理》(*Teaching Children to Care: Management in the Responsive Classroom*)和基于韦尔斯利学院斯通中心的《圆圈课公开课程：影响学校社交能力的项目》(*Open Circle Curriculum: Reach Out to Schools Social Competency Program*)等，你可能已经非常熟悉了。本章不是为了详细叙述集体建设，而是为了说明方案B中增加的组成部分是如何使集体建设更有成效的。

下文介绍了我对优秀教学的定义（与"优秀育儿"的定义是完全相同的，你可能对此很感兴趣）。

优秀教学指积极响应你负责的每个学生，灵活处理他们的集体优势和局限性，努力构建一个让每个成员都感觉安全、受尊重、受重视的集体。但是，这需要时间和所有成员的共同努力。它不可能自己形成，并且每年都会不一样，这就是我们所说的积极反应。

班级里的每个个体都是不同的。你知道，管理每个孩子的最佳方式就是确定他们的优势、技能缺陷和未解决问题，然后再开始教他们技能，并帮助他们解决问题。

最后的问题就是集体和个人要同时积极反应，要做到这点很难。这对于那些持有"我不会为了学生调整我的教学风格,我的学生要适应我杰出的教学风格"思想的老师,可能是最困难的。这些老师和他们教的部分学生的问题是他们的教学风格只适合那些可以自行调整适应的集体和孩子,但不适合那些无法调整适应的集体和孩子。

但是,即使没有这种思想,也会有有行为问题的孩子扰乱课堂秩序、干扰他人学习的时候,有这两个方面相互矛盾的时候。在这些时候,教师通常会感到不能完成双重日程,从而决定必须放弃某一方面,来完成另一方面。而在很多班级里,被放弃的通常是有行为问题的孩子,被保住的则是集体。

老师通常是这么想的:"这个孩子正在扰乱课堂,打扰其他孩子学习。我尽了全力,还是没有防止这类事件的发生。虽然我很希望能够帮助你,但是我还有其他人需要照顾,我还有课程和高利害测验要烦心。如果我不能帮助他,至少我需要把他对其他人的负面影响最小化。"这时,教师开始思考让这个孩子和其他同学分开的做法(让他单独坐在教室里或教室外的座位上,或者把他送到副校长那里)。当然,这种做法只会进一步拉开有行为问题的孩子和其他可以提供协助的同学之间的距离。

事实上,集体和个人之间的联系密不可分。教师对孩子个体做出的对应性措施实际上有助于集体……而教师对集体需求做出的对应性措施实际上有助于对孩子个体所做的工作。如果我们对于学生个体使用方案B,教他学会技能、解决问题,那么集体则会因为这个学生学会了技能,问题最终得到了解决而获益,并且还会因此有机会从这个转变中有所学习、有所收获。

Chapter 7　Meeting of the Minds

如果我们主动在团体中营造集体意识，那么该团体的成员会知道他们必须关心的不只是自己，还有这个团体中的其他人以及整个团体的福祉。每个人都有天赋，每个人也都有他们需要努力提高的地方。你有天赋时，你可以帮助集体中需要帮助的成员。这样，当你需要帮助时，你就知道你也有可以依赖的集体来协助你。当集体中的一个成员解决了一个问题时，这个集体就解决了一个问题。躲避、无视、拒绝、取笑、排斥、欺凌、退缩、攻击，这些都是集体还有未解决问题的标志。

集体应该定时举行会议，讨论并解决这些问题。在有的班级里，这种会议每天要开许多次（例如，早晨和放学时）。考虑到高利害测验带来的巨大压力，这类会议需要的时间可以调整吗？但有数据表明，这类活动实际上提高了测验分数。

教师在集体中的角色是什么呢？就像珍妮·吉布斯所说的，教师是共同学习者和促进者，不是信息的提供者。教师并不知道所有答案，对于集体所面临的问题，也并非总有一个正确答案。最佳解决方案是成员集体制定和持有的。用卡罗尔·安·汤姆林森的话来说："教师是领导者，但是同所有高效的领导者一样，她悉心照顾她的下属，并同他们一起经历整个过程。教师和学生共同计划、一起制定目标、监管整个过程、分析成败并努力促进成功，同时从失败中学习经验教训。"

现在，我们来思考一下，如何将方案B融入集体建设的过程中。

每个孩子的方案B

你应该对没有重大社交、情绪和行为问题的孩子使用方案B吗？答案是可以。你不会发现有什么负面影响，特别是如果你愿意让任何孩子加入最终会帮助他们克服在学校遇到的问题，并教会他缺乏的技能的过程中。方案B可能涉及的问题包括难以完成作业、难以准时到校、难以到校、难以完成某一学习任务、难以参加课堂讨论、难以保持清醒、难以在公共场合讲话等等。

对于"普通"孩子使用的方案B是什么样的呢？与我们对有行为问题的孩子使用的方案B相比，并没有什么不同，也要使用3个步骤。同样的过程，同样的目标。

对这些"普通"孩子使用方案B的另一个好理由是你想让它成为常态。方案B不应成为区分有行为问题的孩子和集体中其他孩子的标签。另外，一旦"普通"孩子听说了方案B，他们就会想要知道为什么他们的同学会被区别对待。如果方案B用于这个集体中的每个人，他们就不会被区别对待。当然，在同一集体中，不同的孩子被区别对待也不是坏事。但我们要知道，公平不等于相同。

在每个班级中，要根据孩子们的独特需求（记得我们有关差异化教学的讨论吧）公平对待他们，不是一件容易的事。因为班级里的每个孩子都有不同的需求，对待他们完全相同就意味着他们的需求都不能得到满足。

很久之前，成人就掌握了"公平不等于相同"这一原则，并将其用于学习上（这样孩子们也会模仿）。而我们接下来的重要一步是将相同的思想用于社交、情绪和行为问题上。

孩子是这个世界上敏锐的观察者，并常常质疑他们观察到的事物。孩子一定能关注到这个明显的原则（公平并不等于相同），并很可能对此提问（"为什么乔伊在上学前和你见面，而我不能？""为什么丹尼尔可以在早会时坐在课桌前，而我们都不能？""为什么麦克斯的考试时间比我们长？""为什么肯德里克可以用笔记本电脑记东西？"）。但是，正如卡罗尔·安·汤姆林森提到的，孩子们接受的似乎是大家都各不相同的世界。他们并不追求完全相同，他们追求的是被尊重、重视和培养时会感受到的成就感。

而我们可以将一些重要主题纳入班级文化中，让事情朝这个方向发展："在我们的班级里，每个人都会得到他们所需要的。""在我们的班级里，我们互相帮助。"我们来详细讲解一下：

孩子：为什么丹尼尔可以在圆圈时间坐在自己的课桌前？
成人：嗯，你知道的，丹尼尔早会时很难坐在他的垫子上。而这个课桌可以帮助他更容易待在咱们这个集体中，还可以帮他更好地参与活动。
孩子：为什么我不能坐在课桌前？
成人：哦，我不知道你在早会时也很难坐在你的垫子上。你也遇到困难了吗？
孩子：没有。
成人：你看，让丹尼尔坐在课桌前是我们确保他在我们班上得到他所需要的东西的方法。这是我们帮助他的方式，就像我们帮你阅读一样。
孩子：要是我也有这个问题该怎么办？
成人：要是那样，我们也会想办法帮你解决的。

▍两个孩子之间的方案B

方案B可用于两个孩子之间的互动，而教师从中调解。与往常一样，你要确保前瞻性方案B实施的条件尽可能是最佳的，双方的担忧已经得到清楚的表达，同时解决方案要实际，并令双方满意。我们来看看在这种条件下，这3个步骤是如何实施的：

安娜（在和她的班级教师巴特利特谈话）： 这次奴隶制作业，我不想和扎克搭档。

巴特利特老师： 你不想？为什么？

安娜： 我就是不想。

巴特利特老师： 看起来是我需要听听的问题啊。发生了什么事？

安娜： 我去年和他搭档过。他总是按他的方式做事情，他还不完成他那部分的任务。

巴特利特老师： 嗯。他总是按他的方式做事，还不完成他那部分的任务。抱歉，我之前不知道这件事。

安娜： 嗯，现在您知道了。

巴特利特老师： 你尝试跟他谈过吗？

安娜： 谈过！去年我告诉他我们需要想出一个我们两人都满意的点子，然后他需要完成他自己的部分，但是他不听。

巴特利特老师： 那这件事你想要我帮忙吗？

安娜： 是的，我想您让我和别人搭档完成这项作业。

巴特利特老师： 嗯，这也是处理问题的一种方法。但是我的担忧是我让大家以小组形式完成一些作业的一大原因就是想让你们学会合作，甚至和与你配合不好的孩子合作。如果我给你分配了其他搭档，那么你就学不会这个了。

安娜： 我不想和他搭档！

Chapter 7　Meeting of the Minds

巴特利特老师： 我知道，而且我觉得我了解了原因，除非在这些原因之外，还有其他原因。

安娜： 没有了，就因为这个。我不能和凯莉或萨布丽娜搭档吗？

巴特利特老师： 这只是问题的一部分。他们已经有搭档了，而且你已经和他们合作得很好了。如果我们可以解决你对扎克的担忧，你觉得你们两个可以在一起合作吗？

安娜： 也许吧。我是说，不行。不管怎样，我都不要和他搭档。

巴特利特老师： 好吧，可能是这样的。也许我们可以帮助他，让他能更好地倾听你的想法，完成他自己的任务。

安娜： 怎么帮？

巴特利特老师： 我还不确定，我觉得我们需要跟扎克聊聊。你想让我和他聊聊，或者你也想跟我们一起讨论？

安娜： 我想让您和他谈，但是我不想让他觉得是我在给他找麻烦。

巴特利特老师： 我觉得他非常了解我们的班级是如何运作的，不会认为是你在给他找麻烦。我刚才在想你可能有解决问题的好办法。所以，如果你也能加入讨论，那应该会很有帮助。这个谈话，我可以先开口。

安娜： 好的。

巴特利特老师： 我们是不是应该找个时间，让你、我还有扎克一起谈谈这事？

安娜： 好的。

下次讨论，有扎克、安娜和巴特利特老师参加：

巴特利特老师： 扎克，你知道的，在我们班，当有人遇到问题时，我们都会坐在一起谈谈。我昨天跟你提过的，我觉得你、我还有安娜最好一起聊聊你们两个应该一起完成的作业。

扎克： 好的。

巴特利特老师： 安娜有些担心跟你一起合作做作业的事。好像你们两个去年一起合作过，对吧？

扎克： 对。

巴特利特老师： 我不知道你是否了解，但安娜从那次作业中感觉到你不大接受她的想法，她还做了绝大部分的任务。所以她不大确定这次还要不要和你合作。

扎克： 她不是非要和我合作啊。我可以再找一个搭档。

巴特利特老师： 是的，她也这么想。但是我希望我们可以想一个办法，让你们两个好好合作。你怎么看安娜的担忧？

扎克： 我不知道，那都是很久之前的事了。

巴特利特老师： 你记得你们两个去年是怎么完成那次作业的吗？

扎克： 不记得。

巴特利特老师： 你记不记得是安娜完成了大部分的任务？

扎克： 记得一点。但那是因为她不喜欢我的方式，所以她才要自己做的。

安娜： 并不是这样的。我做了大部分的任务，是因为你什么都不想做。

扎克： 我记得不是这样的。

巴特利特老师： 似乎你们两位对去年发生的事情及其中的缘由记得不大一样。也许，我们不应该过多关注去年发生的事情。不知道你们同不同

Chapter 7　Meeting of the Minds

意，或许我们要关注的是现在阻碍你们合作的担忧。安娜，你的担忧是扎克不听你的任何想法。还有，你们两个都担心安娜要做所有的任务。我想知道是不是有办法让你们两个确保你们对这项作业有同等的贡献，而不用安娜最后完成所有的任务。你们两个有什么想法吗？

安娜： 这没意义，他不会听的。

巴特利特老师： 嗯，我知道你对去年发生的事情的感受，但是对去年的事，我什么都不能做。我们还是关注现在的事情，一起想个办法，让你和扎克有同等的贡献，投入同等的精力。

安娜： 在我们想办法的这段时间，您能和我们坐在一起吗？然后您就会明白我的意思了。

扎克： 您就会明白我的意思了。

巴特利特老师： 所以，安娜，你是说，如果我坐在这儿看你们讨论，我也许就能帮你们两个更加平等地交换想法，是吗？

安娜： 这不是我的意思。

巴特利特老师： 我知道，但我在想也许让你们两个平等交换想法并不是坏事。你觉得呢？

扎克： 我觉得可以。

安娜： 好的，那您就坐在这儿看我们讨论，确保我们平等地贡献我们的想法。

巴特利特老师： 只要这对你们两个有效。

安娜： 如果我要和他合作，那就只能对我有效。

巴特利特老师： 我不是说你必须要和他合作。我是说我想让你试试，这样其他孩子就不用换搭档了。如果那个办法对你们没用，我们还有其他办法。

安娜：其他办法是什么？

巴特利特老师：我不知道，我们要一起想。你们两个能想到其他办法吗？

扎克：我们可以独自完成这项作业。你明白吧，分别完成。她做一个，我做一个。

巴特利特老师：嗯，这可能对你们两个都有效，但是我不行。这项作业的目标之一就是让孩子们学会合作，我认为这是一项重要技能。

安娜：为什么我们不能努力合作，让您来帮助我们？如果不行，我们再各自完成作业。

巴特利特老师：扎克，这办法你同意吗？

扎克：行啊，随便。

巴特利特老师：我需要想想我能不能接受。你们两个努力合作，而我来帮助你们？

安娜：是的。

扎克：是的。

巴特利特老师：好的。那我们先这样做。我们明天再一起研究这项作业。我会看着你们两个讨论，看看我能不能确保你们两个可以平等地交换意见，并且有同等的任务。我们看看进展如何吧。

集体的方案B

讨论是许多班级常有的活动，但多数讨论的话题都有明确的学习目标和正确或错误的答案。方案B会给集体讨论带来什么？刚开始，还是3个步骤。但是除了这3个步骤，方案B还会帮助整个班级关注学习以外

Chapter 7　Meeting of the Minds

的事情，学习倾听和考虑对方的担忧，并且认识到没有"正确"答案，只有双方都满意的解决方案。

对一个集体使用方案B时，首要目标就是尽可能清楚地了解每个成员对某一问题的担忧和看法。当孩子们逐渐意识到要彻底弄清对方担忧的需求时，集体自然就会先关注担忧，再继续研究解决方案。成人也需要把他们的担忧加进来，同时记得把这些担忧记下来以供参考。

一旦把担忧搞清楚了，集体就要面对下个挑战：找到可以解决这些担忧的办法（邀请）。当方案B涉及两个人时，实施起来很难；当方案B涉及整个集体时，实施起来会更难，但会更有效。在寻找可能的解决方案时，要鼓励参与，收集所有想法，也要把这些想法记下来。列出这些想法可以使我们更容易衡量每种解决方案解决各类担忧的程度。要记住能够经受时间考验的解决方案是那些可以解决所有担忧的解决方案。一个好的解决方案的定义是相同的：它必须既实际又能让双方满意。

集体问题的解决并不比那些永远得不到解决的问题，或那些"地下"问题更困难，因为根本没有解决这些问题的机制。这也是教授给他们技能，让他们自主感受和学习的最佳时机之一。

你会发现集体建立起对沟通、倾听和轮流做事的要求的重要性，而且如果没有达到这些要求，你还要提醒他们。孩子并非一开始就擅长互相倾听，尤其在他们表达对重要问题的担忧时更是如此，但是这些技能是可以教会的。

在集体方案B中，教师仍然是调解者。教师帮助集体决定先解决什么问题，让集体更具专注度、更认真（集体成员最终也会承担这些责任），并确保集体全面了解担忧，探求解决方案。教师帮助集体理清担

第7章　集体的力量：应对学生行为问题的班级解决方案

忧和解决方案的立场通常是中立的。担忧没有好坏之分，也不存在相互竞争的担忧，只有需要解决的担忧。同样地，解决方案也没有好坏之分，只有是否实际和能否令双方满意的解决方案。

在阿尔菲·科恩写的《摆脱管制：从个人服从到集体建设》一书中，他写道：

> 举办班级会议听起来容易，做起来难。有时，参加者并不能就一种解决方案达成共识。这是否意味着我们要把这个问题留到下个会议，还是我们要提出问题，表达我们的观点和感觉，做一些有建设性的事呢？有时，学生们并不参与。我们要分组讨论，还是要每个人写下自己的意见，然后再分享我们的提议？还是说他们不参与讨论，也可以从中得到一些有用的东西？有时，学生会嘲笑别人的想法，不关心别人的想法，或者让几个同学代替他们参加会议。这些问题不能靠老师自己解决，而是要在会议中提出来，由参会的人员一起解决。

一旦孩子们熟悉了方案B，在那些需要使用方案B的情况（希望是极少的情况）下，教师通常可以向班级内的其他孩子寻求帮助。教师不是独行侠，关注你班上的孩子，让他们充分发挥自己的技能。

如果你想知道集体方案B是什么样的，请一定要看看本章的"故事继续"这一部分。

特殊教育班级

到目前为止，我们聚焦的都是普通教育班级，但是你读到的所有内容都可以用于特殊教育和自足式班级，特别是那些有行为问题的孩子的班级。根据学校和学校系统的不同，这类班级可以容纳几个到几十个有行为问题的孩子，并且这些孩子的需求已经超出了普通教育可以提供的范畴。有的孩子在稍小的环境里，也许能够得到更好的帮助。但是，许多这样的学生都被安置在特殊教育班级，因为在普通教育体系中，没有人有指出并教会他们缺乏的技能的必要能力，也无法努力去解决他们的未解决问题。许多特殊教育班级都严重依赖于以后果为基础的项目，你现在知道了，这些项目既不能教会学生技能，也不能解决问题，而且可能会使孩子的问题更严重。

但是这两种班级的任务是相同的。你需要完成每个孩子的ALSUP，你需要整理好需要优先处理的事务，这样孩子和你就能知道你们共同解决的问题是什么。你需要方案B来解决问题，你需要营造一种孩子们互帮互助的班级文化。如果这听起来需要做很多工作，那么请想想如果没有这些助力，你现在的工作有多么繁重。

还有奖惩计划，很有可能是没有必要的。在使用CPS模式的多数场景中（普通和特殊教育学校、住院部精神科和拘留所及少管所），成人逐渐意识到应急管理项目的应用最常让孩子爆发，还会导致许多严重的问题行为。他们认识到与需要解决的问题本身相比，成人和孩子都会更关注奖励和惩罚。但与奖惩相比，在班级里建立明晰的组织结构、维持秩序才更有助于问题的解决。

第7章 集体的力量：应对学生行为问题的班级解决方案

问答环节

问题1：

我们的学校制度贯彻的是正向行为支持理念（PBS）。似乎PBS和CPS之间有一些相似的地方。是这样的吗？

答：

首先，我们最好弄明白你说的"正向行为支持"是什么。因为PBS在特殊教育法中的定义并不十分清楚，它对不同的人的意思是不同的。对于一些人来说，PBS指你"尽力不惩罚孩子"。但是PBS还可以指乔治·苏盖、鲍勃·霍纳和他们的同事提出的介入措施。的确，这两者之间是有些相似之处，但它们二者之间还有一些根本的区别。

这两种模式在强调前瞻性、预防性介入措施方面，在认为有问题行为的孩子应与有学习问题的孩子一样获得同等的关注和重视方面，当然有相似之处。但是，在评估孩子问题行为的功能方面，PBS在很大程度上针对的仍是功能的"第一层次"，即这一行为可以帮助孩子避免或逃避某件事，或可以帮助孩子获得他想要的东西，比如关注或同学的认可。而CPS模式针对的则是功能的"第二层次"，即认为问题行为的功能所传递的信息是孩子缺乏灵活应对具体问题的技能。因此，虽然PBS接受用技能缺陷解释问题行为，但它强调的仍是使用环境激励因素来训练孩子的替代行为。而CPS模式则强调要用成人与孩子合作解决问题的方式作为主要机制，教会孩子所缺乏的思维技能，并帮助孩子解决问题。

这两个模式之间最显著的区别则是PBS不涉及成人和孩子之间的协

作，它是成人驱动的模式。它并不十分重视与孩子协作来确定他们的担忧（只是比较重视确定成人的担忧），并且无需孩子来提出令双方满意的行动计划。提出行动计划的是成人。

问题2：

介入反应模式和PBS倾向于使用经验支持的处理方式。你认同这种倾向性吗？

答：

研究处理方式，确保有效性，偏向使用研究支持的处理方式是非常重要的。但是人不是机器，即使是经验支持的处理方式也很可能没有效果。所以，在选择与孩子个体需求和方案实施者最为匹配的介入措施时，我们不能完全将成人的直觉和智慧排除在外。斯科特·丹佛斯和特里·乔·史密斯在他们的书《接触问题学生》（*Engaging Troubling Students*）中，很好地表明了这一观点："社会科学（研究）向实践者提供了重要的知识来源……而（这类）研究并不能超越现存的其他种类的知识……它只不过是指导教师尝试使用德育措施和其他实际措施的众多实用材料之一。"还有，CPS也是经验支持的处理模式。

问题3：

似乎CPS在某些方面和儿童发展计划（CDP）中描述的发展性管教类似。对吗？

答：

这两种模式在强调发展、技能和不强调行为和惩罚性介入措施方面，当然有一些相似性。但是，CDP使用依恋理论作为起点，而CPS则不是。

第7章 集体的力量：应对学生行为问题的班级解决方案

问题4：

修复式正义呢？

答：

有很多相似之处。CPS和修复式正义模式都弃用传统的、惩罚性的管制程序。这两种模式都是协作性的，都强调关系和集体的建设。修复式管教模式（见洛兰·斯图兹曼·阿姆斯图兹和朱迪·梅丽特所著的《学校修复式管教：教授责任》《营造关爱氛围》）指出伤害者在与被伤害者交流对话后，会渐渐理解他们的错误行为给别人造成的痛苦，这之后他们会选择更适合的解决方案。CPS模式认为当教会孩子们导致问题行为的技能，解决促使问题行为发生的问题时，有行为问题的孩子会采取更恰当的行为。

问题5：

那非暴力沟通呢？

答：

也有许多相似的地方。马歇尔·卢森堡的非暴力沟通（NVC）模型非常强调共情，要明确担忧和感觉，同时还强调人们在互相沟通中阻碍共情和同情的方式。虽然NVC和CPS的理念一致，但CPS更重视欠缺的认知技能，认为这些技能才是导致问题行为的关键因素。

问题6：

还有其他相似的模式吗？

答：

托马斯·戈登的教师效能训练模式与CPS也有不少共同的重要主题，但同样，这个训练模式不重视欠缺的认知技能和未解决问题。

问题7：

那和爱与逻辑这种计划有相似之处吗？

答：

只是表面上有。爱与逻辑计划的确重视与孩子共情，但这一计划的共情主要是应急性的，属于例行公事，它的目的并不是收集信息或了解孩子的担忧，它通常只是方案A的序幕。在这种计划中，孩子和成人解决问题的过程并不以达成双方都满意的解决方案为目的，而且爱与逻辑的计划严重依赖于成人强加的后果。

问题8：

CPS与其他危机管理计划有什么区别？

答：

不少危机管理计划只是危机管理计划。虽然知道如何减轻和化解危机也不错，而且应急性方案B在这些方面也很实用，但CPS更强调危机的预防。没有哪项学习能力的不足是在危机模式下处理的，危机显然不是处理技能缺陷和导致社交、情绪和行为问题的未解决问题的最佳时机。

故事继续

在米德尔顿老师和乔伊及他的老师见面几周后，他坐在办公桌前，细心研究着放学后留堂的纸条。阿姆斯特朗老师这里，有超过5个……克里斯塔尔就占了4个。"这人要打破自己的纪录啊。"他自言自语，叹了口气，"我们需要谈谈。"他决定下班时去找一趟阿姆斯特朗老师。

第7章 集体的力量：应对学生行为问题的班级解决方案

"我能跟你聊一会儿吗？"

阿姆斯特朗老师正在收拾东西。"我有点着急，我儿子要参加一个曲棍球比赛。"

"啊，不错，我跟你一起走。我看到你又给克里斯塔尔开了4张留堂的条子。"

阿姆斯特朗老师一边把几张期末试卷塞到自己的背包里，一边抬起头。"比尔，我不能容忍别人对我不尊重。很久之前，就该有人把她这个毛病扼杀在萌芽里。如果我儿子像她这样做，他一定会很久都记得这会导致什么。"阿姆斯特朗老师拉上背包的拉链，开始向走廊走去。"怎么了，有什么问题吗？"

米德尔顿老师和阿姆斯特朗老师一起走到走廊。"我在想留堂、停课这些措施是否达到了我们的目的。"

阿姆斯特朗老师停住了脚步。"有时，孩子就得摔摔跤才能明白道理。对克里斯塔尔这样的孩子，你不能来软的。你之前还没领教过她吗？"

"我不知道我们从克里斯塔尔那里领教了什么，但我确实知道她摔跤的时间可不短了。你到底想让她明白什么呢？"

"做事要有规矩，对待别人，特别是权威人士也要有规矩。这个世界上，除了她克里斯塔尔，还有别人。如果她不懂这些事，她要怎么在现实世界中生存呢？"

"如果她从我们这得到的只有一次又一次的停学和留堂，我倒是有点担心她将来要怎么在现实世界中生存。"

"为什么？你还有其他教她学习的方式？她祖母可不会教她这个。"

Chapter 7 Meeting of the Minds

"你知道，布里奇曼这人有不少有意思的点子。"

阿姆斯特朗老师皱了皱眉。"哦，我听过布里奇曼医生的办法，这人很可能从没进过教室。克里斯塔尔不需要哄着，她需要的是不让步的人。"阿姆斯特朗老师停下，看了看手表。"看，我需要去看曲棍球比赛了。不管怎样，克里斯塔尔已经告诉我她会尽快退学……就像她哥哥一样。我能说的就是，她已经开始办退学手续了。这半个月，她就来了3天，所以咱们说什么都没用了。"

几天后，洛威尔女士、伍兹老师和弗兰科老师按计划在上学前见面了。

"您能来，我们非常感谢。"伍兹老师说，"我们知道您请假不容易。"

"我领导知道是乔伊的事，她很理解。"洛威尔女士说，"但是这几年她已经给过我不少假了……我觉得就是她也开始怀疑乔伊的境况了。"

"好，我们开始说正事吧。"伍兹老师说，"你儿子表现很好。"

这句夸奖让洛威尔女士吃了一惊。"哦，天，我可不常听到这种话。乔伊真的很喜欢您，他说与我相比，他更愿意跟您说话！"

伍兹老师笑了。"我不知道这是不是我们想要的结果，但是我们的确有过几次很有成效的谈话。我们一找到问题是什么，他就有不少解决问题的好办法。"

洛威尔女士看了看弗兰科老师。"他很感谢您处理代课老师和储物柜的事情的方式。"

"我能看出他为了控制自己有多么努力。"弗兰科老师说，"但确实是出了些问题。"

第7章 集体的力量：应对学生行为问题的班级解决方案

"乔伊好像总出'问题'。"洛威尔女士说。

"嗯，这也是我们想和您见面的原因。"伍兹老师说，"我知道您和布里奇曼医生在第一次见面时，谈了乔伊可能欠缺的技能。我们觉得多了解乔伊在家里的表现会比较好。比如，是否他在家和在这儿发脾气的对象一样。"

"哦，他在家当然会发脾气了。"洛威尔女士说，"他哥哥烦他啊，事情不按他预想的方向发展啊，听到别人说'不'啊……很容易就发脾气了。"

"我们倒没发现在学校里，这些事情会让他发脾气。"伍兹老师说，"当然，他哥哥也不在这个班。在学校，不明白作业、在其他孩子面前出丑（以及想到他自己搞砸事情了）这些事好像最常让他发脾气。"

"他觉得自己很差，有一部分是因为他哥哥，"洛威尔女士坦诚地说，"他俩对骂得很厉害。另外，这些年，他哥哥还要忍受乔伊的脾气，获得我更多的关注。所以，他们之间的关系不大好。"

"听起来，你们也都不容易啊。"伍兹老师说。

"不跟您说假话，确实不好过，"洛威尔女士说，"但是你们二位不需要听这个。"

"我们了解得越多越好，"弗兰科老师说，"许多父母似乎都不大想来这儿。"

"我之前也这样。"洛威尔女士说，"跟您说实话，去一个所有人都因为你孩子的错误而责备你的地方确实不那么容易，但是后来我已经不这么觉得了。"

"您想听听我们和乔伊现在在做的一些事情吗？"伍兹老师说。

259

Chapter 7　Meeting of the Minds

"嗯，我知道你们想出来的方案，"洛威尔女士说，"但是我不知道你们是怎么想出来的。"

伍兹老师解释了3种方案，和方案B的3个步骤，最后说："方案B能够帮助你和孩子谈话，而不是对孩子说话。"

"我就是这么对乔伊的，"洛威尔女士说，"我在对他说话。我觉得他很久之前就不再听我的了。所以谁可以帮我在家实施方案B呢？"

"或许布里奇曼医生可以，"伍兹老师建议，"但是我很愿意告诉您我们在学校做的是什么。"

"我自己还没使用过方案B呢，"弗兰科老师说，"但是我觉得也许我们班的几个孩子也需要我学着怎么做了。"

洛威尔女士看了看她的手表。"我请假也不能太久。我猜孩子们也快来了，我觉得乔伊也不愿意让他同学看到我坐在这儿。"

伍兹老师点点头继续说："你说得对。但是如果你领导同意的话，我们能不能大约每个月见一次呢？我在想我们最好过段时间就见见面，你知道，不只是发邮件。"

"不用担心我领导，"洛威尔女士说，"我会来的。"

几天后，伍兹老师正坐在办公桌前想乔伊和她班上其他孩子的事，突然间明白了什么。和学校其他许多老师一样，她用积分机制来奖励班级里的良好行为，惩罚不良行为。在每周刚开始时，班里的每个学生都有10个积分。如果有不良行为，就会扣除积分。每周末，学生可以用手上的积分兑换小礼物。但是，她想了想整个机制和那些经常丢积分的孩子，她意识到这个机制只对那些表现好的孩子"有用"，而对表现不好的孩子完全没用。

她去弗兰科的教室找她。"你有没有注意到这个积分机制没用啊?"

弗兰科老师正在修改教案,她抬起头来说:"你的意思是?"

"我的意思是表现很好的孩子不会丢积分,总能拿到奖励。但是表现不好的孩子却总是丢不少积分,也得不到奖励,最后也还是表现不好。"

"从没想过这事,"弗兰科老师说,"但我觉得你是对的。"

"那我要是对的,我们为什么还这么做呢?"

"哦,我觉得我们做的不少事其实都没人认真想过。"

伍兹老师又问了一句:"我们要在班里用这个奖励机制是写在规定里了吗?"

"好问题,但是你在乎吗?"

"我不是想打破任何规则,但我真的不想把时间浪费在这些没有用的事情上。"

弗兰科老师开始认真对待这次谈话。"我是站在你这边的,但是我想知道如果我们取消了这个奖励,那些表现好的孩子会不会就不再表现好了。"

"我知道布里奇曼医生会怎么说。"伍兹老师说,"他会说表现好的孩子不是因为积分才表现好,他们表现好是因为他们能。"

"但是也不是说积分机制在伤害表现好的孩子吧。"

伍兹老师快速想了想这个说法。"我不确定。但为什么我们还要费力让已经有动力的孩子表现好,还要让他们觉得他们应该表现好的唯一目的是得到我们要给他们的奖励呢?"

"嗯,确实。如果我们取消了这个奖励,我们还要想想怎么处理那

Chapter 7　Meeting of the Minds

些表现不好的孩子。"

"是的,有没有这个机制,这都是我们现在要解决的问题。不管怎么样,对他们我有些想法。"

"真的?你打算做什么?"

"我要使用方案B,对每个人都用。我要找出是什么阻碍了他们,然后再帮他们解决问题,一次处理一个孩子的一个问题。"

"你真是太喜欢它了。"

"太喜欢什么?"

"你太喜欢方案B了。"

"对,我很喜欢方案B,"伍兹老师说,"而且我迫不及待地想要开始帮这些孩子解决困扰他们多年的问题。除了继续做这些没用的事,没人做过任何事,这难道不糟吗?"

弗兰科老师又想到了她班上那些迫切需要方案B的孩子并说:"是啊,确实。"她犹豫了一下,"你能帮我个忙吗?"

"当然。"

"我一直都想试着对我班上的孩子使用方案B。你能,哦,帮我使用方案B吗?"

伍兹老师笑着说:"外行指导外行吗?非常乐意。"

"如果你不用积分机制了,那我也不用了。"弗兰科老师说,"不能让你一个人惹麻烦啊。"

接下来的一周,弗兰科老师去伍兹老师的教室,让她指导自己第一次实行方案B。"你准备好指导我了吗?"她问伍兹老师。

"也许你应该问你是不是已经准备好了让我指导。"伍兹老师大笑。

"你是这栋楼里,除了布里奇曼医生以外,唯一了解方案B的人。布里奇曼医生太忙了,我只有找你了。"弗兰科老师说。

"嗯。我会尽力的。所以,你知道你想和谁一起使用方案B吗?"

弗兰科老师转了转眼珠并说:"特拉维斯。从我收集的信息来看,他对我班上的许多孩子都极其野蛮。"

伍兹老师教特拉维斯数学课。"我听说过,我听说他这样已经很久了。"

"这也证明我们学校的反霸凌计划非常有效啊。"弗兰科老师讽刺说,"我猜,我们的反霸凌计划只是让他的行为转入地下了。现在,他很擅长隐藏自己的行为。"

"所以你想跟他谈他是怎么对待其他孩子的。"

"这可能是目前我的课堂上最大的问题了,这孩子不愿意跟我说话。我是说,他做自己的作业,也没有行为上的问题——反正在他知道我看着他的时候没有,而我就像个老鹰似的看着他——所以我从没跟他真正聊过什么事情。"

"好的,那我们是不是应该看看ALSUP,搞清楚是什么导致他用那种方式对待其他孩子?"

这个想法让弗兰科老师吃了一惊。"霸凌者也有欠缺的技能?"

"我觉得是吧,否则他们为什么要欺负别人呢?"

这两位老师仔细审视了ALSUP上的条目。她们最后认为特拉维斯并不擅长接受他人的观点,理解不了他的行为是如何影响他人的,似乎也不懂基本的社交行为。她们还担心他可能有认知扭曲。她们仔细考虑了特拉维斯有最大问题的场景:课间休息、午餐时间和校车上。而后,

Chapter 7　Meeting of the Minds

她们过了一遍方案B的3个步骤，并用角色扮演的方式演练了对话。

"这太奇怪了！"弗兰科老师在结束练习后说，"我是说，我知道我以前是个使用方案A的老师，但是我之前都没意识到我的风格是这么明显！"

"我之前也没意识到，但是你的方案A不是卑鄙的方案A。让我想想怎么说，是充满活力的方案A。"

"哦，我是挺有活力的。我总是想如果我要求严格、充满热情、活力四射，我就能影响孩子们，让他们也能像我一样。"

"很可能的确影响到了许多孩子。你的活力是宝藏，你的孩子们很喜欢你。他们怕你，但也爱你。"

"是的，但这也是问题所在。我真的想让他们因为害怕我才努力学习、表现良好吗？或是因为他们知道我在看着他们？这种办法可靠吗？我又不能永远做他们的老师！但是这个方案B关注的点是不同的。"

"你真想在特拉维斯身上试试看？"伍兹老师问。

弗兰科老师一反常态，有些不确定了。"我觉得是吧。你确定你不要看着我使用方案B？"

伍兹老师笑了，然后意识到她的朋友不是在开玩笑。"我想如果你觉得有帮助的话，我可以陪着你呀。但是回想起来，我有点庆幸布里奇曼医生在我第一次对乔伊使用方案B时，没有陪着我。我觉得这对我和乔伊的关系很有帮助，这让我意识到我才是那个需要学习如何使用方案B的人。"

"我觉得你是对的，也不能让你永远牵着我的手，最差能发生什么呀？"

两天后，弗兰科老师问特拉维斯是否能在课间休息时和她聊聊。通常，她只需直接告诉他课间休息时留下就行。但这次，她彻底放弃了方案A，只是试探性地提及想和他聊聊，而课间休息时间可能比较合适。

特拉维斯对弗兰科老师的新办法无动于衷。"你想要谈什么？"

弗兰科老师对特拉维斯的反应有些吃惊，她本来想象的是她更为和善、温柔的方法会换来同样的回应。"哦，我只是想聊聊你和其他孩子的相处问题。你没有惹麻烦。"

特拉维斯还是不愿接受。"我不在乎我有没有惹麻烦。为什么非要占课间休息的时间？"

弗兰科老师努力维持方案B的模式。"也不一定非在课间休息的时候，你觉得什么时间更合适？"

"我什么时间都不合适。"

特拉维斯的回答让弗兰科老师又回到了标准操作流程。"特拉维斯，你课间休息时留下来，我们聊聊。就这样。"

特拉维斯又坐回座位，抱着肩膀，气鼓鼓地看着其他同学离开教室去休息。

所有孩子离开后，弗兰科老师再次尝试。"特拉维斯，我听说了咱们班的孩子相处的几件有意思的事。你觉得咱们班的孩子相处得怎么样？"

"挺好啊。"他噘着嘴，"我现在能出去玩了吗？"

"马上，特拉维斯。问题是，我听说的是不好，所以我想知道你对这情况有没有什么想法。"

"你听说什么了？"特拉维斯充满防备地问道。

Chapter 7　Meeting of the Minds

"实际上，我听说有几次你欺负了其他孩子。但我想听听你是怎么说的。"

"他们想说什么随他们。我现在能出去了吗？"

弗兰科老师想：看来这次进展不大顺利。"特拉维斯，我真的希望我们可以谈谈这事。"

"我可不想。"

"是，课间休息让你留下来是我的想法。我们本可以换个时间谈，但你当时看起来根本没兴趣谈。"

"我现在还是没兴趣。"

弗兰科老师灰心了。"这样吧，特拉维斯。鉴于你没兴趣谈这个，我们还按我的方案来吧。下次我要是再听说你对其他孩子不友善，那你接下来的一周，课间休息时都不许出去。不接受任何反驳，明白了吗？"

"随便。"特拉维斯嘟囔着，脸变得通红。

"'随便'不是我想听到的答案。"

"好。"

"好什么？"

"好，我听明白了。我现在能出去了吗？"

弗兰科老师想最后试一次。"特拉维斯，你之前从没这么对待过我。今天是怎么了？"

"你让我很烦。我现在能出去了吗？"

"去吧，我们今天毫无成果。只是别忘了如果我听说你再欺负别人，会发生什么。"特拉维斯离开了教室。

弗兰科老师想：之前都进行得很顺利啊，果然方案B应该留给那些专家去做。

弗兰科老师在放学后走进了伍兹老师的教室。

"嘿,你来了,"伍兹老师说,"我的方案B练习生。进行得如何?"

"就没进行。"弗兰科老师一边汇报,一边跌进了椅子里。

"你还没跟他谈?"伍兹老师问。

"我试了。但在谈话中我是那个总说话的,他就是个没有礼貌的小……"

"啊,听起来进展得不顺利。"

"我就知道得让你坐在我旁边,我不知道我哪里做错了。"

"我也是弄砸了几次,才有点头绪。怎么了?"

"我请他在课间休息时留下来,然后我们谈谈。他不喜欢这个主意,所以我问他什么时间合适,他说都不合适。所以我就让他在课间休息时留下来,然后他就生气了。然后我试着跟他谈他怎么欺负其他孩子的,他基本不怎么说话。实际上,他很粗鲁。怎么'粗鲁'和'不礼貌'不在ALSUP上?"

"嗯,我猜布里奇曼医生会说孩子粗鲁和不礼貌是因为他们欠缺礼貌和尊重他人的技能。或者说他们已经非常生气了,早就把礼貌和尊重抛到九霄云外了。"

"问题是,他之前从没那样过。当然,我之前也从没跟他谈过任何事情。"

伍兹老师在思考是哪里出了问题。"也许出了什么问题。他通常不是这么粗鲁、不礼貌的,但是当你试着跟他聊他是怎么欺负其他孩子的时候,他就变得粗鲁、不礼貌。我们不知道为什么。"

Chapter 7 Meeting of the Minds

"你确定我们不应该就他的事问问布里奇曼医生吗?"

"嗯,我们可以向布里奇曼医生求助。但是我不知道我们是否需要他的帮助。"伍兹老师停了一下,"我觉得你需要再试试。"

"绝不!"弗兰科老师摇了摇头,"骗我一次……"

"别这样啊。"伍兹老师鼓励她说,"这可不像丹尼斯·弗兰科在说话。"

"我不知道我在做什么!"

"我当时也不知道。"

"但是我甚至不知道我做错了什么!"

"也许你什么都没做错。也许这对他来说是敏感话题,也许他就是不想谈这个。也许他觉得你认为其他孩子的情况是他的错。又或者你一开始让他休息的时候留下来谈话就做错了。"

"我已经努力注意自己的态度了,但是我猜我还是有点强迫他跟我谈话了。所以现在怎么办?"

"如果你想的话,你应该审视一下我们对特拉维斯的一些假设。"伍兹老师说,"你知道,要努力搞明白他为什么不愿意跟你聊天,我们还应该稍微练习一下共情步骤。我觉得你可能跳过了这一步。"

米德尔顿老师在走廊里看到了这两位老师在说话,他探头进来问:"你们两个今晚要在这儿睡吗?"

"不啊,谢谢。"弗兰科老师说,"我这一天已经够糟了。"

米德尔顿老师扑通一下坐到椅子上,看起来很疲惫的样子。"我觉得我知道你的感受。"

"这一天不容易啊?"伍兹老师问。

第7章 集体的力量：应对学生行为问题的班级解决方案

"8年级今天打了两场架了，"米德尔顿老师说，"不是一场哦，是两场。5个学生被停学了。"

伍兹老师表情痛苦。"那个年级可不好管，我们两年前教过他们。"

"嗯，这些小可爱们可不像以前那么可爱了。"米德尔顿老师说。

"以前也没记得他们有多可爱。"弗兰科老师说。

"让我听点好消息吧。"米德尔顿老师说，"我的朋友乔伊同学怎么样了？自我们那次见面以后，我还没听说过他的情况呢。"

"乔伊表现得不错，"伍兹老师说，用手指轻轻地敲着她的桌子，"我真的很享受和他合作。"

"如闻天籁啊。"米德尔顿老师说，"我真的很佩服你接手做这件事，我只是希望这个学校里有更多人能够这样做。每个人都觉得我是那个该收拾烂摊子的人。"

"学校里还有不少人认为管教学生是你的事，不是他们的。"弗兰科老师说，"你是副校长，做这事方便些。"

"方便，也许吧。"米德尔顿老师说，"但这根本一点效果也没有。我从没第一时间看到事情是怎么发生的，人们就期待我支持他们做一些根本没用的事。等问题轮到我处理时，我却发现我每周面对的都是同样的孩子、同样的问题，而且每次都已经是事发之后了。事情发生以后，我根本也做不了什么了。根据我从布里奇曼医生那里学到的，解决问题的最佳时机是在问题发生之前。当问题发生时，第一时间与孩子一起面对问题的人是帮助孩子提前学会问题背后所需技能的最佳人选。"他看着伍兹老师说，"就像你正在跟乔伊做的一样。"

"不只是乔伊，"弗兰科老师说，"她还在处理许多孩子的问题。"

Chapter 7 Meeting of the Minds

米德尔顿老师很钦佩她。"哇。你知道你是先锋吗？"

"我不是先锋。"伍兹老师看起来很不好意思。

"别表扬她，"弗兰科老师警告说，"她应对不了。她甚至还让我试试，但是很明显，我学得挺慢。"

米德尔顿老师压低声音说："我必须承认，我也一直在我的办公室试验方案B。当然，没人知道。"

这两位老师笑了。"我觉得伍兹老师应该在咱们教工会议上告诉所有人她是如何使用方案B的。"弗兰科老师说。

伍兹老师瞪了她朋友一眼并说："不行。"

"这主意不错，"米德尔顿老师说，"有的8年级老师也需要听听。"

"我觉得布里奇曼医生才应该在教工会议上给大家讲讲方案B。"伍兹老师说。

"对，可以讲讲具体的细节，"米德尔顿老师说，"但是你在教学上有可信度啊。我是认真的，我想让更多的人都听听这个。我已经厌倦到处灭火了。"

伍兹老师现在还在考虑着可能性。"你知道，我们没有出现8年级打架的事。但是我们6年级的孩子相处得也不好。"

弗兰科老师看了看米德尔顿老师。"对，这也是我第一次尝试方案B，感觉不怎么样。"

"所以我才关着门尝试的呀。"米德尔顿老师说，"但是我感觉好多了。"

"她也会的。"伍兹老师说，"但我不确定对学生个体使用方案B是不是唯一的方法。我前几天跟布里奇曼医生聊天，说起我能不能对全班使用方案B。他给了我一些建议……还有一本书让我读，我想从孩子们如何相处开始。你们觉得怎么样？"

弗兰科老师深受触动。"我觉得你是个先锋。对于我，如果我能想出如何让特拉维斯跟我说话，我就可以开派对庆祝了。"

"这么做应该错不了。"伍兹老师说，"我觉得我已经准备好尝试对整个班使用方案B啦。"

米德尔顿老师因为这次谈话精神百倍。"让我知道进行得怎么样啊。然后你就可以给我们讲讲了。"

几天后的周五，伍兹老师定期给她班里的学生开班会。她在班会刚开始时，向全班学生宣布她的日程安排。"孩子们，我想我们今天能不能谈点不一样的，这是我们从未谈过的内容。"她开始第一次尝试在整个班级实施方案B，感觉有点紧张。"我在想在我们班里，我们应该如何对待对方。"

迎接她的是一片沉默，还有26双空洞的眼睛。"我猜你们需要稍微了解一下。我注意到有时我们很难友好地对待对方，我们只是待在一起而已。我想知道是否有人知道发生了什么事。"她说，"你们没有惹麻烦，我只是想知道是否有人也注意到了这件事。如果有这个问题，我们可以探讨一下解决办法。"

现在空洞的眼神少了，却有孩子在座位上不安地扭动起来，但是还是没人举手。最后，泰勒提了个问题。"您是说，比如，互相捉弄？"

"是的，我看到过捉弄，我认为这是会让一些孩子不开心的事情之一。"

现在有的孩子交换着会意的眼神。

Chapter 7　Meeting of the Minds

"那您是想让我们告诉您是谁在捉弄别人吗?"泰勒问。

"我不是为了这个。"伍兹老师说,"我更想知道同学的哪些相处方式会让你们不高兴。"

"捉弄别人不是很普通的事吗?"阿尔贝托问,"我是说,孩子们总是会互相捉弄嘛。"

"但这并不意味着被捉弄的孩子就会高兴被捉弄啊。"泰勒厉声说。

"我们别忘了班会的规则啊。"伍兹老师提醒说,"我觉得如果我们不举手,不互相倾听对方说话,我们就不能取得任何进展。"

"我觉得确实有不少捉弄人的事发生,"萨曼莎说,"我也不喜欢别人未经我的允许来扯我的头发。"

"班上谁能获得你的允许来扯你的头发啊?!"亚历克斯喊道。

全班爆发出笑声。伍兹老师开始怀疑孩子们是否无法把握这个话题。她提高声音,盖过笑声。"安静一下。"全班安静了下来。"我已经知道这个话题对于你们中的许多人都很重要了,所以我们要非常注意我们的沟通规则,这样我们才能继续谈这件事。我希望我们能够做成这件事。我们能做成吗?"

孩子们点点头。

"也许我们可以列出大家不愿意被别人对待的方式。"萨曼莎建议。

"可以。"伍兹老师说,"大家觉得这是个好办法吗?"

大家有的点头,有的茫然地看着她,有的傻笑。

"萨曼莎,如果你不介意的话,也许你可以来列这个清单。如果我们今天能够完成,也许我们还应该列出大家对如何处理这些事提出的建议。"伍兹老师提议。

"您是说，比如要惩罚别人？"泰勒问。

"我们可以探讨惩罚的事情，"伍兹老师说，"但是我希望我们可以考虑互助的方法。当然，我们还是要等到更了解问题之后，再探讨解决方案。目前，我们知道大家不喜欢被捉弄，也不喜欢别人在未经允许的情况下侵入自己的私人空间。虽然阿尔贝托清楚地表明许多孩子都被捉弄过，这似乎挺正常的，但是之后泰勒说被捉弄的人并不喜欢这种感觉。大家怎么想呢？"

康所萝小心翼翼地举手。

"康所萝。"伍兹老师说，"康所萝，在你开始讲话之前，我要先跟其他同学说件事。如果大家在康所萝讲话时举手，康所萝就很难参与讨论。所以我希望大家在她说完之前，先不要举手。康所萝，说吧。"

"我在主日学校①弄清了有善意的捉弄和恶意的捉弄之间的区别。"康所萝慢慢地说，"善意的捉弄指别人，也就是被捉弄的人觉得很有意思。而恶意的捉弄……恶意的捉弄则会让被捉弄的人厌恶。"

康所萝说完后是一阵短暂的沉默。

"我能问个问题吗？"肖恩说，"为什么康所萝说话时，我们不能举手，但其他人说话时，我们就能举手呢？"

"问得好，肖恩。"伍兹老师说，"我们班上有各种各样的学习者。每个人都有他们擅长的领域，每个人也都有需要提高的地方。康所萝遇到的问题之一是她有点难于表达她头脑中的想法。"

"这是她这么安静的原因吗？"苏西问。

"康所萝，你想让我来回答这个问题吗？还是你想自己来？"伍兹

---

① 主日学校指基督教堂或犹太教堂在星期日为儿童提供宗教教育的学校。——译者注

Chapter 7　Meeting of the Minds

老师问。

"您来吧。"康所萝说。

"好的，我觉得这是康所萝有点安静的部分原因。"伍兹老师说，"康所萝需要我们做的就是给她更多时间来理清思路。我们让她知道我们给她时间的方式之一就是在她说话时不举手。"

莉斯举手说："为什么我们不把它加到我们的沟通规则里来呢，这样我们就都有时间整理自己的思路。我也不喜欢大家在我说话的时候举手。"

"这点我们可以讨论一下，"伍兹老师说，"但是目前我还是希望我们可以集中讨论大家做的让同学不开心的事情。可以吗？"

还是有人点头，有人沉默着。

"还有什么事情是大家想要列出来的？"

"有的8年级学生喜欢对我们呼来唤去。"杜安主动说，"如果你不按他们说的做，他们说他们会踢你的——我是说打你。"

孩子们偷笑起来。

"谢谢你换了种说法。"伍兹老师说，"我听说在课间休息时、在校巴上，有霸凌的事情出现。有人觉得自己在咱们班受到霸凌了吗？"

"可能有点。"布雷克说。

"那我们应该把它列出来吗？"伍兹老师问。

孩子们点头同意。

"这很傻。"凯伦大声说。

"什么傻，凯伦？"伍兹老师问。

"在这儿谈霸凌，"凯伦说，"这太蠢了。"

"我不确定你是什么意思，凯伦。"伍兹老师说，"谈霸凌怎么蠢呢？"

"如果有人欺负你，你就要向别人证明你不可能任他们摆布。"凯伦说，"适者生存啊。"

"这个看法很有意思。"伍兹老师说，"大家怎么看呢？"

孩子们似乎不愿发表观点，萨曼莎像往常一样无所畏惧。"我觉得如果霸凌让我们班上的同学感到不开心，那么我们就应该讨论。我觉得这一点也不蠢。"

有的孩子点头同意萨曼莎的观点。

"嗯，这两人的观点都很有意思。"伍兹老师说，"说实话，我希望我们能够找到应对霸凌的方法，而不是以暴制暴。这是我们需要不断探讨的内容。"

这次讨论又持续了10分钟。在班会的最后几分钟，伍兹老师觉得这是告诉全班下一步要做什么的好时机。

"我们已经列出了大家做出的会让同学不高兴的事情，我们还没有探讨这么做和选择这种方式对待他人的原因，我们下次开班会时要讨论这个。如果你们想要在下次开班会前思考这个问题，那很好。哦，还有一件事。我在想我们最好能够经常开这样的会……比如一周3次，而不是1次。大家觉得怎么样？"

康所萝举手。"我觉得这是个好主意，我们有很多事情需要处理。"

伍兹老师和学生们商定了下次会议的时间，他们要在两天后的班会上继续讨论。

在两天后的班会上，伍兹老师问出了上次开班会结束前提出的那个问题。大多数孩子默不作声，唯有萨曼莎说："也许他们觉得有意思吧。"

"可能是这样的。"伍兹老师说，"在我们上次会议中，康所萝表达的有关捉弄的观点，我觉得很值得关注。她说如果被捉弄的人觉得这很有意思，那么这就不算捉弄。但是如果被捉弄的人不喜欢，那么这就是捉弄了。大家觉得呢？"

"我觉得没错。"奥斯汀说，"我跟妈妈说了我们那天的讨论，她说有时人们对别人刻薄，是因为他们不知道如何和别人交朋友。"

"真是聪明的妈妈。"伍兹老师说，"大家觉得有时是这样吗？"

不少孩子都点了点头。

"我觉得有人就是这么刻薄。"杜安说。

"杜安，确实有这种可能性。"伍兹老师说，"但是为什么有人就是这么刻薄呢？"

"我不知道。"杜安回答，"也许他们不知道如何才能对人友好一些吧。"

"啊，所以也许他们也不喜欢这么刻薄，他们只是不知道怎么才能和他人友好相处。"伍兹老师说。

"也许吧。"杜安说。

"我应该把这些想法也列出来吗？"萨曼莎问。

"我觉得可以。"伍兹老师说，"我很高兴我们在探讨这个问题，大家都有很棒的主意。还有吗？"

"也许他们只是心情不好。"肖恩说。

同学们又提出几个想法后，伍兹老师总结了孩子们的担忧，并继续

"确定成人的担忧"这一步。"下面是我的担忧。如果我们要努力相互帮助,确保大家都能得到我们所需要的,并且想要我们班成为大家都可以享受学习的安全场所……那么我们就应该努力帮助别人解决这些问题,对不对?"孩子们点点头。

"所以下次我们开班会时,"她继续说,"我们应该讨论我们应该如何确保我们列出来的这些事情不再发生,并讨论我们互相帮助的方式,怎么样?"

孩子们点头同意。

"如果你们愿意,那么在下次开班会之前,你们可以考虑一下我们可以怎么做。你们之间可以先讨论一下,这样我们下次开班会时,就可以列出大家的想法,然后制定一个方案。"

下次班会时继续实行方案B。

"好,我们已经列出了人们会做让别人不开心的事情的原因。"伍兹老师说,"我们也知道我们想要确保我们集体中的成员在遇到困难、需要我们帮助的时候,能够得到我们的帮助。那现在我们就开始讨论我们如何帮助他们解决这些困难。大家有想法吗?"

"霸凌者难道不应该受到学校的惩罚吗?"泰勒问。

"是的,"伍兹老师说,"但是我觉得这可能没什么用,还是会有很多霸凌现象出现。所以我想知道这是否是解决这类问题的最佳方式。"伍兹老师指了指列出的清单。"我不确定惩罚别人能否解决我们清单上的所有问题。我不知道这能否帮助那些认为虐待有意思的人,我也不明白这如何帮助那些不知道如何交朋友的人、不知道如何友好待人的人、心情不好的人、不知道怎么做才对的人、因为不受欢迎而生气的人。你

Chapter 7 Meeting of the Minds

们觉得呢？"

"除了惩罚他们，还能做什么呢？"泰勒问。

"嗯，我们可以一起想想。"伍兹老师说，"实际上，我们应该一次解决一个问题。如果有人觉得虐待别人很有意思，而我们想帮助他们解决这个问题，因为这对他们、我们都会更好，那么我们如何帮助他们？"

"我们可以告诉他们，我们并不觉得这有意思。"萨曼莎说。

"但是你告诉他们时态度要好，不能对他们发脾气。"艾迪补充说。

"我们可以告诉你他们在做什么。"泰勒建议。

"这些想法都很好。"伍兹老师说。

"我应该把这些写下来吗？"萨曼莎问。

伍兹老师笑了。"萨曼莎，你很擅长提醒我我们需要记录呀。"

"这些办法都太温和了。"凯伦说，"如果有人欺负你，你就告诉他们停手。如果他们不停手，你就让他们停手。"少数孩子听到，立马会意点头表示同意。

"你要怎么做到呢？"伍兹老师说。

"就像我前两天说的，"凯伦说，"适者生存。"

"啊，对，你前两天的确提到过，"伍兹老师说，"我们应该多讨论一下这个想法。我想你说的是打架，对吗？"

凯伦得意地一笑并说："任何必需的手段。"

"但是如果不需要打架的话，为什么还要打呢？"伍兹老师问，"要是打架没有提出的其他解决方案有效呢？"

"我那里的人，如果你告诉他们他们做的事情一点意思也没有，你就会挨打。"凯伦说，"而我，我会先打了，然后再问问题。"

278

零星的人点头回应。

"也许这就是你那里有那么多打架的事情发生的原因。"和凯伦一起坐校车的女孩蒂娜说,"我受够了打架,在我看来,这解决不了任何问题。"

这些话同样也得到了部分同学的点头支持。

伍兹老师尝试共情。"凯伦,总是要担心被打,一定很不好受。"

"就是这样。"凯伦耸了耸肩。

"我的担忧是如果人们避免被打的唯一方式就是先打别人,那么打架就永远不会停止。"伍兹老师说。

凯伦和他的同学仔细思考伍兹老师的话。

"凯伦,你被我们班的同学打过吗?"伍兹老师问。

凯伦环顾一周并说:"没有。"

"也许,如果你觉得可以,你可以把我们班看作一个安全的地方,你可以尝试新方法来对待你觉得很难相处的人。也许我们讨论的一些办法会对你有用。"

凯伦不相信。"要是它们都没用呢?"

伍兹老师用其他方式重新表述了问题。"当你尝试的首个解决方案不像你想的那样可以解决问题时,你们会做什么?"

乔伊举起手。"那就努力想可能有效的其他解决方案。"

"那如果有人欺负你,还觉得很有意思,你还能想到什么办法呢?"伍兹老师问,"目前,我们有告诉他们你们不觉得这很有意思并告诉我的办法。还有其他办法吗?"

"你就告诉他们住手。"杜安说。

Chapter 7　Meeting of the Minds

"你就无视他们,然后希望他们走开。"肖恩建议说。

"这样没用。"奥斯汀说,"如果他们觉得这有意思,他们不会住手的。"

"嗯,记住,奥斯汀,我们现在是在尽力想出更多的解决方案。有的办法可能没有其他的有用,但是我们还要记得我们之前从未以集体的形式尝试解决这个问题。所以,你觉得没用的一些解决办法有可能在我们共同尝试的情况下有效。"

"你可以问问他们为什么要欺负你,"蒂娜主动说,"也许他们只是想让你注意到他们。"

大家继续提出解决方案。最后,全班同学同意把这些解决方案张贴出来,开始使用它们,然后再拿出额外的精力来应对他们从对方那里收到的反馈。

"我们要看看随着时间的推移,我们的解决方案进行得如何。"伍兹老师为这次班会做总结,"我们还有许多工作要做,但是我觉得我们开了个好头。下次开班会,我们再来解决下一个问题。我觉得大家这次都做得很好。"

"伍兹老师,我们在其他年级的时候为什么从没讨论过这类事情?"萨曼莎问。

"你知道吗,萨曼莎,我自己也在想这个问题。"伍兹老师回答。

下周一,弗兰科老师在全班同学都在写作文时,把一张纸悄悄放到了特拉维斯的课桌上。

> 看起来课间休息并不是我们谈话的好时机。但是我还是想和你探讨一些问题。什么时间比较合适呢？请勾选一个：
>
> _____ 上学前
>
> _____ 午餐时
>
> _____ 放学后
>
> _____ 我没想到的其他时间（请写在此处）

在吃午饭的路上，特拉维斯交回了纸条。他选择了"我没想到的其他时间"那项，并在空白处填写了"没时间"。

弗兰科看到他的回复，摇摇头。当天下午晚些时候，她又给了特拉维斯一张纸条。

> 为什么你不想跟我见面？

特拉维斯放学离开教室时，交回了纸条。弗兰科老师等到所有学生都离开后，才打开纸条。

> 你一定会告诉我我做错了什么，然后跟我说你要惩罚我。还有，我不需要你的帮助。

弗兰科老师在特拉维斯第二天早上走进教室时，又给了他一张纸条。

> 我不会告诉你你做错的是什么。我也不会惩罚你。我只想听听你对其他孩子的看法。

Chapter 7　Meeting of the Minds

特拉维斯没有立即回复。但是两天后，弗兰科老师在放学时发现了办公桌上放着一张纸条。

> 为什么是我？

她迅速写下回复，并在第二天交给了特拉维斯。

> 因为我想更多地了解咱们班的同学相处得如何。而我觉得你可能会提供一些对我有帮助的信息。

午饭时，弗兰科老师收到了特拉维斯的回复：

> 周五放学后。就3分钟。

她回答：

> 到时见。

当天放学后，弗兰科老师得意洋洋地给伍兹老师看她新笔友的最新留言。

"哇哦。"伍兹老师赞叹道，"他真的要跟你见面了。"

弗兰科老师面露难色。"现在我知道演员在演出前是什么感觉了，我觉得我有点怯场。"

"关键词是什么？"伍兹老师问。

弗兰科老师看起来很困惑。"祝好运？"

伍兹老师大笑。"是共情，共情，共情。"

"对，共情，共情，共情。"

第7章 集体的力量：应对学生行为问题的班级解决方案

周五，特拉维斯按照约好的那样留了下来。弗兰科老师深吸一口气，勇敢开始了。"特拉维斯，我知道你不是真的想和我说话，所以我很感谢你这么做。"

特拉维斯并不认可这点，弗兰科老师继续安慰他。"就像我之前说的，我不会告诉你你做错了什么，我也不是要惩罚你。如果你不想的话，我不会尝试去帮助你的，我也不知道你是否需要我帮助。但是我感觉咱们班的孩子们有时候相处得并不好，所以我想也许你会对目前的情况有些想法。"

"我不知道你的意思是什么。"

"那我说孩子们相处得不好，你也不明白我的意思是吗？"

"是的。"

"好吧，我注意到咱们班有不少骂人的现象，孩子们还会相互捉弄，对对方并不友善。你注意到了吗？"

"这很正常啊，这就是孩子们相处的方式。"

"哦。那这种相处方式会令你不安吗？"

"不会，这很正常。谁都没有感到不安。"

"这就是问题所在了。有的孩子告诉我这种方式，比如骂人和捉弄让他们不安了。"

特拉维斯得意地笑了。"他们都太懦弱了。"

"我想知道他们为什么会感到不安，你有什么想法吗？"

"没有，这就是孩子们相处的方式。"

"我猜有的孩子非常介意，有的孩子不介意。你觉得呢？"

特拉维斯对这次对话失去了信心。"我猜是吧。我们聊完了吗？"

Chapter 7　Meeting of the Minds

"嗯,马上,还有几个问题。告诉我,有人骂过你、捉弄过你吗?"

"过去经常啊,一直都有啊。但我现在非常擅长骂人、捉弄人了,所以他们就不再对我这样了。"

"有意思。所以孩子们过去常常捉弄你、骂你吗?"

"是的,在我一年级的时候。"

"那你那时介意他们那样对你吗?"

"介意。"特拉维斯张口,但突然发现自己说错了,"我的意思是,不是很介意。不管怎样,我那时只是个小孩子。"

"但那时你就很擅长处理这种事,所以他们就停手了。"

"是的,我爸爸说最好的防御就是好的进攻。"

"是,我之前也听到过这种说法。我只是想知道这种说法除了踢足球,在别的方面是否适用。因为总有人被捉弄。"

现在,特拉维斯对这次对话有些兴趣了。"嗯,诀窍就是确保你不是那个受捉弄的,这也是我爸爸说的。"

"让我看看我是否明白你在说什么。"弗兰科老师努力阐释特拉维斯的观点,"其他孩子过去常常欺负你,你也不喜欢被欺负,你那时候还是个小孩。但是,那时你已经很擅长欺负其他孩子,所以他们现在不敢再欺负你了。然后,欺负其他孩子并不是什么大事,因为这就是孩子们相处的方式。我说的对吗?"

"是的,我们结束了吗?"

弗兰科老师想试试"确定成人的担忧"这一步。"是的,我觉得我们快结束了。"她决定继续,"但以下是我的担忧:有的孩子不喜欢被捉弄或被骂,所以咱们班上有的孩子现在感觉很不舒服,就像你之前感受过的一样。"

"那是他们的问题,他们需要像我以前那样学会熟练处理这类事情。"

"咱们班上有孩子跟你之前的感受一样,这点不会让你不安吗?"

"不会。"

"好吧,马上到时间了,我想让你思考一些事情。我知道你不在乎咱们班上有孩子现在不愿意被捉弄。但我还是想知道我们能否做些什么,让我们班上的所有孩子不受捉弄——你、他们、任何人都不受捉弄,这样就没人觉得不舒服了。"

"不知道。"

"好,那我们两个都稍微想想。也许你会想出办法,或者我会想出办法。你觉得呢?"

特拉维斯已经结束了对话。"行吧,我觉得。"

"我真的感谢你跟我说这些,特拉维斯。我知道你不愿意,但是你真的帮助我更好地了解了情况。"

"不用客气。"

"再见。"

"嗯哼。"特拉维斯边说边离开教室。

在一次早晨与乔伊的会面中,伍兹老师决定继续跟进他们之前谈论过的事情。"乔伊,我想知道我们是否能继续讨论你觉得你搞砸了的事情。"

"好。"

"除了对作业不明白,对此感到生气,还有什么会让你认为你搞

Chapter 7　Meeting of the Minds

砸了？"

乔伊快速想了想这个问题。"我就是知道。"

"你之前知道你并不是班上唯一一个搞不明白作业的学生吗？"

"我不是？"

"不是，其他孩子也会搞不懂作业。"

"我从没看到任何人搞不明白作业。"

"我曾经花了快一天的时间为你的同学解释他们弄不明白的问题。"

"真的吗？"

"是啊，你没有注意到吗？"

"没有。"

"我有时候也会搞不明白一些事情。"

"你？"

"我。"

一丝认可的表情出现在了乔伊脸上。

伍兹老师继续说："如果你愿意的话，你可以认为你搞砸了。但是如果你认为你搞砸了的原因只是你有事情搞不明白，那么我也会搞砸事情。"

乔伊笑了，但笑容迅速消失。"对，但是你不会像我这样发疯，你不用像我这样去看医生，其他孩子也不会。"

"啊，还有其他方面你觉得搞砸了。"

乔伊低头看自己的手。

"这也是我在想的事情。"伍兹老师说，"我们在帮助你理解你为什么会搞不懂作业，以及如何处理这个问题，对吧？"

乔伊抬起头说："对。"

"我们的暗号就是帮助你在面对不明白的事情的时候不发火，对吗？"

"对。"

"我想知道，如果我们成功地帮助你解决弄不明白的事情，并在你搞不明白的时候帮助你不发火，那么你是否还会觉得你搞砸了。"

乔伊看着他的老师说："不知道。"

"我猜我们会知道的。"伍兹老师又有了个主意，"你和我早上见面，你觉得这意味着你搞砸了吗？"

"有点吧。我是说，其他人都不用这样做。"

"我明白你的意思。嗯，我们也不用常常这样见面。实际上，我可以用这个时间来计划我当天在全班范围内要做的事情。"

乔伊看起来有些不开心。"但是我喜欢早晨和您见面。"

"嗯，我也喜欢，乔伊。我只是想也许你并不愿意这么经常和我见面。"

"我不介意，我甚至不在乎其他孩子是否知道这件事。他们中有些人反正已经知道了。所以，如果哪天您需要计划一些事情，您可以告诉我。我可以就坐在这儿，做些别的事情。"

"可以啊。你知道吗，乔伊，你刚才说的话非常好，你一点都没有搞砸。实际上，这些话很贴心。"

"是吗？"

"是的。实际上，我在想我是否需要向你指出你并没有搞砸的事情。"

乔伊对这个建议并不感冒。"您不需要这样做。"

Chapter 7　Meeting of the Minds

　　伍兹老师很快提出了另一个想法。"我用其他人注意不到的方式让你知道怎么样？"

　　乔伊的眼睛亮了。"好。"

　　弗兰科老师急切地想和伍兹老师探讨她对方案B的第二次尝试。但是一周过去了，她都没有找到机会。之后的一天，她碰到了布里奇曼医生。"布里奇曼医生！"

　　"要是我总能受到如此热烈的欢迎多好。"他自言自语。

　　"我在使用方案B！算是在使用吧！"

　　"算是在用也好过根本不用，你在和谁使用呀？"

　　"我班上一个叫特拉维斯的孩子。从我收集的信息来看，他是个真正的霸凌者。但是他在这方面很聪明，虽然我目前并不确定用'聪明'这个词来形容他是否合适。不管怎样吧，我第一次尝试方案B时，他不愿和我说话。你知道的，就是伍兹老师，她帮我找出了我做错的地方。这样，他第二次就跟我说话了。"

　　"太棒了！所以为什么说'算是'呢？"

　　"嗯，我们从没真正地讨论过任何解决方案，我们还没进行到那一步。"

　　"嗯。他第一次没跟你说话，但第二次他跟你谈了这些事，这就是进步啊。很多时候，我们都不能一次性地完成这3个步骤。那你得到有关他的担忧的有用信息了吗？"

　　"我觉得我得到了。他说他一年级时，曾经被欺负过。所以，他决定要学会欺负别人，这样他就不再是受欺负的人了。他似乎从他的父亲那里得到了一些值得我们关注的指导，比如最好的防御就是好的进攻。

所以，他现在不同情那些受欺负的孩子。"

"确实很值得关注，你的确得到了一些有用信息。你告诉他你的担忧是什么了吗？"

"我们班上有些孩子非常不愿意被欺负，但他不在乎。如果一个孩子不在乎你的担忧，你该怎么办呢？"

"嗯，我一般觉得那些不在乎我们的担忧的孩子，他们的担忧已经很久都没人在乎了。我们可能要说服他我们在乎他的担忧，然后他才能开始在乎我们的。"

弗兰科老师想了想这个观点。"哇哦，我之前从未真正考虑过这件事。我猜很长时间以来，我们都在强迫孩子考虑我们的担忧，而我们却没有考虑过他们的。"

"然后我们要知道为什么他们不愿意和我们说话，"布里奇曼医生说，"如果我们愿意解决他们的担忧，那么他们在不被强迫的情况下，也会更加愿意解决我们的担忧。当然，这也是方案B第1步的全部内容。我们想让孩子知道我们真的在考虑他的担忧。"

"我明白了。但是我还是不懂如果他不在乎班上其他同学的感受，我应该做些什么呢？"

"嗯，他不用非常在乎其他孩子，也能努力让其他孩子不那么难受。他只需要考虑你对其他孩子的担忧就行。"

"所以我应该再回到方案B，然后看看我们能想到什么办法是吗？"

"是的！随时告诉我进展啊。"

第二天，弗兰科老师给特拉维斯写了一张纸条，询问他们是否还能再谈一次。她注意到其他孩子下午出去参加课间休息活动时，特拉维斯

Chapter 7 Meeting of the Minds

一直没走,他一直等到最后一个孩子走出他的视线。"如果你想跟我谈话,不用再给我写纸条了。"

这句话让弗兰科老师有点惊讶。"哦,好的。"

"我还要跟你谈几次话?"

"我也不确定。"

"你想要谈什么?"

"我只是想完成我们上次还没结束的谈话。你知道,就是孩子们的相处方式。"

"今天放学之后怎么样?"

"可以。"

特拉维斯走出门去。

"谢谢你,特拉维斯。"弗兰科老师在他身后说。

当天,弗兰科老师看到特拉维斯看了她好几次。放学后,特拉维斯再次出现在门口。他说:"我只有5分钟。"

这次比上次时间长,弗兰科老师想,并挤出一个微笑。"就5分钟,我们能谈正事了吧?"

特拉维斯点头。

"上次我们谈话的时候,我了解到你在一年级被欺负过,所以你要学习如何欺负别的孩子,这样他们就不会欺负你了。你还说过最好的进攻就是好的,不对,等等,应该反过来说,最好的防御就是好的进攻。"

特拉维斯点了点头。

弗兰科老师继续说:"我明白你不想被欺负。但问题是,我们班也没人愿意被欺负,我们班有的孩子对他们被对待的方式感到不舒服。"

特拉维斯又点了点头。

弗兰科老师来到邀请的步骤。她深吸一口气。"我想知道我们是否有办法确保你不被欺负,这样你就不会不舒服,同时也能确保其他孩子不被欺负,这样他们也不会不舒服。你有什么想法吗?"

特拉维斯似乎在思考这个问题,但根据他的眼神,很难看出这点。最后他说:"其他孩子现在都很尊重我。我不想失去我的朋友,我也不想让其他孩子再次欺负我。"

弗兰科老师消化着这些信息。"你担心如果你不再欺负其他孩子,他们就不会尊重你了,你的朋友也不会再做你的朋友了,你会再次受欺负。"

特拉维斯点点头,弗兰科老师还在等他说话。特拉维斯什么都没说,弗兰科老师不确定该做什么了。然后她想起来解决问题不是她一个人的工作,而是他们的工作。"我想知道我们可以做些什么。"

特拉维斯耸耸肩。

"这问题很难,特拉维斯。"弗兰科老师说,"你怎么想?我们怎样才能帮助你保住你的朋友,保证你不受欺负,同时也能确保其他孩子不受欺负呢?"

特拉维斯摸了摸前额。"除非我知道他们会好好对我,否则我不会放松的。"

"嗯,我明白的。如果不知道他们是否也能好好对待你,你是不愿意友好对待其他孩子的。"

"是的。"

"跟你说实话,特拉维斯。我没想好我们要怎么做这件事,我觉得

Chapter 7 Meeting of the Minds

我还需要想想，除非你有什么想法。"

"你为什么不跟其他孩子也说说这事呢？不要只跟我说。"

"我听说伍兹老师班级的学生一起探讨这类事情，这样大家可以同时解决这类事情。"弗兰科老师说，"我们班也可以。你觉得这样行吗？"

特拉维斯耸耸肩。"也许吧，我也不知道。"

"你觉得其他孩子愿意讨论这事吗？"

"不知道。"

"我们是不是应该在全班范围内尝试一下，看看进展如何。你觉得呢？"

"我猜可以吧。"

"现在，我很难想到其他办法了。你呢？"

"我也是，我们谈完了吗？"

"我想是的。谢谢，特拉维斯。"

当特拉维斯说"好的"并准备离开时，弗兰科老师注意到他脸上出现了不易察觉的微笑。"我觉得我刚才使用了方案B。"她想。这让她突然感觉到一丝兴奋，然后她便开始思考下一步的工作。

第8章

与父母一起合作，更好地改善孩子行为

Chapter 8　School of Thought

我们已经取得了很大进展。在前7章，我们知道了会导致孩子问题行为的认知技能缺陷和未解决问题，如何确定未解决问题并对其进行优先排序；考虑了学校传统的纪律规范不能解决问题的原因；了解了使用方案B的细节问题，以及如何使用方案B解决问题、教授技能并减少有行为问题的孩子个体和整个班级的问题行为。下面来到了真正困难的部分：改变整个学校的文化和纪律规范，这是个不小的挑战。

学校体制和学校个体都有很大的区别（在人员、领导结构、组织、工作职责、时间安排、服务人群、现有的纪律规范、联盟等），因此学校想要动员大家应对这一挑战并没有固定的模板可以遵循。但是，就改变文化和纪律规范而言，所有学校都需要以下关键要素：

- 促进、鼓励创新，并营造持久发展的校园氛围的领导人。
- 有改革动力，愿意塑造变革模式，意识到学校已经准备好迎接变革，并有能力回应、帮助对变革有担忧、有困难的同事的个人。
- 鼓励促进、延续变革所需的沟通和团队合作的体系，比如帮助父母和教师跨越分歧并建立有效合作的体系。如果这类体系现在并不存在，那么我们就必须建立这类体系。

在本章中，我们会仔细学习与CPS模式实施及方案B实施方式有关的每个要素。

领导力

领导力是最近一段时间学校的热点话题，原因很有说服力：一位有效率的校领导可以为孩子、教师和父母创造一个完全不同的世界。修改学校的纪律规范是一个非常艰巨的任务。这一任务，在没有远见（我们一直努力达到的目的）、毅力（我们无法一夜之间完成目标）、使命感（我知道我们同时还要处理许多其他事情，但不要忘记，这件事同样重要）、适应力（可能进展得不顺利，但我有信心它会成功的）、协作（让我们集思广益，找出改善的办法）、耐心（不同的人进步的节奏是不同的）和宏观的视角（不要忘记我们要达到的目标，同时还要看到我们已经取得的进步）的情况下是无法完成的。

不巧的是，有效的领导力包括CPS模式中的许多要素，但唯独不包括现在用于成人间互动的要素。当领导者使用方案A来解决问题（无论互动是成人间的还是成人与孩子之间的）时，他们都会在无意间助长"方案A文化"。但你知道的，用方案A，得到的自然也是方案A会带来的结果。

幸运的是，使用方案B，得到的就是方案B会带来的结果。正如《领导力没有简单答案》(*Leadership Without Easy Answers*)的作者罗恩·海费茨（Ron Heifetz）提到的，有效率的领导者并不是天才，他并不知道所有答案。他们认识到他们的主要职责是组织行动，动员人们去面对并解决那些简单的、无痛苦的解决方案无法处理的艰巨问题，并为新办法的探索提供助力。当人们只依靠领导者来解决问题时，他们就变得只依赖于领导者的智慧，而团队的集体智慧就被浪费了。在鼓

Chapter 8　School of Thought

励、激励人们解决艰巨的问题时，领导者让他们从跟随者升级为问题的解决者。

领导者还会促进创新。他们鼓励辩论，帮助人们反思，并帮助人们认识到只是加大力度但不改变策略是没有效果的。对于长久存在的问题，解决方案通常不是人们常用的方法，而这需要创新思维的帮助。领导者会鼓励人们尝试新的想法，并探索新的解决方案。他们明白吸纳不同观点对于找到持久、有效的解决方案至关重要。

领导者帮助人们确定并致力于处理需要解决的难题。我们没有影响到的是哪些孩子？他们需要我们做些什么？为什么我们还在对许多孩子做没用的事情？我们需要改变什么，才能确保他们得到他们所需要的东西？我们需要什么（训练和新的体系）才能完成这一使命？

显然，学校的领导者（校长和助理校长或副校长）是确保一所学校成功推行CPS模式的关键角色。但是如果你认为领导力仅仅来源于那些领导岗位上的人，那么还是请你再想想。虽然我们常常在高层寻找领导力，但领导者却通常在底层出现。

对担忧与质疑的回应

谁能在校园里启动这场变革呢？理想人员自然是学校的领导，但是变革的动力却来自各类不同的人员。所以，迫切希望扭转学校情况的可能是校长，可能是意识到学校现有纪律规范无效的助理校长，也可能是对现有纪律规范失去信心的教师，可能是看不到孩子在学校的行为进步的父母，可能是有难于应付的工作量的学校心理医生或社工，可能是希望向同事们介绍一些新想法的辅导老师，可能是致力于降低教育高成本的特殊教育负责人或校董成员，可能是试图对长久以来请求获得指导和支持，以应对扰乱课堂秩序的孩子的教师做出回应的教育主管。

不同学校对变革的准备程度不同。有的学校，教职工和领导没有认识到现有的学校纪律规范对那些有行为问题的孩子很不利，不了解那些有行为问题的孩子常常缺乏的认知技能，没有调整他们对于那些孩子的行为问题本质的看法，因而也就意识不到变革的必要性。在这类学校，提高意识通常是第一步，我们通常需要质疑传统观点，方式可以是低调的（也可以是张扬的，依据你的风格），提高教职员工的意识，让他们注意到当我们不能了解有行为问题的孩子遇到的困难，不能用更加开明、人道的方式对待他们时，造成的伤害有多么大。这一过程可以从与同事交流开始（"我知道艾琳娜令人头疼，但我还是感觉我们对待她的方式带来的弊大于利"），从团队会议开始（"这是今年赫克托尔第19次被停学了，很难想象再停学能否解决那孩子的真正问题"），从教职工会议开始（"我最近读到了一些有趣的东西，讲的是有行为问题的孩子为什么有问题，这些材料会对我们的处事方式产生巨大影响"）。目的并不是为了产生对抗，而是为了提高意识，让人们开始讨论，帮助人们摘掉他们的"有色眼镜"，让他们直面这一事实，那就是有一部分学生的需求并没有得到重视。

一所接纳有情绪和行为问题的孩子的学校校长曾说过："培养教师对学生的共情是帮助本校学生，将校外停学从几百例降低至零例的核心要素。我们要关注的要点就是共情。我们了解学校孩子们的过往，了解他们经历过什么，他们的故事一个比一个差。我们知道孩子们为什么要这样做，我们要对他们表示共情。我们要为不能发声的孩子创造一些特别的东西，帮助他们发声。"

而在其他学校，教职员工和领导者则已经认识到他们对有行为问题的孩子的理解和相处方式需要做出一些重大调整。他们准备好了解，甚至渴望了解CPS的细节。

在某个时间点（宜早不宜晚），我们需要从空谈变革过渡到真正变革。使用CPS模式，就意味着我们要使用并熟练运用CPS模式的两个关键要素：ALSUP和方案B。而且，因为帮助所有教职员工熟练运用这两个要素很难一蹴而就，所以我们要记住"不积跬步，无以至千里"。我常常建议学校领导设立一个教职员工（包括校领导）组成的核心小组，他们需要定期（一般是每周）开会，并学习熟练使用这两个要素（3—4周时间）。这包括与学生一起完成ALSUP，而后回顾并重新考虑未解决问题的措辞，之后用10—12周时间学会熟练使用方案B。在整个过程中，我强烈建议核心小组成员进行录音（角色扮演虽然有用，但还是无法跟真实情况相比）。录音可以在核心小组会议上播放，小组成员可以倾听、学习并进行反馈。最后（大概是在3—4个月后），许多核心小组成员应该已经在使用ALSUP和方案B方面取得了足够的进步，可以指导核心小组以外的其他教职工。这时，核心小组就需要考虑校园宣传这一模式的最佳实现方式。

你要提前准备好应对有人难以接受并被动或主动抵制变革的可能性。对标准做法的修改一般不会得到大家的欢迎，因而学校纪律会成为特别棘手的问题。有人发现CPS模式的宗旨与他们的想法或培训方式不相符；有人觉得他们对他们的问题学生已经处理得很好了，不需要改变；也可能有些人讨厌别人来改变他们班级的行事方式。还有些人刚开始就有些忧虑，并很难想到该如何找时间学习技能或使用CPS模式；还有人认为实施CPS会降低学校的安全程度；或觉得帮助有行为问题的孩子并不在教育工作者的职责范围内。这里面有些担忧是源于对CPS模式基本情况的误解，而有些担忧则源于变革的发生。当然，这些担忧都是合理的，应该得到倾听，给予阐释的机会，并逐一解决。

具有诱惑力的是，相信针对这些担忧是有简洁且会引起巨变的应对措施，而且这些措施会彻底改变人们的思维方式，并能够立即帮助他们接受这一模式。但实际上，你最好按方案B中共情环节确定孩子担忧的方式来确定他们的担忧（结果证明成人就像孩子一样，当他们感到自己的担忧没有被忽视时，更愿意参与解决问题的过程）。

担忧者： 你看，也许CPS模式很好，但我自己做不了。
回应者： 您自己做不了，再跟我详细说说吧。

担忧者： 如果我可以接受我班级里的不良行为，我是在给其他学生树立什么榜样呢？
回应者： 您是在担心使用方案B时，您会不会给其他学生树立坏榜样。方案B的哪一部分会让您感到您在树立坏榜样呢？

担忧者： 我不会被一个孩子牵着鼻子走，也不可能让他在扰乱课堂后什么惩罚都不用受。
回应者： 您不想被一个孩子牵着鼻子走，也不想让他在扰乱课堂后什么惩罚都不用受。那使用方案B的哪一部分会导致这些情况的发生呢？

担忧者：我不能让孩子认为他赢了。
回应者：您不想让孩子认为他赢了。那可以告诉我方案B的哪一部分让您感到会让孩子认为他赢了。

担忧者：所以我们再也不需要对孩子们设置界限了？
回应者：您担心在使用方案B时，就不再需要设置界限了。我们可以再思考一下这点。

担忧者：我没时间做这些。
回应者：您觉得没时间做这些，您指的是？

担忧者：要是我不是非常擅长使用方案B呢？
回应者：您担心您不擅长使用方案B。怎么会这样呢？

担忧者：如果孩子在家是一团糟，那么我们在学校真正能做的有多少呢？
回应者：您觉得孩子在家遇到的问题会让我们很难解决在学校影响他的问题。怎么会这样呢？

　　克服这些阻碍来帮助有行为问题的孩子不可能一蹴而就。但是在使用CPS模式的所有学校、精神科住院部、照护机构和少管所里，许多一开始非常排斥这一模式的人员现在成为这一模式最热忱的宣传者。

建立有效合作的体系

与延续变革相比，启动变革更加容易。一旦方案的实施超出核心小组的范围，开始向校园扩展，我们就需要建立体系，使教职工可以在孩子个体的技能缺陷和未解决问题方面达成共识，审视实施方案B的第一次尝试和正在进行的尝试，并找出方案B进展不顺利的原因。通过这一体系，我们还可以相互安慰、表达担忧、相互借鉴经验、相互支持并跟踪进展情况。

目前，许多学校的变革都是由团队或学习共同体组织的。那是因为在整个过程中的某个阶段我们明白了学校和教师面临的挑战和问题最好由团队协同解决，而不是靠个人孤军奋战。有的老师喜欢独自工作，可能对这一趋势不大感兴趣，但我的经验是多数人都会慢慢接受这一趋势。这同样也是好事，因为更好地了解有问题行为的孩子，并更有效地应对他们的需求通常需要集体协作的力量，而且学习共同体组织的会议更加契合在校园里持续执行CPS模式的活动。

刚开始时，部分会议时间都要用在让每个人熟悉CPS模式上。随着大家越来越熟悉并习惯运用这一模式，会议时间则会用于了解每个孩子，反思他们取得的进步，并解决优先级别高的问题。作为提示的问题解决方案，可以极大地促成我们对所有关键因素（需优先处理的事务，谁来对某些需优先处理的事务使用方案B，以及他们达成了哪些解决方案）的记录。除了团队会议，许多学校还发现有必要划分额外的会议时间，供所有相关方（管理者、临床医生、教师，有时还有父母）见面（通常是每周）讨论他们最为担心的"高优先级"学生。

如果你的学校没有相关体系提供固定的会议时间，这时遇到需要解决的问题，教职员工就没有机会相互安慰、表达担忧、找到方案B进展不顺利的原因、相互借鉴经验并支持彼此的工作。当成人没有时间讨论时，他们就不可能为有行为问题的孩子提供高质量的帮助。这一点尤其适用于你不知道是否要运用CPS或其他有效的关怀模式的情况，只有无效的关怀模式才不需要良好的沟通。

教师间的孤立在某些学校文化中仍然根深蒂固，所以协作必须要系统性地融入学校的日常工作中。幸运的是，现在有无数的集体工作建构和组织模式，来帮助人们协作解决问题。有一种模式是为学校量身定做的，并已经被许多学校（在不同程度上）采纳，它就是专业学习共同体（PLC）模式。虽然PLC的重点是学习方面的事务，但该模式提供的体系和组织同样适用于问题行为。对于不熟悉此模式的人，PLC是包括多个小组，且小组成员相互依赖，努力实现共同目标、共同探索最佳做法的模式。小组成员聚焦于寻找与学生、教师和学校福祉相关的诸多问题的答案，具体包括以下内容（括号里的内容补充说明了明显的理由）：

- 我们如何阐释并宣传我们学校的使命、愿景和目标（与有行为问题的孩子相关的内容）？
- 我们如何开启、贯彻并维持变革（以更好地了解并满足有行为问题的孩子的需求）？
- 我们如何塑造组织文化、提供相应体系，支持我们寻求的文化（以使应对有行为问题的孩子的新方式能够持续下去）？

- 我们如何设定协作程序，促使个人和组织学习（这样没人会觉得自己是独自工作，以更有效地应对有行为问题的孩子）？
- 我们如何创造一个结果导向，同时还能鼓励实验的环境（因为这与我们与有行为问题的孩子的合作方式有关）？

从上述问题中，我们可以清楚地看到，PLC提供的不仅仅是促进改善的组织结构。这一模式还有助于心态的培养，让人们可以不懈地专注于持续改善。PLC团队成员致力于审视并质疑现状，寻求新方法，测试这些方法，然后对结果进行反思。这很好，因为CPS模式的实施需要质疑传统观点，需要常常关注与学校现有的针对有行为问题的孩子的意识和做法不匹配的程序、政策和项目。

PLC同样以行动为导向。这也很好，因为学校范围内实施CPS的最大障碍就是现有的学校纪律规范。这类纪律通常体现的是方案A，规定中列出的都是孩子能做和不能做的事情，以及如果他们做了或不做这些事情会发生什么。CPS鼓励对许多系统和实施该模式的许多机构的纪律规定进行大幅度修改。在看到方案B取得的进展后，人们通常开始注意到纪律规范无用，且不再符合当前的观点和做法。这时人们通常会设立一个委员会，对纪律规范进行改革。

PLC成员已经准备好身处混乱当中，忍耐暂时的不舒适，接纳不确定，庆祝他们的发现，快速跨越错误阶段，并从中吸取教训。他们意识到，即使规划再细致，人们也还是会受旧习惯左右，事情也还是出问题。这也是好事，因为使用CPS模式在开始时就是会让人感到混乱、不舒服。

跨越分歧

另一组人（父母）需要参与协作，改善有行为问题的孩子在学校的状态。父母常常会说："孩子在学校不会听我的……他们不理解我们在家里经历了什么……他们没有随时告诉我他们在做什么……不顺利时，他们就会指责我。"当然，教师也许会说："这些父母一点也不清楚我们跟他的孩子经历了什么。我们甚至都不能让他们来学校跟我们见次面……他们就希望把孩子送到学校后我们来搞定一切。"

在学校表现出问题的孩子一般在家里也有问题。一方面，这是个坏消息，因为这意味着孩子在多种环境里都很痛苦。另一方面，这也是个好消息，因为这意味着父母和教师有共同点，这样各方会很容易地意识到他们有共同的担忧和阻碍。

正如萨拉·劳伦斯-莱特福特在她的一本有深刻见解的书《基本对话：父母和教师可以互相学习什么》（*Essential Conversation: What Parents and Teachers Can Learn from Each Other*）中提到，高效协作的巨大潜力存在于父母和教师之间。家庭和学校之间存在社交的重叠领域，而孩子们学习和成长的成功依赖于在家庭和学校之间架起的桥梁。父母和教师需要彼此，父母和教师之间的互动可以促进新观念的产生、理解的加深和相互之间的欣赏。在父母和老师交换了关于孩子的极其具体的信息（根据我们的目的，交换的信息指有关技能缺陷和未解决问题的信息）后，父母和教师之间良好沟通的基石——信任就被培养起来。父母会慢慢相信有人在倾听他们，教师看见、了解并且关心他们的孩子。良好的沟通还可以帮助教育工作者慢慢相信父母渴望得到信息，渴望与他人协作,并渴望提供帮助。双方必须尽己所能把孩子放在父母和教师互动的中心。

当然,双方的协作通常充满了感情,特别是当协作的主题是孩子的社交、情绪和行为问题时。劳伦斯-莱特福特博士写到了让父母感到不受孩子学校欢迎的细微障碍,就像是他们侵入了异国的土地,因此他们与教师的交流存在着一种天然的紧张感。父母通常会保护他们的孩子,因而把孩子交给一个完美的陌生人照看对许多人来说都没那么容易。当学校的情况不像希望的那样好时(而这恰恰是有行为问题的孩子常遇到的状况),有的父母可能会责怪老师,质疑他们的资格,试图强加一些解决方案,而有的父母可能会感觉非常无助,感到对学校发生的情况无能为力,并因此完全避免与学校产生任何联系。

无独有偶,教师也常常在与父母的互动中,感到非常不确定、容易遭受攻击并且戒备心很强。他们感觉自己的能力和专业素养都受到了挑战。在教育培训中,教师通常很少接受与父母一起合作。教师教育通常不提供概念框架,让老师们理解构建高效的父母-教师关系的重要性和复杂性,因而许多老师都感到没准备好与孩子父母建立协作的互动关系。

为什么父母与教师很难一起解决问题呢?其实与孩子和成人很难一起解决问题的原因一样:一方或另一方的责备;一方试图将其意愿强加给另一方;很难就孩子遇到的困难(欠缺的技能)和导致其问题行为的真实事件(未解决问题)的本质达成共识;很难确定各方的担忧;解决方案之间的较量。下文是一些例子(请勿模仿):

Chapter 8　School of Thought

（来自学校）强加意愿

特殊教育协调员：尼尔森先生、尼尔森太太，我们认为你们的儿子杰夫已经不适合他现在参加的这个项目了，所以我们要将他转到另一所学校的另一个项目中去。我们需要你们在这份修改过的IEP（个别化教育计划）上签字。

（来自父母）强加意愿

父母：我的妻子和我认为这所学校不能满足我女儿利亚的需求，我们想让她转出这所学校，我们已经联系律师了。

（来自学校）敷衍了事的共情

校长：唐纳森女士，我们了解到过去的几个月里，您和托尼过得很艰难。我们对此非常理解，我们知道那有多难。但是我们还有学校要管理，还要考虑许多其他学生的需求。

（来自父母）敷衍了事的共情

父母：你看，我知道你们跟乔尼相处得都不容易，但是我得做我认为对我儿子最好的事情。

难于达成共识

辅导老师：我们真的觉得格雷格的困难可以追溯到他的生活中没有父亲这一原因。我们认为他需要辅导，这样他才能跟我们聊这件事情。

母亲：格雷格没有父亲已经很久了。我尝试过给他找个大哥哥，但没有用。不管怎样，这不是格雷格有问题的原因。他有问题是因为他在学校没有朋友。我希望你们可以想个办法帮他交个朋友。

辅导老师：我们不这么看。

母亲：我觉得我了解我儿子。

第8章 与父母一起合作，更好地改善孩子行为

（来自学校）解决方案的较量

学校心理医生：贾巴尔需要去我们的自足式班级。

辩护者：不行。贾巴尔需要的是理解他、知道如何和他合作的老师……他需要和正常的孩子在一起，这样他才不会模仿其他坏孩子的不良行为。我希望他待在包容式班级里。

（来自父母）解决方案的较量

父母：她需要IEP。

特殊教育负责人：她需要504计划①。

是哪里出了问题呢？劳伦斯博士提到导致父母与教师沟通出现敌对情况并且破裂的因素非常简单。它们通常都脱不开缺乏共情，不尊重对方的处境、观点和担忧的范畴。对立观点的出现很常见，甚至是难以避免的，因为父母和教师会带来有关孩子独特且同等重要的观点。与其隐藏在礼貌和虚伪的尊敬面纱后，不如开诚布公地表达对立的观点。劳伦斯博士建议，"不要在交流时说'你必须'或'你需要'"（她在这里指的是方案A，虽然她不这么说）。用CPS的话来说，这指双方需要集中精力相互倾听对方的担忧，而不是强加给对方解决方案。根据我的经验，父母和学校教职员工之间的互动产生对抗的原因可以归结为不能就孩子所缺乏的技能和未解决问题达成共识。双方需要共同达成都满意的行动方案——你们是一个团队的。我们来看看我们能否处理需要提升的技能和需要解决的问题……然后我们再共同想出一个行动方案，教孩子

---

① 504计划是美国基础的特殊教育法规，要求老师在上课时注意到特需孩子的问题，然后对此采取相应的措施去照顾这些孩子的需求。——编者注

们学会这些技能，并帮助他们解决这些问题。

教师：奈特先生、奈特太太，现在我们已经聊完了萨利学习的情况，我希望你们明白我觉得她做得很好，以及我真的很喜欢她在我们班。但我们还有其他问题要讨论。

母亲：哦，我们一直都在等待讨论这些问题。她给你惹麻烦了？

教师：我理解的是我不是第一个。

父亲：也不是唯一一个。她在家也挺难管教的。

教师：您的意思是？

父亲：嗯，她不大喜欢别人告诉她该做什么，我们一直都小心翼翼。在低年级时，她没有在学校惹过麻烦，但是那时他们已经发现她在学校和在家有相同的问题。我们找过很多人帮忙，我知道她曾经在学校找过一段时间的辅导老师。

母亲：是的，她在学校参加过一段时间的社交技能小组。我们也让她接受过药物治疗，想看看能否让她不那么脆弱。她现在没有接受任何治疗，她现在还是那个样子。您观察到的是这样吗？

教师：嗯，在某种程度上是的。我当然注意到她不喜欢别人纠正她，特别是与行为有关的事，当然学习上也是。她看起来像是完美主义者。我觉得其他孩子也认为她有点专横，他们说她总是要按自己的方式做事。

母亲：我们女儿就是这样，希望她没有让你太为难。

教师：我们也有相处不错的时候。

母亲：您觉得我们现在还需要用药吗？

父亲：您觉得她需要IEP吗？

教师： 哦，我不能指导你们用药。而且我觉得在我们掌握导致她的问题的因素之前，我们不知道她是否需要IEP。这几天在这里我们实际上已经把孩子的问题行为视为孩子缺乏某些技能的标志。有了这些技能，他们才能有恰当的行为。就像是缺乏学习能力就是其中一种。

母亲： 缺乏学习能力？我记得您说过她学习上还行啊。

教师： 是的，她挺好的。我使用"缺乏学习能力"这个说法，是想说我们不会把行为问题当作是与孩子在学校表现出的学习问题不同的事情。

父亲： 所以如果她缺乏学习能力，她就需要IEP，对吗？

教师： 目前，即使是学习能力的缺乏也不一定必须使用IEP。但我带来了一份表格，我们可以用它来试着确定孩子缺乏的技能和导致他们问题行为的原因。之后我认为我们可以一起来探讨如何帮助她。

父亲（仔细查看ALSUP表格）： 这是看待事情的一种新视角。技能，是吧？从没用这种方式思考过。我在上面看到了几条内容是适用于萨利的……实际上有好几条。

母亲： 我在中间部分看到了好几条。难于看到"灰色地带"/固化的、无法理解言外之意的、非黑即白的思维方式，天，这就是她呀。还有难于脱离原有的理念、计划或解决方案，难于适应计划的改变……

教师： 是的，我也觉得这些符合萨利的情况。

父亲： 所以，她需要去那些特殊学校吗？

教师： 我觉得不用，但是跟您说实话，对这个我也没有经验。我的确也邀请其他父母来参加过几次咱们这样的会面。但是我觉得，如果我们能再安排一次这样的会面，集思广益，找出她缺乏的技能以及是什么问题导致她做出那样的行为，那么我们就可以规划该做什么了。

母亲：她已经有了贴纸图标，不去课间休息……

教师：哦，我倒是没想到这些事。我觉得我们可以讨论一下如何和萨利合作，一起来解决她的问题。

父亲：我不明白。

教师：今天剩下的时间可能不够了。但是我做这一切的前提是萨利已经有了做好一切的动力，只是有些问题她无法自己解决，因而需要我们的帮助。如果我们为她解决了问题，我们就不能帮她学习如何解决这些问题了，她需要参与到解决问题的过程中。我不知道我是否说明白了……

母亲：我不确定我是否完全明白了，但是我们不想耽误你的时间。我们可以把这份表格带回家吗？

教师：当然可以，我们可以在下次见面时一起完成表格。

父亲：那我们就在下次见面时填写这份表格，然后制定一个方案是吗？

教师：等到商定解决方案的时候，我们想要萨利加入进来。

父亲：明白了。

教师：那我们再找个时间见面？

当学校教师和父母开始协作时会发生什么呢？我的朋友帕姆·查尔斯（本章开始时我引用过她的话）会这样说："一旦我们开始与父母取得联系，一旦我们开始帮助他们的孩子在学校获得成功，他们就不会再挂我们的电话，他们会开始回我们的电话，会愿意去学校。"我认识的一位有行为问题的孩子的父亲也表达了自己的观点："在某个时刻，我不再感到学校里的人们是在批判我。我开始觉得他们对我的担忧不只是嘴上说说，他们想要和我合作。我也是。"

问答环节

问题1：

CPS在初高中可以实现吗？毕竟在初高中，孩子都有许多老师。老师们之间总是没有机会互相交流。

答：

许多初高中都会组织小组或学习共同体，这样可以简化整个过程。我们必须要保证教师有时间探讨那些需要优先处理的孩子，并且定期见面（最好每周至少一次）来监控孩子的进步、修改问题解决方案。再强调一遍，唯一不需要良好沟通的关爱模式就是无效的模式。CPS并不能解决困扰部分中学的所有沟通和时间安排问题，但是它能在两个方面帮助解决沟通问题：一方面，它可以为教职员工提供一个组织和传递有行为问题的孩子信息的框架；另一方面，通过方案B，教职员工可以得到他们应对和解决其他沟通问题所需的要素。很可能更艰巨的问题是中学需要应对许多低年级时就被误解并被错误对待的有行为问题的孩子。所以，要处理的不只是长时间积累的问题，还有孩子本身。你要从哪儿开始呢？一次应对一个孩子的一个问题。当然，如果成人在孩子上中学前就已经在低年级使用了CPS，解决问题的难度就会大幅度降低。

问题2：

如果我们是个教学团队，那么我们如何确定谁来对某一个学生的某一个问题使用方案B呢？

答：

一开始，很可能要靠大家主动。但是如果有好几个人都有意愿，那么你们或许可以考虑一下谁与那个学生的关系最好，他跟谁已经聊过。如果问题与团队成员和他的沟通有关，还要考虑是由这个成员接触这个孩子更好，还是换个成员与他交流更有成效。

问题3：

我是位教师，我尝试使用过方案B，但是我觉得我给自己的评分并不高。我什么时候才会感到我已经掌握它了呢？

答：

也许你对自己太严格了。但是刚开始时，我不会为熟练程度打分，我会为勇气和努力打分。就像学习所有新技能一样，你越常使用方案B，它就越快成为你的本能。而且你认为自己还可以做得更好这一个事实，就足以标志着你的进步。

问题4：

好的，但我怎么知道我成功了呢？

答：

与孩子的关系有了改善，他更愿意跟你说话、更愿意提供信息，他越来越愿意和你合作让事情变得更好——这些都是你可以看到的成功的标志，然后你会开始看到在你努力解决的问题上和你努力教授的技能上取得的实际进步。你在整个过程中付出的时间和精力都不会浪费，即使你需要花些时间才能看到你努力的成果。

问题5：

我是学校校长。我一直在努力帮助我的老师们使用CPS，而且进展非常顺利。但是有几位老师就是不愿意使用，您对此有什么建议吗？

答：

努力搞清楚原因，就从共情那一步开始，比如使用"我注意到你一直都没怎么参与到CPS的工作中，发生了什么事？"。他们可能觉得他们还没有使用方案B的技能，他们或许还不相信方案B的基本原理，他们可能感觉不知所措，他们可能很快退出，因而没有看到方案B的用处。我们得询问，才能真正知道他们的担忧是什么。然后我们再确保他们的担忧以及你的担忧得到解决。

问题6：

我明白父母和老师需要互相协作。但是作为老师，要是我真的不能让父母和我合作该怎么办？

答：

抱歉我还要说一遍，还是要用共情这一步骤搞清楚原因。记住，共情这一步的目的是收集信息，了解某人的担忧或观点。也许他们觉得自己因为孩子在学校的问题受到责备；也许他们感到难堪，不知道怎样帮助他们的孩子；也许他们已经去看过许多心理健康专家，读过很多书，收到了很多建议，但仍然没有什么成效，所以他们失去了希望；也许他们感到不知所措，因为当时你对他们的要求已经超越了他们的极限。如果失败了，别忘了即使他的父母不加入，你还可以在一年9个月、一周5天、一天6个小时在学校里为孩子做很多好的事情。

问题7：

你碰到过因为感觉学习CPS不在他们的职责范围内，而拒绝参与学习的学校员工吗？

答：

碰到过，但是我发现更普遍的现象是，即使不在职责范围内，学校员工也愿意付出额外的努力来学习帮助孩子的新方法。

问题8：

你如何将CPS融入IEP当中？

答：

IEP包含大量信息，但是很可能IEP最重要的组成部分是需要解决修复的问题或技能缺陷，以及如何应对上述问题或技能缺陷。如果你已经确定了孩子的技能缺陷和未解决问题（通过使用ALSUP），以及需要优先处理的事务（通过使用问题解决方案），那么你就已经准备好将这些重点事务纳入IEP中了。你同时也准备好记录如何使用方案B来应对上述技能缺陷和问题了。实际上，由于IEP通常是相对固定的文件，你可能会觉得问题解决方案相比在排列优先顺序和修订目标、追踪孩子进步、帮助成人与孩子们认识到已经取得的进步方面要更有效。IEP已经逐渐过时，而问题解决方案才是有活力的、正在使用的行动方案。

问题9：

贫穷和文化是如何影响CPS模式的有效性的呢？

答：

这么说很有可能被说成是漠不关心，但我还是觉得把贫困作为孩子问题行为的原因有点言过其实（威廉·格拉瑟在他影响深远的一本书《没有失败的学校》（*Schools Without Failure*）中也这么认为）。贫困家庭的孩子有成功的，而富裕家庭的孩子也有失败的。来自富裕家庭的孩子的父母绝不会停止给予孩子良好的照顾，他们会用必需的资源和资金给孩子关爱。当然，有些孩子可能得到的关爱很少。数据显示，社会经济地位并不能预示CPS模式是否成功。

有相似背景的人有时会更容易相互联系和沟通。但是我还没碰到过一个不在乎自己的担忧是否被倾听和被解决的民族。实际上，看看世界上现在有冲突的地方，你会发现那里一部分人的担忧被忽视了，而另一部分人则在强加他们的意愿。这一点的确真实可信。

问题10：

我怎样才能知道我们的学校是否在对待有行为问题的孩子方面的情况已经好转了呢？

答：

这里不存在一个唯一的基准表明你们已经达到目的了，因为进步本身就是一个不断进行的过程。但是确实存在一些比较明确的指标：

- 对于学校的有行为问题的孩子的思维方式应该是针对欠缺的技能和未解决的问题，而且人们在主动使用ALSUP来评估这些孩子，并使用问题解决方案来监控他们的进步。
- 人们擅长使用并主动使用方案B。
- 已设立支持使用CPS的体系，其中包括以下机制：(1)以前瞻性方式而非应急性方式应对行为问题；(2)教职员工之间以及教职员工与父母之间进行沟通和协作；(3)练习、指导并监控使用方案B的技能；(4)帮助新教职员工适用该模式。
- 已设立机制，持续评估学校纪律规范，以及转送、留校、停学和开除等现象不断减少。
- 成人明白减少问题行为不会很快，也绝非偶然。如果孩子的担忧被理解并得到解决，问题获得解决，技能被教授，那么就会有持续的进步。

问题11：
CPS模式是否适用于有极端行为问题的孩子呢？

答：
记住我的话：当施加在孩子身上的需求和期待超出他的应对技能时，问题行为的发生概率会大大增加。有极端行为的孩子显然难于想出更恰当的解决方案来解决他们无法解决的问题。在很多时候，孩子会诉诸极端暴力，人们则会惊讶于孩子为何要如此极端。但是我们都有人们所说的"负面情绪的阈值"，而我们处理负面情绪的技能是不同的。当某人负面情绪的阈值超出了他的技能时，暴力发生的可能性就会提高。因此，与每个孩子进行沟通很重要，这样你就知道他欠缺的技能和未解决问题。我们要建立一种互相帮助的关系，主动协作解决问题。

故事继续

韦斯特布鲁克老师走进米德尔顿老师的办公室。"克里斯塔尔·考德威尔来了。"

米德尔顿老师在仔细考虑阿姆斯特朗老师最近的一次转送决定。他决定先让克里斯塔尔来跟他谈谈，再决定怎么做。"好，让她进来。"

米德尔顿老师在克里斯塔尔进来时，指着椅子让她坐下。"你好，克里斯塔尔。"

"我现在要做什么?"

"嗯,我又收到了阿姆斯特朗老师给我的一些转送决定,但我还是想看看你的情况。"

"为什么?"

"我注意到你经常缺课,有时这说明有问题。"

"无论阿姆斯特朗说我犯了什么错,开始讲我的未来吧,说那些需要尊敬老师,按你说的那样做之类的话吧。"

"嗯,我不会说这些事。我只想做有用的事。"

克里斯塔尔嘻嘻笑着说:"有用?"

"我觉得你还不信。"

"我恨这个地方。如果我年龄够大,我早退学了。"

"嗯,我听说了。从目前的情况来看,你已经开始辍学了。你不在学校的时候在做什么?"

克里斯塔尔又嘻嘻笑了:"玩啊。我有朋友,他们也都觉得学校很糟糕。"

"你祖母知道你跟谁玩吗?"

"我祖母根本不知道我的事。怎么了,她跟这有什么关系?"

"你的这些朋友,他们也逃学吗?"

"有的是……大部分已经辍学了。"

"他们都比你大很多吗?"

"有的是。问这个有用吗?"

"只是对你不在学校的时候在做些什么感兴趣。"

"为什么?您能给我一个来上学的合理理由吗?"

Chapter 8　School of Thought

"实际上，不能。"

米德尔顿老师的诚实让克里斯塔尔措手不及。"什么？"

"你来这儿是因为惹了一堆麻烦，而且据我所知，你在学校总是惹麻烦。我确实认为你不会把学校看作是一个让你特别有成就感的地方。就像你说的，你讨厌这个地方。而且当你不在这儿的时候，你总是很开心，而且你还有你的朋友。所以，是的，我想不到让你来上学的理由。"

"那我在这儿干什么？"

"这是我想跟你讨论的。"米德尔顿老师想了一会儿，"克里斯塔尔，在学校你有过快乐的时光吗？"

出乎意料，克里斯塔尔回答得很快："莫林老师教我的时候……二年级时，她对我很好。我那时和妈妈住在一起，但是我妈妈经常喝酒，而莫林老师……"克里斯塔尔的面色柔和了下来，但是她立马停住了。"为什么我们要说这个？！"

"我想帮助你再次喜欢上学。"

克里斯塔尔抱着胳膊。"太晚了。"

"我明白。"

"你不明白，你不是我。"

"是的，我不是你。"

"所以你帮不了我。"

"我帮不了你是因为我不是你？"

"没人能帮我，去帮别人吧。阿姆斯特朗说我做什么了？"

"他说他偷听到你在聊毒品。"

克里斯塔尔非常生气："有其他人因为这个被送到这儿吗？"

"没有，只有你。"

"他简直是胡说八道。"

"哪里胡说了？"

"我们班里一群人都在聊毒品，为什么就我一个人背锅？"

"我不知道。"

"你想知道你为什么最近在学校总看不到我，现在你知道原因了。"

"我不明白。"

"为什么我会愿意去一个这样对待我的地方？"

"我们聊聊这个。"

"米德尔顿老师，你看，你在努力对我好，但是我真的不想聊这个。"

"克里斯塔尔，你还在接受心理诊所的心理辅导吗？"

克里斯塔尔非常愤怒地说："没有。"

"为什么？"

"因为你想多久跟别人说一次你从未见过你爸爸，你的妈妈是个酒鬼，她不能照顾你，所以把你丢给了你的祖母，然后你的祖母也不能照顾你。这改变不了任何事情！我说够了！"克里斯塔尔站了起来，"我能走了吗？"

"可以，你马上就可以走了。因为你谈了毒品，所以我必须要停你3天学，虽然我知道这没用。但是我还想做些有用的。"

"比如？"

"我想和你、阿姆斯特朗老师见一面，聊一聊我们可以怎样改善你的情况。"

Chapter 8 School of Thought

"绝对不行!"

"为什么不行?"

"他不想改善我在学校的情况!"

"我理解你为什么会这么想。而且我知道你不相信阿姆斯特朗老师在尽力为你做对的事。但是我知道你并不觉得他在帮助你,所以我才觉得我们应该见面聊一聊。"

"这是浪费时间。"

"嗯,可能最终是在浪费时间,但我还是想试试。我害怕我们会失去你,我也不愿再看到这种事情发生。"

"你们很久之前就失去我了。"

"我想找到寻回你的办法。"

第二天一大早,米德尔顿老师来到了加尔文校长的办公室。"有时间吗?"他问。

加尔文校长抬起头说:"当然有。"

"我一直在思考一些事情,想问问你的意见。"

"在想什么?"

"也不是什么大事。嗯,也许是件大事。我不是想吓你,但我突然觉得咱们学校在使用双重标准。"

加尔文校长轻笑。"我们学校很可能有很多双重标准,很可能有一些我们还没注意到呢。"

米德尔顿老师接着说:"我觉得这就有一个我们之前没注意到的。你知道我们在介入反应和专业学习共同体上投入了多少精力,我注意到我们在制定愿景、考虑使命、设置目标、收集数据和协作上付出的所有精力和时间都是关于学业的。"

"那我们还应该投入到哪个领域呢?"

"我们没有把相同的原则应用在学校纪律上。如果我们学校某方面的工作需要新愿景、新目标以及更好的评估和协作,那么这个方面就是我们要想想如何对待有行为问题的孩子。"

"再多讲讲。"

"我们把很多精力都花在了检查我们在学校的行动是否符合我们已申明的学业愿景上。但说起如何对待我们的问题学生,我们真的没有确定任何愿景。"

加尔文校长仔细思考这段话。"嗯,我觉得是这样的。我觉得我们一直都把这些事情交给你处理了。"

"说得很对!我们一直都把这些事情交给我处理了!"

"所以你觉得我们不应该把这些事交给你?"

"不应该,与有行为问题的孩子相处困难的人把孩子送到我这儿来解决问题,而这些问题跟我没有关系。就拿克里斯塔尔·考德威尔来说吧。阿姆斯特朗老师坚信她只是需要他更坚定、言行更一致,但同时她因为受过我太多次惩罚,所以她现在经常不上学。我是说,这些措施显然是没用的。"

在加尔文校长回答之前,韦斯特布鲁克老师探头进来。"抱歉打扰一下。米德尔顿老师,他们正在伍兹老师的教室等你下去。"

"哦,好的,谢谢你。"米德尔顿老师说。他转头看着加尔文校长。

"我们之后再接着聊吧。"加尔文校长说,"伍兹老师的班怎么了?"

"我们要与乔伊的妈妈见面。"

Chapter 8　School of Thought

"哦，不会吧，他——？"

"不，不是，不是那回事。"米德尔顿老师安慰说，"乔伊表现得很好。他的妈妈经常和伍兹老师见面，这样她可以更加了解我们在学校和乔伊做了什么，他的妈妈在家也可以这样做。"

"是嘛。"

米德尔顿老师站起来说："伍兹老师跟那孩子做得很棒，她是一名真正的先锋。我那天问她是否能旁听今天的会面。"

"我想知道……"加尔文校长犹豫了一下，"你觉得如果我也去旁听，他们会介意吗？你知道，我就听几分钟。我不想打扰他们，但我还是想听听他说了些什么。"

"我看不到不行的原因。来吧，我已经迟到了。"

当米德尔顿老师和加尔文校长来到教室时，伍兹老师和洛威尔女士已经开始交流了。

"哦，你好，加尔文校长。"洛威尔女士很惊讶地说，"你好，米德尔顿老师。"

"我希望我可以旁听你们的部分会议。"加尔文校长说，"我听说乔伊的情况很好，我想听听你们在做什么。"

"哦，当然可以。"洛威尔女士说，看了看伍兹老师。

"你确定我没有打扰到你们吗？"加尔文校长问。

"如果洛威尔女士觉得可以，我也可以。"伍兹老师说。

"嗯，当然可以。"洛威尔女士说，"伍兹老师和乔伊做得很棒，她让我在家里也这样做。"

"我们见面可不是为了聊我的，"伍兹老师说，"我们来聊乔伊吧。

他非常努力，他是个很棒的孩子。"

"乔伊不来参加这次会面吗？"米德尔顿老师问。

"不，他希望他妈妈一个人来。"伍兹老师说，"洛威尔女士正在告诉我她对乔伊使用方案B的情况。"

"我还不是很擅长。"洛威尔女士说，"虽然他和他哥哥相处得好些了。"米德尔顿老师和加尔文校长的脸上出现了疑惑的神情，这意味着有人需要对此进一步解释。"你看，伍兹老师发现乔伊对自己有一些负面的想法，他哥哥对事情的进展没有帮助，所以我们使用方案B双管齐下解决这一问题。"

"所以你在家使用方案B，而伍兹老师在学校使用方案B？"加尔文校长问。

"是的，没错。"洛威尔女士说，"伍兹老师在我开始之前已经在这个问题的解决上有一些进展了。"

"这太棒了。"加尔文校长说。

"不只是乔伊，"米德尔顿老师说，"伍兹老师也在对其他孩子使用方案B。"

"你怎么有时间呀？你是怎么跟下来所有事情的？我是说，你是怎么做到密切关注所有学生的呢？"

"当然我得找时间去对孩子个人使用方案B。"伍兹老师回答，"这是最难的部分——提前计划讨论。但是问题一旦解决，我真的不用去跟踪，或再花时间了，我只需继续解决下个问题就行。许多问题都会影响到整个班级，所以我们已经开始以集体为单位来解决这些问题了。"

"没人像伍兹老师这样对待过乔伊。"洛威尔女士说，"而且相信我，

323

Chapter 8　School of Thought

许多人都已经尝试过了。我无法告诉你我们之前经历了什么。"

加尔文校长为自己听到的事情而感动。"我很抱歉你和乔伊之前经历了那么多。但是看到你和伍兹老师一起合作做这件事,我觉得特别棒。我很高兴乔伊表现得越来越好。这里的每个人都在努力为孩子做对的事情,但是我们不总是有我们需要的工具。"她看了看米德尔顿老师,"而且有时我们在仔细审视我们做什么之前,甚至没有意识到我们需要新的工具。我想米德尔顿老师和我会再讨论一下我们学校的其他孩子如何从你和乔伊做的事情上获益。"

加尔文校长在放学时坐到了米德尔顿老师的办公室里。"我们继续之前的讨论?"

米德尔顿老师很快从他没说完的部分开始谈起:"你知道,学业上的愿景是我们相信所有学生都能学习,并且每个学生都有权利获得我们提供的学习机会。但是每天都有学生像流水线上的商品一样被送进送出我的办公室,有小山般的转送要求需要我处理。当孩子们在这儿犯错时,我们会把孩子送回家,或让孩子留校。每周都是这些孩子,因为我们这样对待他们,我们实际上让他们更难获取学习的机会。就学校纪律规定来说,我认为我们的愿景和行动完全是错误的。"

"可能因为我们没有用报告学业数据的方式,报告我们的纪律数据。"加尔文校长说,"没人知道我们要如何处理纪律规范,或者我们该对纪律做什么,显然也没人关心。想想如果我们每年要对转送要求做进展报告,会发生什么!"

"这些我们还没有挽回的孩子们。"米德尔顿老师说,"我觉得我们需要改变咱们学校处理纪律问题的方式。如果我们真的想为这里的有行为问题的孩子做对的事，我们需要考虑该如何处理纪律问题。当然，如果我的想法实现了，我也就失业了。但是我的愿景是老师们知道在不需要我提供协助的情况下该如何处理纪律问题，就像伍兹老师在做的事情一样。你知道已经10周了，我没有看到她班上任何一个孩子的转送申请吗？"

加尔文校长叹了口气："但不是每个人都是伍兹老师啊。"

"嗯，也许伍兹老师很特别，但可能很大程度上是因为她愿意尝试新的东西。我的确知道弗兰科老师也在尝试方案B，伍兹老师在辅导她。"

"很有意思。"

"事实是我们不知道其他人会如何反应，但是我觉得我们需要了解一下。"

"也许下次教工会议时，我们应该讨论一下这个。"加尔文校长建议，"扰乱行为是人们最常抱怨的问题之一。也许伍兹老师可以告诉大家她在和她的孩子们做什么，让其他老师听一下。现在我们需要明白怎么做，我是说，我们如何向老师展示这个？"

"我不想告诉你该怎么开教工会议。"米德尔顿老师说，"但是在我看来，似乎就跟我们在学习上做的一样，我们应该聚焦于我们要做的是什么，以及数据告诉我们实际在做的是什么。我很乐意把转送数据展示给我办公室的人——他们很擅长讲故事。我们有许多孩子没有充分获得学习机会，而且我觉得我们有许多教师看起来也不认为这是他们的工作，或者不知道如何帮助孩子们在社交和行为上取得进步。对于一部分孩子，这些方面的表现比学业上的表现更重要。"

Chapter 8　School of Thought

"应该会是个非常有意思的讨论。"加尔文校长说,"我猜我们应该准备面对大家的'炮火'了。"

几天后的一个清晨,米德尔顿老师去了阿姆斯特朗老师的教室。他觉得接下来的谈话肯定不会轻松。"杰瑞,我们能聊一会儿吗?"

阿姆斯特朗老师正在完成一些文案工作,他抬起头来说:"当然,聊什么?"

"再聊聊克里斯塔尔。"

阿姆斯特朗翻了个白眼。"如果我把花在克里斯塔尔身上的一半时间用在真想学习的孩子身上,他们都能上耶鲁大学了。"

米德尔顿老师走进教室。"我们俩都在克里斯塔尔身上投入了很长时间,问题是,没有什么成效啊。"

"有的孩子需要帮助,有的孩子不需要。"

"我开始觉得我们对克里斯塔尔的帮助不是她需要我们提供的帮助。实际上,我觉得咱们做的反而把她推得更远。并且我开始觉得这种情况也发生在其他来我办公室的孩子身上。"

"这跟我有什么关系?"

"我在想能不能换种方式对待克里斯塔尔,我需要你的帮助。"

"瞧,如果你来这是为了说服我使用方案B这种没用的东西,我告诉你不可能。当克里斯塔尔认识到在现实世界中,有规则需要遵守,对待别人有一定方式要遵循,并且存在'不'这个词时,她和咱们才会变得更好。"

"杰瑞,上周别人跟你说了多少次'不'?"

阿姆斯特朗老师看起来很疑惑,思考了一下这个问题。"没说过。"

"那你上周要解决多少次问题？"

"很多次，我觉得这并不适用于克里斯塔尔。"

"显然，在现实生活中很好地应对'不'并没有我们想的那样重要。方案B能够教会孩子如何解决问题，而这项技能你告诉我你上周用了很多次。克里斯塔尔被留堂和停学都没有帮助她解决导致她骂人和打人的问题，没有改变自二年级起她就不喜欢学校这一事实，也没有改变她唯一喜欢的是与其他逃学的孩子玩这一事实。"

"我同意这孩子有问题要解决。但是我不能让她打扰别的同学，我也不能让她在我的班里说脏话、讲毒品。"

"所以咱们要和她聊聊这些事情呀，杰瑞！因为我不能让你再用留堂或停学惩罚他们了。"

阿姆斯特朗老师看起来很震惊。"我们学校的纪律规范规定——"

"我们学校的纪律规范规定惩罚措施由校长和副校长决定，副校长决定不再做这些没用的事了。"

"加尔文校长也同意？"

"加尔文校长和我一直都在讨论如何与所有老师合作，来提高学校纪律规范的有效性。我想确保这是个具体行动，就像我们在这里一起做的其他事情一样，我也想让你参与进来。"

阿姆斯特朗老师无言以对。很快他说："你想让我参与整个过程，把学校纪律规范变成一些优柔寡断、放任纵容的——"

"方案B不是优柔寡断，也不是放任纵容。它是非常艰难的工作，而且我想让你更多地了解它。"

"如果你不让克里斯塔尔因为她骂人、打人、谈毒品而受到惩罚的

Chapter 8　School of Thought

话，她就会觉得这样做没事，这点不会困扰你吗？"

"协作解决问题不会让克里斯塔尔觉得她可以骂人、打人或谈论毒品。"

"克里斯塔尔需要你'示强'，而不是示弱。"

"使用方案B比向克里斯塔尔展示我们有多强要耗费更多力量。克里斯塔尔完全不相信我们，她觉得我们不知道如何帮助她。"

"我们知道她需要什么帮助！你知道她的祖母，你知道她的母亲，你知道她的兄弟。你都知道的，比尔！"

"杰瑞，只要我们觉得她骂人、谈毒品是因为她的母亲、兄弟和祖母，那么我们就永远解决不了这个问题。咱们学校有许多孩子都没有那么完美的父母，但他们多数都没有在学校骂人、打人呀。在我们找到并解决阻碍她的困难前，我们做的都是无用功。"

"我根本不知道要怎么做。"

米德尔顿老师想，终于知道要做点什么了。"既然我们能做一些事情，我想我、你和克里斯塔尔见个面。我想聊聊她遇到的困难，她有多恨这个地方，以及我们要如何帮助她。我和她已经聊了一会儿，现在我们需要你加入。"

"你们已经谈过了？"

"这个孩子非常不快乐，杰瑞。她已经放弃我们了，她觉得我们也把她一笔勾销了，如果我们不改变对待她的方式——"

"所以见一次面能达到什么目的？"

"不只是见一次面，这只是一个开始。她需要知道她可以依靠我们帮她再次喜欢上学。"

阿姆斯特朗老师摇摇头。"就像往常一样，永远都是我们的事。当孩子在生活、学习和行为上有什么问题时，就怪她的老师。"

"不是，跟她也有关系，因此我们需要一起讨论这件事。我们需要听听她的担忧，并解决它；她也需要听听我们的担忧，然后解决它。你知道吗，你不需要说话，只需坐在那里听就行，慢慢了解她。"

阿姆斯特朗老师考虑着这个安排。"瞧，比尔，咱们关系不错。你了解的，我是全身心对孩子的，没人比我更想让克里斯塔尔好。又不是说我从不跟这儿的孩子们交流。"

"我知道，但这次的交流不一样。"

阿姆斯特朗老师看了看手表。"孩子们马上就要到了，我考虑一下。"

"好，考虑一下吧。杰瑞，反正没有坏处。就记住这个，没有什么坏处。"

"我们应该开始了。"一周后，加尔文校长召集了教职工会议。她先说明了此次会议的安排。"我今天想说些不一样的。很久以来，咱们部分老师一直都在管理常常触犯纪律的学生方面寻求帮助。我在想也许我们应该审视一下我们的愿景和使命，检查一下我们学校的纪律措施是否真的能够达到我们想要达到的目标。我们有许多孩子因为转送措施而逃课，有许多孩子还在扰乱课堂、校车和食堂的秩序。孩子一直都是那些孩子，但我们所做的就只是把他们转送到米德尔顿老师那里，我们觉得我们最好重新审视一下。"

教师们一言不发，伍兹老师和弗兰科老师不安地对视一眼，阿姆斯特朗老师则低头看自己的手。

Chapter 8　School of Thought

"米德尔顿老师要给我们一些数据参考。"加尔文校长边说边朝副校长点点头。

米德尔顿老师举起一叠纸。"这里是我收集的一些数据，我会给你们一人一份。请大家看看曾去过我办公室的学生人数，他们不在课堂的时间，以及'再犯者'的人数。这些孩子显然都没有充分得到学习机会，而我们显然也没有解决他们的困难。"

加尔文校长插话。"我觉得不少人在纪律上花的时间比你们想的要多，有时甚至影响到了你们的教学。我觉得我们可以一起想出个更好的方案……"

阿姆斯特朗看了那张纸，然后抬起头问："什么样的方案？"

"一个需要你们的投入，但比现有方案更有效的方案。"加尔文校长说。

"我还要再补充一下。"米德尔顿老师说，"老实说，我觉得我这个纪律主管完全没有用。孩子们在课堂上捣蛋，然后就被送到我这儿来。我也不大清楚发生了什么，但我也知道事情肯定比我听到的复杂。但不论怎样我还是要跟他们谈话，并按我们的纪律规范惩罚他们。然后第二天、下一周，有时甚至是下一个小时，他们就又回到我面前，然后我还要把相同的事情再做一遍。总是同样的孩子，同样的问题。我真的不适合解决发生在你们课堂上的问题。问题存在于你们和孩子之间，我认为我的工作就是帮助你们解决这些问题。但是在现有的环境下我无法有效地做到这点，没有你们的加入，我无法做到。"

7年级教师埃斯特拉达老师犹豫着举起手。"我觉得我也经常把孩子送到你的办公室，我也很抱歉我是那个在教室里花费大量时间纠正学生行为的人。也许因为我是个新老师,所以我经验不足,但我很希望有机会谈谈如何让情况变得更好,我甚至可以组织一个委员会。"

埃斯特拉达老师的真诚让一些老师的脸上浮现出微笑。

"谢谢你,埃斯特拉达老师,"加尔文校长说,"很感谢你的坦诚。还有其他想法吗?"

"米德尔顿老师,我同意你说的你一直以来承担的职责不再有意义,"弗兰科老师说,"我也同意咱们整个的纪律规范不再有用。但是除了这些,我不明白您需要我们做什么?"

"我觉得我们是想让大家想一些好办法,让大家改变许多人觉得无效的、与我们的愿景和使命完全不一致的东西。"米德尔顿老师说。

"这又回到融合教育了。"阿姆斯特朗老师说,"有人想出了个伟大的想法,我们应该把许多曾经接受特殊教育的孩子、有各种各样问题的孩子也纳入进来,然后这些孩子就都被丢给我们,也没人帮我们想过应该怎么对待他们。现在还让我们学习介入反应模式和共同核心国家标准[1]。难怪我们不少人会依赖校办公室帮我们教育有行为问题的孩子啊。因为除了这儿,没有地方再给我们提供帮助。"

现场少部分人点头同意。

"我同意我们班里有许多孩子10年前本不会在这儿。"弗兰科老师说,"可能也正是因为这个,我管理班级要比以前困难得多。我的意思是,我每天确实有教学工作要做。我很少真正去考虑他们,我们忽视他们太久了,但他们现在就在这儿。我是说,也许一些人希望他们消失,

---

[1] 共同核心国家标准(Common Core)按学科分年级列出了学生在每个时期需要达到的标准,详细定义了K-12(幼儿园到高中)的各个年级在英语语言艺术、数学课程中的学习内容。——译者注

Chapter 8　School of Thought

我不是说我啊,但是他们真的哪儿也去不了,他们真的需要我们来负责了,所以我们需要想清楚。"

"除非我们的愿景和使命是空话,否则我们就需要讨论如何帮助他们。"米德尔顿老师说,"当我们说'所有学生'时,我觉得我们最好说话算话。"

"所以应该是什么样的呢?"加尔文校长问,"米德尔顿老师的数据告诉我们,我们对待有行为问题的孩子的方式是没有用的,而我们又想这些孩子在教室时不要影响其他孩子的学习。我们如何合作实施方案,帮助我们完成这些看似矛盾的目标呢?"

"您说您有些想法。"阿姆斯特朗老师说,"我想听听,虽然我觉得我已经知道这些想法的导向是什么了。"

米德尔顿老师笑了。"是的,你可能知道了。我们有几位老师正在与一些有行为问题的孩子实施名叫协作性和前瞻性解决方案的办法。这是布里奇曼医生引入咱们学校的。工作很难,与我们一直做事的方式有很大不同,但是咱们的一些老师已经成功了。所以我们想让伍兹老师在下次教工会上给我们讲讲,或许会有用。这样每个人都可以听到,我们还可以一起讨论,这就是我们的想法。但是我们还想大概讨论一下,然后再开始下一步。"

"我不想做个老顽固。"一位8年级教师邓肯说,"但是我完全不知道你们说的这个问题解决方案,所以我不知道我能不能相信。我需要再多听听,而且我需要知道我们如何才能平衡这个方案和我们需要做的其他活动。"

"嗯,我觉得这就是我们现在要讨论的。"米德尔顿老师说,"我想还是要问问你们是否愿意在教职工会议上花些时间多多学习这个方案，并讨论其他可能存在'言行不一致'的地方。"

"我想讨论一下我们如何让孩子的父母加入。"弗兰科老师说，"有那么一些孩子，嗯，只靠我们自己是不行的。"

"有那么一些父母，你也不想让他们加入。"阿姆斯特朗老师说，部分老师点头表示同意。

"我想知道没有父母的加入，我们能不能和我们的有行为问题的孩子取得进展。"弗兰科老师说，"我是说，这是他们的孩子……为什么我们要独自做这些呢？我觉得我们在与父母沟通或让他们参与教育方面做得不够好。"

"我们之前从没尝试合作解决问题。"米德尔顿老师说，"合作不仅指我们，也包括他们，也许我们需要把父母们聚集在一起来帮助我们。"

"我知道有几位父母很愿意提供帮助。"弗兰科老师说，"还有，我觉得我们在与有行为问题的孩子沟通方面做得也不好。"

"听起来我们还有其他的事情要做。"加尔文校长说，"似乎大家已经达成共识了，我们都愿意审视一下我们现有的纪律措施，对吧？"

"您这是假定我们所有人都不满意现在的设定。"阿姆斯特朗老师说，"还有我们都同意您所说的在行为问题上我们的使命和愿景。"

"你的意思是？"米德尔顿老师说。

"您使用数据说明我们现在做的没有用。"阿姆斯特朗老师继续说，"那您怎么知道用别的系统，这些孩子就会做得更好呢？用现在的设定，我们也许不能帮助有问题的孩子，但至少他们不会打扰那些来学校学习的孩子，我认为这样做也是有好处的。所以，我并不支持做那些占用更

Chapter 8　School of Thought

多时间，影响其他孩子学习，还不一定会成功的事情。教那些我们需要教的，而不用把时间投入到那些本来就不想来学校、未来也不会想来的孩子身上，本身就已经不容易了。"

其他一部分人使劲点点头。

伍兹老师不情愿地举起手来。"我了解你的担忧，杰瑞。我不能代表大家发言，但我打赌在座的不少人所担心的事情都是一样的。而且你们知道我不爱煽动别人。但是我只想让你们知道我在班上做的事情没有占用更多时间，反而比以前少了。我终于搞明白，也解决了阻碍这些孩子多年的问题，这确实花了不少时间，但它并没有打扰任何人的学习。而且你们说对了，没人保证一定能成功，这些可是我们最难管理的孩子。但是我同意一个观点，那就是他们需要我们做一些学校纪律规范不能给他们的事情。我没看到思考如何改变有什么坏处，这就是我想说的。"

"我跟伍兹老师提到过我们可能想让她在下次开会时给我们大概介绍一下CPS，但我们还是想先跟大家说明白。"米德尔顿老师说，"然后我们再集体决定我们该如何推进。"

"为什么我们现在不让伍兹老师稍微讲讲CPS呢？"弗兰科老师提议，"我是说，我们很难探讨一些大家都不大了解的事情。我们还有时间。"她看了看加尔文校长。"除非你们还有其他事情需要我们处理。"

"没有了，没有了，如果伍兹老师愿意，大家也感兴趣的话，那就太好了，"加尔文校长说，"有人反对吗？"

没人说话。"伍兹老师，您觉得呢？"加尔文校长问。

"哦，我真的没准备。"伍兹老师有点慌张，"但是我觉得我可以稍微介绍一下。"伍兹老师站起来。"协作性和前瞻性解决方案是这样的：它在有些方面很简单，而在有些方面比较复杂，我现在先谈简单的部分。有行为问题的孩子都缺少一些重要的思维技能。如果我知道我要给大家讲解，我会把技能列表给大家带过来，但是我们下次再看也可以。这就像他们缺乏某种学习能力一样——你知道，比如阅读、协作、算术，只是他缺乏的能力我们不熟悉而已，比如处理挫折的能力、社交能力、应变能力或解决问题的能力。就像缺乏其他学习能力一样，我们的工作就是教他们学习缺乏的能力。而教他们学习这些技能，并帮助他们解决他们的问题的方式之一就叫作方案B。重要的一点，也是米德尔顿老师之前谈到的，就是我们常做的是告诉孩子们做什么，并施以奖励和惩罚，这叫作方案A，它并不能教孩子们学会他们缺乏的技能，也不能解决他们的问题。因此他们不断出现在米德尔顿老师的办公室。现在执行方案B有一些具体的步骤，我已经和一些孩子使用过了，真的很有用。它改变了我对有行为问题的孩子的了解，也改变了我与他们的互动方式。我不想说得太夸张，但它的确振奋人心。"

"您能再给我们讲讲方案B是什么样子的吗？"阿姆斯特朗老师问。

伍兹老师解释了3种方案，和使用方案B的3个步骤。她说明了前瞻性方案B和应急性方案B的区别，以及为什么前者更优，然后她又提供了一些她与一些学生使用前瞻性方案B的例子。

"我们能练习一下吗？"埃斯特拉达老师问。

"大家注意一下时间。"加尔文校长说，"我们是不是下次再练习？"

"我不介意现在观摩一下。"阿姆斯特朗老师说。

"那我们再用10分钟时间？"加尔文校长问，"然后下次会议再接着

Chapter 8　School of Thought

练习？"

大家点点头，埃斯特拉达老师同意做小白鼠。

"埃斯特拉达老师，你觉得你们班有学生需要使用方案B吗？"伍兹老师问。

"哦，差不多每个人都需要。"埃斯特拉达老师说。大家哄堂大笑。

"时机刚刚好。"伍兹老师说，"但还是选一个最需要方案B的吧，选一个你经常送去米德尔顿老师那里的孩子吧。"

"好，我心里有人选了，米德尔顿老师和她非常熟悉了。"

"那你把她送到办公室的原因是什么？"伍兹老师问。她认为展示方案B最简单的方式就是聚焦在一个具体的问题上。

"她特别讨人厌。"埃斯特拉达老师说，"可能我说得不是很明确。"

"是的，我们需要再明确一些。"伍兹老师说。

米德尔顿老师插话："如果你说的和我想的一样，那么她最大的问题之一就是打架。"

"所以，埃斯特拉达老师。"伍兹老师说，"如果你想跟她谈使用方案B的事情，你首先需要搞明白她和谁打架，什么时候打架。这些都是未解决问题。"

"所以，像是在校车上，和玛利亚？"埃斯特拉达老师问。

"对，很好。"伍兹老师说，"如果这是你想和她解决的问题，你要用'我注意到你在校车上很难和玛利亚友好相处，发生了什么事？'之类的话来开启共情步骤。"

"所以她会说什么？"埃斯特拉达老师问。

"我们不知道。"伍兹老师说，"我猜她可能会说很多事情。也许玛利亚欺负她,也许玛利亚在某件事上让她很不舒服,也许他们为了某个男孩打架。无论她说什么,那可能就是你们两个需要解决的问题。但是直到你清晰地了解她的担忧之前,共情步骤都不能结束。然后下一步是确定成人的担忧,这时你需要表达你的担忧。"

埃斯特拉达老师准备好了。"所以这时我可以说我讨厌看到她因为这件事惹麻烦。"

"如果这真的是你最大的担忧,是的。"伍兹老师说,"相比之下,还有别的事让你更担心吗?"

"嗯,我担心大家并不能真正解决任何事,它只会导致更多的打斗。"

现在阿姆斯特朗老师自己有了些担忧:"难道有些事情不需要在家里讨论吗?而且鉴于我对她家庭的了解,他们很可能鼓励她去打架。我们教育她可是逆流而上呀。"

米德尔顿老师清了清嗓子:"我觉得咱们学校有许多孩子的家庭状况都不大理想,我认为我们可以做一些事情让我们更容易和学生的父母协作。如果我们不能和他的家里人合作,我们就更有理由要在学校做对的事情。这些孩子需要我们做到最好。"

"都是很重要的议题。"加尔文校长看了看手表说,"鉴于我们现在的目的,我们还是先看看方案B的第3步是什么样的。"

伍兹老师继续说:"好,我们先假设萨利的担忧是玛利亚在萨利妈妈的问题上让她很不舒服。你的担忧是这样做大家不能解决任何事情。下一步你要邀请她来和你一起解决问题,而且你要先让她尝试想出解决方案。当然,实际上,任何解决方案都需要你们两个人的参与。"

Chapter 8 School of Thought

"我不知道接下来要说什么了。"埃斯特拉达老师坦言。

"邀请就是对所说的两个担忧进行总结。比如,'我想知道是否我们可以做些什么来解决玛利亚在你妈妈这件事上让你不舒服的问题?这样它就不会再引起你们俩之间的冲突了。'然后你让她先尝试提出解决方案,比如'你有什么想法吗?'。"

"好难啊!"埃斯特拉达老师说。

"确实要先熟悉一下。"伍兹老师说。

"所以解决方案是什么?"阿姆斯特朗老师问。

"我们还不知道,"伍兹老师说,"因为她们还没谈。但是好的解决方案是可以解决双方担忧的解决方案。"

"也许你可以稍微讲讲你是怎么找到时间做这些的?"米德尔顿老师问。

"早晨第一时间,体育课时间,午餐时间,放学后。"伍兹老师说,"找到时间不是我最大的问题。就像我刚说的,最后,使用方案B为我节省了时间,因为我不用一次又一次地处理相同的问题。最难的部分是很好地使用方案B。有的孩子非常熟悉方案A,以至于他们没意识到你已经换了方法。你必须要坚持下去,直到他们相信你在做的事情。"

"所以这就是我们要做的,要用这个来替代让他们承担后果的做法?"阿姆斯特朗老师问。

"这就是我们部分老师在做的,并且已经用这个替代了让他们承担后果的做法。"米德尔顿老师说。

"所以我们不再让他们承担后果了吗?"阿姆斯特朗老师问。

"嗯。我们到目前为止做的就是让大家了解了一些方案B的内容。"

米德尔顿老师说,"我们还没决定任何事情,我们确实是想大家一起做这件事。实际上,我们觉得最好在某个时刻组成工作小组,对这件事进行详细讨论,然后再给大家提供建议。我想先成立一个委员会,因为我特别关注这个问题。还有其他想参加的老师吗?"

埃斯特拉达老师、弗兰科老师和伍兹老师都举起了手。"阿姆斯特朗老师,我觉得也要听听你的意见。"米德尔顿老师说。

"我感觉你会叫我。"阿姆斯特朗老师说,"我天生喜欢为大家服务。"

弗兰科老师举起手说:"难道我们不应该让部分父母也加入进来吗?我是说,也许刚开始时不用,但是我们总是抱怨缺少父母的参与。我也听过孩子的父母抱怨说与我们的合作艰难。这难道不是我们需要进一步了解的吗?"

米德尔顿老师同意。

会议结束后,阿姆斯特朗老师找到了米德尔顿老师。"如果我要参加这个委员会,我可能应该更多地了解方案B,而且我也考虑了你在克里斯塔尔这件事上给我的建议。"

"我知道你会考虑的,"米德尔顿老师说,"然后?"

"然后我觉得我最好看看方案B是什么样子的。"

"哦,好的,那我安排一次见面?"

"那样就太好了。我什么都不用说,对吧?"

"对。"

"这应该很有意思。"

"希望是。"

Chapter 8　School of Thought

阿姆斯特朗老师和克里斯塔尔几天后聚集在米德尔顿老师的办公室。"克里斯塔尔，你知道的，我希望咱们三个能够讨论一下你在学校遇到的问题，然后我们再一起解决它们。"米德尔顿老师开始说。

克里斯塔尔假装打哈欠。

"现在，来，克里斯塔尔。"米德尔顿老师鼓励她，"我们从没让阿姆斯特朗老师来这儿帮过我们。咱们试试。"

克里斯塔尔翻了个白眼。"帮？他所做的就是告诉我我做错了什么！然后再把我送到这儿接受留堂的惩罚！我不想要他的帮助，他本身就是个问题！"

"我听明白了。"米德尔顿老师说。

"'你听明白了'是什么意思？"克里斯塔尔问道。

"你说我们所做的就是告诉你你做错了什么，然后让你留堂，所以你不想要我们的帮助。"米德尔顿老师说，"我的意思是我能理解你为什么会有这种感觉。"

"你同意？"克里斯塔尔糊涂了。阿姆斯特朗老师也想问同样的问题。

"不是说我同意或不同意。"米德尔顿老师说，"我只是在努力听你说话，然后确保我能理解你说的话。"

这个回答让克里斯塔尔很满意。很快她说："怎样都没关系。我年龄足够大时，我就退学。"

"嗯，上次我们谈话的时候你也这么说。"米德尔顿老师说，"我觉得这也是个办法，但我是这么想的。你觉得我们没有听你说话，只是告诉你你做错了什么，然后让你留堂、停学，所以如果我们只能提供这种帮助，你就不想要我们的帮助了。我听得很清楚。但是，你看，我的担忧是你经常骂人，经常说一些不恰当的话，如果咱们学校每个人都到处骂人，那么咱们就都不想在这里待着了。我想知道我们是否能提供其他帮助。你知道，就是除了让你留堂、退学，其他能够让我们帮助你解决骂人和打人问题的办法。"

克里斯塔尔头歪在椅背上，看着天花板。"不知道！我只在生气时骂人。我就顺口说出来了，就只在别人让我生气的时候。"

"所以你骂人不是觉得好玩？"米德尔顿老师问，有一部分是为了让阿姆斯特朗老师听的，"只是因为生气？"

"惹麻烦有什么好玩的？"克里斯塔尔问，"当然我也不在乎。"

"我一直觉得惹麻烦没什么好玩的，"米德尔顿老师说，"除非我错过了一些事情。你什么时候不在乎惹麻烦了？"

克里斯塔尔皱着眉头。"什么时候？不知道。到最后，你惹麻烦惹多了，一年又一年，一个老师接着一个老师，对你说的话或做的事没一次有用的。这样你就会觉得你总是处在麻烦中。"

"我想我明白了，"米德尔顿老师补充说，"即使我不是你。我现在想让你冒个险。你已经放弃我们了，这个时候，你很容易放弃我们。但是我想让你给我们最后一次机会。你的一些问题已经累积好几年了，我们要花些时间才能理清这些问题。但是这意味着你要再开始尝试，我觉得这应该不容易。"

阿姆斯特朗老师接受了米德尔顿老师所说的话，他突然向克里斯塔尔靠过去。"我想找个方法帮助你解决导致你骂人和打人的问题。"

克里斯塔尔诧异地看了看阿姆斯特朗老师并说："啊？"

Chapter 8　School of Thought

"我不想成为你的敌人,我想帮助你。"

"你肯定在骗我。"

"我只是不知道怎么帮你。"

"我也是。"

"克里斯塔尔,阿姆斯特朗老师和你从未真正地一起解决过问题,对吧?"米德尔顿老师问。

克里斯塔尔看了看阿姆斯特朗老师。"我和他从没一起尝试解决过任何事。"

"我们明天找个时间谈谈?"

克里斯塔尔和阿姆斯特朗老师对视了一下,试着点了点头。"我不会再因为骂人和打人被留堂?"克里斯塔尔问。

"你愿意同我和阿姆斯特朗老师合作解决问题吗?"米德尔顿老师问。

克里斯塔尔点点头。

"然后我们尝试一段时间,不再让你因为骂人而留堂。但我不知道对于打人,我能否也这样处理。"

"我已经很久没有打架了。"克里斯塔尔说。

米德尔顿老师看起来很惊讶。"你和艾诗立的事情怎么样了?"

"从没碰她一根手指头。"克里斯塔尔得意地说。

"克里斯塔尔,在我们处理这些事情时,我会尽力不让你停学或留堂。我也需要你尽力管住自己,直到我们想出解决方案。"

克里斯塔尔笑了。

"明天早上你们二位有时间见面吗?"米德尔顿老师问。

"我可以。"阿姆斯特朗老师说。

"我祖母上夜班,所以她一早能到家。"克里斯塔尔说,"她到家后可以开车送我上学。"

"之后找个时间,我想再见见你祖母。"米德尔顿老师说,他看到克里斯塔尔僵住了,"不是为了告诉她你惹麻烦了,是为了看看她能不能帮你。"

克里斯塔尔不大相信。"她帮不了什么。她,嗯。"克里斯塔尔很犹豫,"她太累了,你知道的,她要上夜班……也没人知道我哥哥在哪儿。我不知道她能不能处理——所以如果可以的话,我们能不能暂时先别让她管这事?"

"我觉得可以。"米德尔顿老师说,"那咱们明天一早见。"

第二天早上,阿姆斯特朗老师和米德尔顿老师在米德尔顿老师的办公室里看着表。克里斯塔尔已经迟到15分钟了,他们一直在闲聊足球和男子曲棍球。

"杰瑞,我知道你在想什么,但是别说了。"米德尔顿老师边说边伸长脖子看向门外,看看是否有克里斯塔尔的身影。

"我想的是如果她不来,我班上还有事要处理呢。"阿姆斯特朗老师说。

突然,克里斯塔尔和她还穿着工作服的祖母出现在了办公室外。米德尔顿老师起身欢迎她们。

"天,她们都来了。"阿姆斯特朗老师自言自语。

米德尔顿老师在之前处理克里斯塔尔哥哥的事情时已经认识了她祖母。"很高兴见到您,埃尔德雷奇女士。"

Chapter 8　School of Thought

"克里斯塔尔告诉我你们一早想在这里见我,但是她不告诉我为什么。"埃尔德雷奇女士说,"我来这看看是怎么回事。"

米德尔顿老师不安地看向克里斯塔尔,想瞧瞧她的反应。克里斯塔尔低头看着鞋。

"克里斯塔尔,我知道我们之前没说过,"米德尔顿老师温柔地说,"但是我想跟你祖母聊几分钟。可以吗?"

"随便。"克里斯塔尔小声嘟囔。

"你要跟我们一起进来吗?"米德尔顿老师问克里斯塔尔。

"好。"

"埃尔德雷奇女士,这是阿姆斯特朗老师,克里斯塔尔的老师。"米德尔顿老师说。

"很高兴见到您。"埃尔德雷奇女士坐下说,"那我们这次见面是为了?"克里斯塔尔坐在祖母的旁边,低着头。

"我们就想和克里斯塔尔聊聊我们在学校帮助她的不同方法。"米德尔顿老师说。

"她哥哥在学校也总惹麻烦。"埃尔德雷奇女士说,"米德尔顿老师,您肯定也记得鲍比吧。"

"是,鲍比性子很烈。"米德尔顿老师说。

埃尔德雷奇叹了口气。"哎,他现在失踪了。"克里斯塔尔闭上眼,知道祖母又要说什么了。

"你不知道他去哪儿了?"米德尔顿老师问。

"不知道。"埃尔德雷奇女士说,她的声音很有感染力,"我是说,我对他们两个人都尽了全力。但是如果我不上夜班,我就没有工作,所以我需要在白天睡觉。所以我不能像我想的那样尽力照看他们，现在我看克里斯塔尔也要走上她哥哥那条路了。"她从包里抽出一张纸巾。"我当然希望你们能够帮助她走上正路。"

"我们会尽力的。"米德尔顿老师说，"我们觉得她是个好孩子。"

"听您这么说真好。"埃尔德雷奇女士边说边擦了擦眼泪，"她小的时候就像个天使，我也不知道发生了什么。一个女孩没有妈妈，独自长大，不容易啊。"克里斯塔尔把头埋在膝间，好像想要让自己消失一样。

"我理解。"米德尔顿老师说，看了阿姆斯特朗老师一眼，他正同情地看着埃尔德雷奇女士。

"她现在惹什么麻烦了？"祖母问。

"哦，我们只是想尽力帮她解决如何应对与他人的不同意见。"米德尔顿老师边说边看着克里斯塔尔，"她有时候的用词是学校不允许的。"

"她跟她哥哥学的。当然，我时不时也会说两句。但是我告诉她很多次了，让她不要在学校那样说。"

"感谢您这样做。"米德尔顿老师说，"我们认识到我们之前让她留堂、停学不能解决这个问题，我们在努力想其他办法帮助她。"

"如果您想出什么，请告诉我。天知道为了帮她，我什么都会做。"

"听到您这么说真好。"米德尔顿老师说。

埃尔德雷奇女士站起来。"那你们就继续吧，我非常感谢你们这么努力帮她。"

"嗯，这也是我们来这儿的原因。"米德尔顿老师说，"如果您不介意时不时地早早送她过来，那么我们再看到您时，可以告诉您我们在做什么。"

Chapter 8　School of Thought

"好，抱歉耽误你们的时间了。我今早离开医院有点晚了。"

米德尔顿老师把埃尔德雷奇女士送出办公室。"没关系，我们马上就能再见的。"

米德尔顿老师坐回办公桌，看着克里斯塔尔，她还是把头埋在双膝间。"克里斯塔尔？"

"我告诉你她什么都帮不了，"她埋着头说，"她连自己的生活都处理不了。"

米德尔顿老师字斟句酌："我明白你的感觉。但我能看出来她很担心你。"

"我不想做这个。"

"你不想做什么？"

"我不想要你们的帮助。"

"听到你这么说，我很遗憾。"米德尔顿老师说，"我以为你想给我们个机会。"

"你们在浪费时间。"

"或许吧。"

"你们帮不了我。"

"可能吧。"

克里斯塔尔抬起头。"你还不明白吗？"

"我不明白你的意思。"

克里斯塔尔死死盯着米德尔顿老师。"我不属于这儿。其他孩子，他们是要去别的地方的。我去不了，就像我妈，就像我哥。"

"好。"

"你同意?"

"不,实际上我不同意。但我在努力地理解你。"

"你怎么能理解呢?你了解你爸爸吗?你妈妈是个酒鬼吗?她失踪了吗?她把你丢给哪个老太太了吗?"克里斯塔尔努力控制着自己,"你怎么能理解?"

米德尔顿老师怀疑自己是不是有点不自量力,但还是继续问:"克里斯塔尔,我确实了解我的爸爸。而我的妈妈也不是个酒鬼,她也没有失踪。"

"你看。"

"即使这些事情发生在了你身上,我也不会放弃你。"

克里斯塔尔盯着米德尔顿老师说:"我放弃了。"

"我知道。"米德尔顿老师停了一下,"所以我们遇到了问题,是不是?"

"啊?"

"你放弃了你自己,我们没有。"

克里斯塔尔仍盯着米德尔顿老师。"为什么你要做这个?"

米德尔顿老师停下,考虑了一下这个问题。"克里斯塔尔,我知道这听起来有些老套,但是很久以前,也就是在我成为副校长之前,我教书是因为我真的享受和孩子们在一起工作。但是渐渐地,我开始忙于学校的其他事情,就像我说的,这听起来可能有些老套,我忘记了我当时的初心。我喜欢帮助孩子,克里斯塔尔,我也一直在帮助你。这就是我做这个的原因。"

克里斯塔尔突然把注意力转向了阿姆斯特朗老师。"那他呢?"

Chapter 8　School of Thought

阿姆斯特朗老师清了清嗓子："我也是。"

克里斯塔尔看起来有些迷惑。"这有点怪异。"

"我能想象。"米德尔顿老师说。

"所以现在我应该像个天使，因为你们都决定帮我了？"

"我觉得不会那么容易。"米德尔顿老师说，"我认为我们还有很多工作要做。"

"我不知道当我生气时，我能不能不骂人。"

"我认为，目前我更想帮助你开始关心他人，而不是帮助你停止骂人。然后我们再搞清楚你什么时候骂人最多，看看我们能否想出什么办法来。之后我们再弄明白你和别人之间的分歧是什么，看看我们能否解决这些分歧，这样也就不用再打架了。"

"当别人瞎说，我的意思是说我妈或我哥的事时，我才会打架。这事会惹到我，我是说让我生气。"

"所以，当你准备好了，咱们就开始。"米德尔顿老师说，"我们看看是否能搞清楚这事什么时候发生，看看我们能否想出办法来，让事情不至于走到那一步。听起来好像我们需要一个方案，看看如果事情真的到了那一步，你除了打架，还能做什么。"

"我什么都不能承诺。"

米德尔顿老师点点头。"我知道，克里斯塔尔，我没有让你做任何承诺。我只是想让你开始关心他人，这样你就可以跟我们合作了。"米德尔顿老师突然看了看表，"哦，天很晚了。我们下次再继续吧，我们需要让你去教室了。我们明天早上再继续讨论？"

"好。"克里斯塔尔说。

阿姆斯特朗老师点点头。"克里斯塔尔，我要跟米德尔顿老师说几句话。我们教室里见。"

这两位老师目送克里斯塔尔离开。

"这很有意思。"阿姆斯特朗老师说。

"开始同情她了。"米德尔顿老师说。

"我不确定我们刚才达成了什么。"阿姆斯特朗老师说，"我们的方案是什么？"

"什么方案？"

"骂人，还有打人。"

"我们还没有方案呢，我觉得她还不信任我。她觉得我们不可靠，她还不相信我们可以帮助她。另外，我们需要她帮助想出解决方案。"

"那如果她今天骂人或打架，我应该做什么？"

"如果她骂人，找到是什么问题导致她骂人，提醒她你会帮助她解决这个问题。如果她打架，把她送到我这儿来。"

"如果她没有受到惩罚，其他孩子会怎么想？"阿姆斯特朗老师问。

米德尔顿老师看了看他桌上的转送单。"我更担心的是当我们惩罚她，又没什么用的时候，他们会怎么想？"

第9章

改变,从现在开始

Chapter 9　Lives in the Balance

你已经读到了最后一章。虽然本书结束前还有一些观点没有表述，但有一些观点是我特意留下的。你现在可能已经意识到本书没有针对孩子在学校表现出的每个社交、情绪和行为问题提出解决方案。本书的目标并不是为每个问题提供解决方案。任何问题都没有简单的解决方案，只能由孩子和他的成人照看者提出针对他们相应问题的解决方案。当首个解决方案没有完成使命，帮助关系因难于避免的起伏而陷入困境时，要坚持下去。

你还可能意识到协作性和前瞻性解决方案在其实施的每个班级、每所学校和每个学校系统都会有所不同，并没有固定的模板。在每所学校，这类解决方案都需要该学校的管理人员、教师、学生和父母朝着共同的目标努力。本书的目标就是让这个方案启动，而剩下的就看你们了。

的确有些重要、难以动摇的基础要素是可以依照的。那就是一个理念：孩子（和成人）如果有能力，会做得很好。一条真言：当对孩子的要求和期待超出他的应对能力范围时，问题行为就会发生。一个知识点：传统的学校纪律规范不能教会孩子技能，或帮助孩子解决问题。几个目标：大幅度提高你们对班级里和学校里有行为问题的孩子的了解；设立各项机制，以前瞻性而非应急性的方式应对他们的需求。一个使命：如果我们要开始正确对待有行为问题的孩子，应该是什么样子的呢？一个新的方法：方案B。3个构成要素：共情、确定成人的担忧和邀请。当然还有一些文字工作：技能缺陷和未解决问题评估，以及问题解决方案。其余还有实践、韧性、耐性、团队精神和持续进取的渴望，当然还要有希望。给你们最后一句真言（借用一位同事罗伯特·金斯彻夫的话）：平静乐观，不懈地坚持面对各种逆境。

改变学校的纪律并不简单，也不能一蹴而就。我们总是抗拒改变，而CPS模式需要改变。采用新的做事方式容易让人不适。我们很繁忙，有许多需要优先处理的事务。帮助有行为问题的孩子成为每个班级、每所学校、每个学校系统的优先事项，但我们依然失去了他们。

许多孩子们、教师们、父母们——我们大家浪费的潜能、付出的代价是巨大的，这让人非常悲痛。

孩子们在等待你，是你该出手的时候了。

故事继续

我们把时间快进到学年末。距离布里奇曼医生第一次见乔伊和他的母亲，已经过去8个月了。距离弗兰科老师第一次与特拉维斯尝试方案B，已经过去7个月了。距离米德尔顿老师重新开始思考学校纪律规范、改变他对克里斯塔尔的方式，已经过去6个月了。

乔伊来到伍兹老师的班上，来参加与老师的最后一次早会。

"你好，乔伊。"伍兹老师说。

"你好。"乔伊闷闷不乐地说。

"我猜还有4天就不用上学了，你肯定很兴奋吧。"伍兹老师说。

乔伊不怎么兴奋。"嗯，是吧。"

伍兹老师认真地看着乔伊。"你这个暑假要做什么？"

"没什么。"乔伊说。

大家又一次陷入了沉默。"被猫咬了舌头了？"伍兹老师问，短暂

Chapter 9　Lives in the Balance

地忘记了乔伊是非黑即白的性格。

"我没有猫。"乔伊听不明白。

伍兹老师挤出了个微笑。"抱歉,这只是个表达。你今天好像有一点安静。"

"哦。"乔伊说。

"没事吧?"

"嗯,是吧。"

"我今天有点不开心。"

"是吗?"乔伊说,看起来十分担心。

"嗯,这是我们最后一次见面了。"伍兹老师说,"我已经习惯在早上看到你了。"

"嗯,我也是。"乔伊说。

"已经1年了。"伍兹老师说,"我们今年真的取得了一些进步,对吧?"

乔伊点点头。

"我今年也学到了许多东西。"伍兹老师说。

"是吗?"乔伊听到老师也要学习,表现得很惊讶。

"是的。"伍兹老师说,"我真的很高兴你在我的班上。"

"我也是。"乔伊说。

"所以我才有点不开心,明年我就要去别人的班上教课了。"

乔伊摸摸兜,拿出一个锡制的小东西,然后把它递给伍兹老师。"送给你。"

"这是什么?"伍兹老师问。

"一个小精灵。"

伍兹老师仔细看着这个小物件。"嗯，还真是。这是给我的？"

"是的，送给你的。你可以记得你是怎么帮助我的。"

"乔伊，你太贴心了。我要把这个放在我的桌子上。"她忍住眼泪。"如果明年再有需要我帮助的孩子，我会看看这个小精灵，怀念我们一起付出的所有努力。"

乔伊看起来很高兴。

"说到明年。"伍兹老师说，"我在想你能否时不时来我的班上看看，或许甚至还可以辅助我帮助明年的学生们。我已经问过加尔文校长这事了，她说很好。当然，你要愿意，你的老师们也要同意。"

乔伊的脸发光了。"好。"

学期最后一天的下午，米德尔顿老师顺便去了阿姆斯特朗老师的教室。"杰瑞，好好享受暑假啊。"

阿姆斯特朗老师在办公桌前抬起头来。"好，你也是啊，比尔。"

"这一年很有意义，对吧？"

阿姆斯特朗老师笑了。"很有意义。我猜你是在说我们的纪律工作小组，还有克里斯塔尔。"

米德尔顿老师走进教室。"对啊。"

"我觉得我们取得了一些进展。"

"同意。"

"我不是说她不再骂人了，而且她几个月前还打了一架。但是我已经很久没听到她说退学的事情了。"

米德尔顿老师点点头。"我们和她还没解决问题呢。我很高兴你能

Chapter 9　Lives in the Balance

让她参加那个暑期项目，这想法很棒。而且她也认为这是个好主意，比跟那些人待在一起强多了。"

"也许是我一厢情愿，但我感觉也许她开始相信我们了。"阿姆斯特朗老师说。

"她不知道怎么对待咱们，她总觉得人们会放弃她。"

"她是个难对付的孩子。"

"我认为她没有太多选择。"

"你知道吗？你是对的，比尔。"

"什么是对的？"

"那时你告诉我在她开始在乎之前，在她相信我们能够给她所需的帮助之前，我们想出什么方案并不重要。确实是这样。并不是说我认为我们应该彻底去除留堂和停学的措施，我仍然觉得对于部分孩子还是应该保留这些措施。"

"我知道你这么觉得，这也是我们在工作小组里一直想要搞清楚的。我很高兴你决定在这事上帮忙。"

"我也是。"阿姆斯特朗老师说。

在大家离开教学楼之后，加尔文校长走过学校安静的走廊，享受着宁静的同时，也想念着孩子们的声音。在她走过布里奇曼医生办公室的时候，这份宁静被打破了。她通过门缝听到他正在大声打电话。谈话突然结束了，她敲了敲门。

"谁？"他怒气冲冲地说。

"抱歉，我想我可能打扰到你了。"加尔文校长边说边推开门，"我只是想说希望你有个美好的暑假。"

布里奇曼医生转向门口,有一点不好意思。"哦,加尔文校长,抱歉,我不知道是你。请坐。"他匆忙将一叠文件从椅子上拿开。

"一切都还好吧?"加尔文校长问。

"并不好。"

"出什么事了?"

布里奇曼医生没有试图隐藏自己的愤怒。"是你的同事,东校的校长。"

"哦,桑德斯博士啊。她让你为难了?"

"应该说她并不像你那样接受我的理念,而这真的伤害了那所学校里的许多孩子。我希望明年在东校进行一些CPS培训,并不是强制的,只是针对那些感兴趣的人,但是她否定了这个想法。她说她的老师们已经有够多工作要做,他们没时间做CPS。她就是不明白。"

"你知道的,我也没那么快明白。"加尔文校长说。

"是的,但你至少是开明的。她就是不做她需要做的。"

加尔文校长仔细地看着她的这位学校心理医生,然后轻声笑了出来:"嗯,我会。"

"什么这么好笑?"

"我只是没想到我能看到这么一天。"

"什么样的一天?"

"我帮助你做方案B的一天。"加尔文校长说。

"我不明白。"布里奇曼医生说。

"听你的意思,你需要我帮你和桑德斯博士一起使用方案B。"

"她不用方案B。她思想闭塞,非常短视——"

Chapter 9　Lives in the Balance

在布里奇曼医生更加生气之前，加尔文的笑声打断了他的抱怨。"布里奇曼医生，我可以认为你对东校对待有行为问题的孩子的方式有合理担忧吗？"

"是，有许多孩子是他们本可以帮助的……"

"那你表达这些担忧了吗？"

布里奇曼医生思考了一下。"嗯，表达了，我是说，我觉得表达了。"

"但我听起来你刚刚表达的是解决方案，而不是担忧。"加尔文校长说，"那请告诉我，我可以认为桑德斯博士也有她自己的合理担忧吗？"

"我不知道。"布里奇曼医生抱怨。

"她当然有了。你知道我们工作上承受的时间压力，以及我们要接受多少新的任务。我们确实已经不堪重负了。"

"是，但协作性和前瞻性解决方案可以为他们节省时间！"

"是，但她现在还不大了解。我们现在面对的是两种解决方案之间的竞争，这种情况很有代表性。"

布里奇曼医生什么都没说，他难为情地笑了笑。"所以方案B的支持者被发现做了方案A。"

"方案B的支持者也是人啊。"加尔文校长说，"而且你也是好意啊。我也是经过一番艰难才了解到，当我们身处压力时，都容易使用方案A。"

"你觉得有可能跟那个……那个……做方案B。"

"桑德斯博士。"加尔文校长补充说，"是的，她不容易对付。但是我认识她很久了，她也很有爱心。如果你愿意，我明天可以给她打电话。我已经告诉了她一些我对有行为问题的孩子采取的做法，也许她想详细了解一下，也许她有我不知道的担忧。然后我们可以安排我、你和她见面。然后我们再解决问题。"

布里奇曼医生难掩他的惊异之情。"现在你真的知道怎么做了。"

"你真的对我们有很大影响，布里奇曼医生。但是我们还没度过最困难的时期，我们学校还有许多老师不擅长使用方案B。我一直在努力安排与学监的见面，想谈谈把CPS融入整个地区的纪律规定中。你愿意试一试吗？"

布里奇曼医生睁大了双眼。"我愿意。"

加尔文校长站起身来。"你整晚都在这儿？"

"几分钟前，我还不确定我在做什么。"布里奇曼医生坦言。

"加油。"加尔文校长说，"我听说明年的新班级完全失控了，我们还有许多艰难的工作要做。好在我现在不是一个人了。"

附录1：
技能缺陷和未解决问题评估

孩子姓名：_____ 日期：_____

说明：ALSUP用于讨论指导，而不是独立的对照清单或评定量表。ALSUP应用于确定与青少年儿童相关的技能缺陷和未解决问题。如技能缺陷适用，则需要标记对钩，而后找到与该技能缺陷相关的，孩子难以满足的具体要求（未解决问题）。本页结尾列出了未解决问题的部分样例。

技能缺陷	未解决问题
___ 难于处理过渡期，难于从一种思维模式或任务过渡到另外一种	
___ 难于按逻辑顺序或规定秩序做事	
___ 难于坚持完成有挑战性或单调乏味的任务	
___ 时间观念差	
___ 难于集中注意力	
___ 难于思考（任性）行动可能的后果	
___ 难于思考某一问题的一系列解决方案	
___ 难于用语言表达担忧、需求或想法	
___ 难于明白正在表达的内容	
___ 难于管理面对挫折的情绪反应，不能理性思考	
___ 长期易怒和/或焦虑严重阻碍了解决问题的能力，或强化了挫折感	
___ 难于看到"灰色地带"/固化的、无法理解言外之意的、非黑即白的思维方式	
___ 难于违背规定、惯例	
___ 难于处理不可预测、模棱两可、不确定、新奇的事务	
___ 难于脱离原有的理念、计划或解决方案	
___ 难于考虑可能需要调整行动计划的环境因素	
___ 不灵活、不准确的解读/认知扭曲或偏见（比如，"外面的每个人都要抓我""没人喜欢我""你们总是会责备我""这不公平""我很笨"）	
___ 难于注意到或准确解读社交信号/很难理解社交中的细微差异	
___ 很难开始对话、加入群体、与他人交往/缺乏其他基本社交技能	
___ 难于用恰当的方式寻求关注	
___ 难于理解某人的行为如何影响其他人	
___ 难于与他人共情，难于理解他人的视角或观点	
___ 难于了解某人是如何被他人了解或看待的	
___ 感官运动困难	

未解决问题指导：未解决问题是孩子难于满足的具体要求。未解决问题不包含不良行为，不包含成人的理论和解释，应做到"分散"叙述（而非"集中"叙述），应具体叙述。

在家：难于按时早起，准时到校；难于开始或完成作业（明确作业）；难于停止视频游戏，准备晚上休息；在户外玩耍时，难于回家吃饭；难于在放学后与兄弟商量好看什么电视节目；难于保持卧室整洁；难于在晚饭后清理饭桌。

在学校：难于结束自由选择时间的活动，去上数学课；难于在圆圈时间坐在凯尔旁边；难于在社会研究讨论课上举手回答问题；难于开始地理课上的板块构造任务；难于排队领午饭；难于在校车上与爱德华相处；难于接受在课间休息中篮球比赛的失败。

附录2：

问题解决方案
（B方案流程图）

孩子姓名：_____ 日期：_____

未解决问题 1	未解决问题 2	未解决问题 3
B方案负责人	B方案负责人	B方案负责人
已确定孩子的担忧（共情环节） 日期	已确定孩子的担忧（共情环节） 日期	已确定孩子的担忧（共情环节） 日期
已确定成人的担忧（问题确定环节） 日期	已确定成人的担忧（问题确定环节） 日期	已确定成人的担忧（问题确定环节） 日期
约定解决方案（邀请环节） 日期	约定解决方案（邀请环节） 日期	约定解决方案（邀请环节） 日期
问题是否得到解决？ 是 日期 否 日期	问题是否得到解决？ 是 日期 否 日期	问题是否得到解决？ 是 日期 否 日期

附录3：
深挖信息速查表

共情步骤的目的是从孩子那里收集有关他/她对于你们正在讨论（最好是主动讨论）的未解决问题的担忧或观点的信息。对于许多成人来说，这是方案B最重要的部分，因为他们常常发现他们不知该说些什么，或者不确定自己该问些什么。所以下文为大家简单总结了信息"深挖"的不同策略。

■ 反应式倾听和陈述澄清

反应式倾听基本上包括重复孩子已经说过的话，而后通过以下表达，鼓励他/她提供其他信息：

- "怎么会这样？"
- "我不大明白。"
- "我有些糊涂。"
- "你能再详细说说吗？"
- "你指什么？"

反应式倾听是你的"默认"深挖策略……如果不确定使用哪种策略，或者接下来说什么，那么请使用这一策略。

■ 询问未解决问题涉及的人员、内容、地点或时间

例如：

- "是谁取笑了你的穿着？"
- "是什么阻碍你完成科学作业？"
- "艾迪在哪里欺负你的？"

■ **询问问题发生在某些情况而不是其他情况的原因**

例如:"你和泰勒在数学课上合作得很好,但是在社会研究课上好像没那么好……社会研究课上遇到了什么困难吗?"

■ **询问孩子在未解决问题发生时的想法**

注意这与问孩子的感受不一样,因为感受并不能表示孩子对于未解决问题的担忧或看法。例如:"当汤普森老师让全班同学去做科学课小测时,你在想什么?"

■ **把问题分解成小的组成部分**

例如:"所以答出科学课小测的问题对你来说很难……但是你不确定为什么。我们想想科学课小测的问题包括哪些部分。首先,你要理解问题问的是什么。这部分你觉得难吗?其次,你需要思考问题的答案。这部分你觉得难吗?再次,你要记住足够长的答案,然后把它写下来。这部分你有困难吗?最后,你要把答案写下来。这部分难吗?"

■ **做出不同的评价**

这一策略需要做出与孩子对某一情况的描述不同的评价,因而这是所有策略中风险最大的(因为它很容易导致孩子不再说话)。例如:"我知道你近来和查德在操场上相处没有任何困难,但是我记得上周你们俩在盒球游戏规则上闹过好几次意见。你觉得那时候出了什么事?"

■ **搁置担忧(并寻找更多担忧)**

这一策略可以帮助你"搁置"孩子已经谈过的部分担忧,以考虑其他担忧。例如:"所以如果蒂米当时没有离你那么近,罗宾没有制造噪音,地板不脏,而且你裤子上的纽扣也没有问题……还有没有其他事情让你觉得很难参加早读?"

■ **总结担忧（并寻找更多担忧）**

这一策略要求你总结你已经听到的担忧，然后询问是否还有没说到的担忧。在进行"确定问题"这一步前，建议使用这一策略。例如："让我来确定一下我是否理解正确了。你很难完成社会研究课练习作业，是因为写下答案对你来说很难……还因为有时你不理解问题……还有兰利老师还没讲过作业里的材料。还有什么让你觉得很难完成社会研究课练习作业吗？"

译后记

作为一名教师，我十分苦恼的一件事就是如何对待有行为问题的学生。当学生对我的关心无动于衷并冷言嘲讽时，我该怎么做？当学生在上课途中跑出教室时，我该怎么做？当学生做出一些过激行为，甚至威胁要伤害同学时，我是会立即惩罚他/她？还是会采取其他的应对措施？

我相信对于每位教师而言，我们都不想放弃任何一名学生，但多数时候，我们发现自己与有行为问题的学生无法建立有效沟通，有时学生甚至拒绝沟通。我们对有行为问题学生付出的"特殊"关爱有时会令学生感到厌恶，甚至使我们与学生的关系变得更糟。面对以上问题，我们可能会采取惩罚性措施，可能会向家长反映问题，但最终的结果却不尽如人意。

随着教育逐渐成为社会关注的热点问题，有关教育的著作层出不穷，但却鲜有关注"有行为问题的学生"这类通常被忽视的小众群体的书籍出现。而现在我推荐的这本书在一开始就提到了，它关注的焦点就是那些"被放弃""被忽视""迷失在学校"的学生，其成书的目的就是如何做出改变，才能为这些学生提供切实有效的帮助。

阅读这本书以后，你会发现导致孩学生问题行为的成因并不是我们认为的"他/她不想"，而是孩子无可奈何的"我不能"；你会发现如何与学生建立有效沟通，从而发现问题症结，进而采取科学的应对措施；你可能还会惊讶地发现，在解决问题的过程中，家长、老师、学校的角色只是引导者或协助者，孩子才是真正的主导者。

本书的亮点在于，它不仅从学校、教师和家长三个角度出发提供了问题解决的理论基石，还针对性地提出了切实可行的措施。更重要的是，这本书用一个个鲜活的案例和值得深思的小故事，在真实情境下逐步演示如何落实书中的模式和方法。在翻译的过程中，我常常随着故事的主人公们一起难过、焦虑、惊慌失措。当问题得到解决时，我会为孩子们真正获得帮助而感到兴奋、开心。相信你在读完这本书之后，面对孩子的问题行为，大到制定方案，小到设计谈话提纲，都能做到游刃有余。

总之，这本书无论对于一线教师和教育管理者，还是对于学生家长，都具有重要的理论参考价值和实践意义。它甚至从某种程度上唤起了我们对学校教育制度和家庭教养方式的反思。

译稿付梓之际，离不开中国青年出版社的大力支持以及各位编辑的辛劳付出！

译者才疏学浅，译文成文过程中时间有限，恐有疏漏之处，敬请读者不吝指正！

王晔

河北师范大学外国语学院